Gaylon Ferguson

# Vollkommen wach

*Durch Meditation
unsere ursprüngliche
Weisheit entdecken*

Gaylon Ferguson

# Vollkommen wach

*Durch Meditation
unsere ursprüngliche
Weisheit entdecken*

Vorwort von Sakyong Mipham

Aus dem Amerikanischen
von Nakine S. Konrad

THESEUS VERLAG

Die amerikanische Originalausgabe ist erschienen bei
Shambhala Publications, Inc., Horticultural Hall
300 Massachusetts Avenue, Boston, Massachusetts 02115
© 2009 by Gaylon Ferguson


Übersetzung ins Deutsche: Nakine S. Konrad
Copyright der deutschen Ausgabe © 2010 Theseus Verlag in
J. Kamphausen Verlag & Distribution GmbH, Bielefeld


Layout/Satz: Ingeburg Zoschke, Berlin
Lektorat: Susanne Klein
Umschlaggestaltung: Morian & Bayer-Eynck, Coesfeld,
www.mbedesign.de
Umschlagfoto: © Gerti G. / Photocase
Druck & Verarbeitung: fgb – freiburger graphische betriebe


www.weltinnenraum.de


1. Auflage 2010

Bibliografische Information der Deutschen Nationalbibliothek:
Die Deutsche Nationalbibliothek verzeichnet diese Publikation in
der Deutschen Nationalbibliografie; detaillierte bibliografische Daten
sind im Internet über http://dnb.d-nb.de abrufbar.

ISBN 978-3-89901-345-0

*Dieses Buch wurde auf 100 % Altpapier gedruckt und ist
alterungsbeständig. Weitere Informationen hierzu finden Sie unter
www.weltinnenraum.de*

Für meine Lehrer:
Vidyadhara Chögyam Trungpa Rinpoche,
Sakyong Mipham Rinpoche –

Auch wenn wir straucheln,
trachten wir dennoch danach,
euer Gesicht zu sehen.

# Inhalt

Ich liebe Meditation, und offenkundig teilt Gaylon Ferguson meine Liebe. Durch sein bescheidenes und glänzendes Verständnis gewährt *Vollkommen wach* einen Einblick in den einzigartigen Zusammenhang von Meditation und dem allgegenwärtigen Materialismus unserer Tage. Auf der Grundlage buddhistischer Weisheit zeigt dieses Buch, dass der klare und präzise Pfad der Meditation ein wirksames und praktisches Gegenmittel zu den vielen Erscheinungsformen des Materialismus ist, der sich nicht nur in der Konsumgesellschaft niederschlägt, sondern auch in unserem Innern.

Nach Aussagen des Buddha sind wir in jeder Hinsicht vollkommen und erleuchtet. Unser Unglaube gegenüber dieser Wirklichkeit schafft auf einer Ebene eine Verunsicherung, die uns vehement sowohl nach psychischen als auch physischen Objekten verlangen lässt, um uns ganz und vollständig zu fühlen. Der Pfad der Meditation hilft uns, das Vertrauen in das innere Strahlen wiederzuerlangen, von dem der Buddha vor so langer Zeit sprach. Ohne ein solches Werkzeug, mit dem man den Geist handhaben kann, schlägt er mit Gedanken und Ideen nur so um sich und verschlingt dabei Vergangenheit, Gegenwart und Zukunft. Als Folge davon machen uns die Probleme der Welt benommen oder sie überwältigen uns.

Jahrelang habe ich Gaylon ermutigt, seine einzigartigen Einsichten niederzuschreiben, und bin sehr froh, dass er sie nun mit Ihnen teilt. Zweifellos würde sich mein Vater, Chögyam Trungpa Rinpoche, ebenso wie ich an Gaylons Humor, seiner Bescheidenheit und seiner Vision erfreuen. Die Ratschläge in diesem Buch werden all jenen großen Nutzen bringen, die den Mut haben, mit Geist und Herz zu leben und ihr Potenzial zu entfalten. Letzten Endes wird das auch der Welt insgesamt zugutekommen.

Der Sakyong, Jamgön Mipham Rinpoche
Halifax, Nova Scotia, 2008

*Einführung*

Dieses Buch spornt zu spirituellem Erwachen an. Zuerst nannte ich es »Aus dem Albtraum des Materialismus erwachen«. Ausgangspunkt des hier dargestellten Zugangs ist Wachheit als unser ursprünglicher, grundlegender Zustand der Lebendigkeit. Daran schließt sich die Reise der Meditationsübung an, die die natürliche Entfaltung dieses angeborenen Gewahrseins und der liebenden Güte ist. Wenn man den spirituellen Pfad tatsächlich geht, erfährt man im Zusammenleben Offenheit und Wärme. Das sind die drei Hauptteile des Buches: (1) über Wachheit und Schlaf nachsinnen, (2) die Meditationsübung als Weg der Enthüllung unserer ursprünglichen Natur und (3) das gemeinsame Miteinander als Ausdruck wachen Mitgefühls. Da wir in einer Zeit leben, in der Angst so allgegenwärtig ist und unsere grundlegende Gutheit so sehr angezweifelt wird, schien es mir besonders wichtig, mit einer Reflexion über die wesentliche Bedeutung der Errichtung von gesunden Gemeinschaften zu enden. Martin Luther King nannte das den »Traum von der geliebten Gemeinschaft«.[1]

Bevor Sie sich auf die hier beschriebene Reise begeben, lassen Sie mich etwas darüber sagen, wie ich dazu kam, dieses Buch zu schreiben. Der hier skizzierte Pfad begann für mich in den frühen 1970er Jahren in Nord-Vermont im buddhistischen Meditationszentrum Tail of Tiger. Dort nahm ich an einigen Sommerkursen zum Buddhadharma* teil und erhielt

Unterweisungen vom Meditationsmeister Chögyam Trungpa Rinpoche in Sitzmeditation. Ich erinnere mich nicht an die Worte, die er zur Vermittlung des meditativen Zustands benutzte, doch beim Meditieren mit ihm erlebte ich eine Atmosphäre von Lebendigkeit, die die Essenz der Botschaft zu sein schien.

Nach einigen Jahren der Übung – wozu insbesondere einige monatelange Meditationsklausuren gehörten – begann ich auf Anregung meines Lehrers Mitte der Siebziger Jahre Meditationsklausuren für Gruppen zu leiten. Ich war noch immer relativ unerfahren im Anleiten von Meditation, hatte erst zwei Kurse in Achtsamkeit und Einsicht am kürzlich gegründeten Naropa-Institut (das später zur Naropa-Universität wurde) abgehalten. Die erste Gruppenklausur, die ich leitete, war ein kleiner einmonatiger Kurs (mit vielleicht zwanzig Teilnehmern) in Nord-Kalifornien. Als die Ko-Leiterin mir mitteilte, dass sie zu einer wichtigen Wochenendveranstaltung mit unserem Lehrer nach Boulder in Colorado müsse, löste diese Nachricht in mir viel spätabendliches Auf- und Abgehen, Unruhe und allgemeine Sorge um das Wohlergehen der flügge werdenden meditierenden Menschen aus, die vorübergehend in meiner Obhut bleiben sollten. Ich war noch nicht ganz vierundzwanzig Jahre alt.

Der Monat verlief ohne besondere Vorkommnisse – eines Nachts war in das Zimmer einer Teilnehmerin eine Fledermaus geraten, die wir behutsam wieder nach draußen beförderten. Es war heiß, und wir meditierten viel, sodass es einige ernst gemeinte Bitten um mittägliche Ausflüge an einen örtlichen Fluss gab. Wir machten beharrlich weiter, standen jeden Tag gegen Sonnenaufgang auf, um zu sitzen und zu gehen, und um dann immer wieder zu sitzen und zu gehen bis ungefähr neun Uhr am Abend. Das hauptsächlich vegetarische Essen, bei dessen Zubereitung wir alle halfen, war passabel, und die allgemeine spirituelle Kameradschaft in der Gruppe war unterstützend und ermutigend.

Ich erinnere mich nicht daran, dass irgendjemand Erleuchtung erlangt hätte – oder eine der vorübergehenden Erfahrungen von Satori* oder Kensho*, über die ich in jungen Jahren gelesen hatte. Damals war ich noch ein leicht zu beeindruckender Teenager und wälzte in meinem unordentlichen Collegezimmer *Die drei Pfeiler des Zen* von Roshi P. Kapleau und die Schriften von D. T. Suzuki. Im Laufe des Monats hielt ich einige nervöse, holprige Vorträge über das Verhältnis der erwachten Natur zur Meditationsübung und hatte mit allen Teilnehmern Einzeltreffen. Irgendwann konnte ich in den Nacherzählungen über meine frühere Beschäftigung mit anderen spirituellen Praktiken und von Begegnungen mit verschiedenen Swamis, Roshis, Lamas, Druiden, Gurdjieff-Lehrern und mit Krishnamurti (die 1960er waren schließlich noch nicht lange her) ein gemeinsames Thema erkennen.

Wir neigten alle dazu, unsere Meditationsübung entweder mit mehr Bemühung als nötig (oder hilfreich) anzugehen oder allzu locker zu lassen, weil wir von unserer übereifrigen Meditationspraxis erschöpft waren. Im Grunde strengten wir uns entweder zu sehr an oder bemühten uns zu wenig. Ich erinnerte mich an die frühen Anweisungen des Buddha, einen »mittleren Weg«[2] zu finden zwischen extremer Spannung und extremer Lockerheit. Doch wie beim Erlernen eines Tanzes wie dem argentinischen Tango kann man diese einfache, aber tiefgründige Lehre erst dann ganz verstehen, wenn man sie *in die Tat umsetzt*. Rechtes Anspannen und Lockerlassen, so sagt man, sind Fertigkeiten, die auch erfahrene Meditierende, die Mahamudra*-Meditation üben, noch anwenden müssen.

Irgendwann dämmerte mir dann ein entscheidender Zusammenhang: Spannung und Entspannung stehen in direkter Beziehung zum Zusammenspiel von Natur und Schulung, zwei wichtigen Prinzipien auf dem Pfad.[3] Beides ist nötig, der Glaube an die uns innewohnende Wachheit sowie Vertrauen in den Pfad, durch den wir diese Natur enthüllen. Wenn wir zu stark anspannen, wachsam auf der Hut sind, würdigen wir zu wenig unsere im Grunde erwachte Natur. Richtige Meditation besteht nicht darin, dass wir unsere Erfahrung erfolgreich manipulieren. Wenn wir beim Üben unsere grundlegende Wachheit entspannt würdigen, tragen wir zu einem Leben ohne Aggression bei. Wenn wir allerdings beim Hören der Botschaft von der ursprünglichen Gutheit vertrauensvoll von einem Tagtraum in den nächsten gleiten, dann fehlt es eindeutig an Disziplin und Bemühung. Die Lehren in diesem Buch gründen auf der Würdigung unserer ursprünglichen Natur und unserer gleichzeitigen Schulung in Meditation.

1999 begann ich ein dreimonatiges intensives Trainingsprogramm und erhielt auf diese Weise eine zweite Welle an klassischen Unterweisungen in buddhistischer Meditationspraxis, diesmal vom Erben der Übertragungslinie und ältesten Sohn von Chögyam Trungpa Rinpoche, Sakyong Mipham. Die Dharma*-Ströme dieser beiden Lehrer sind in den vielen Wochenendveranstaltungen, den ein- und mehrwöchigen Gruppenklausuren, die ich in den letzten zehn Jahren geleitet habe, zu einem einzigen Strom der Unterweisung zusammengeflossen. Diesen beiden Meditationsmeistern, die Linienhalter des Schatzes der mündlichen Unterweisungen sind, ist *Vollkommen wach* gewidmet. Denn sie sind die Quelle sowohl für die in diesem Buch vorgestellten Meditationslehren als auch für die Gruppenklausuren, die die Grundlage für dieses Buch bildeten. Sollte die Übermittlung dieses reinen Goldes Fehler enthalten, liegt das allein an mir.

*Eine Anmerkung zum Aufbau des Buches*

*Vollkommen wach* enthält neben Lehren über diesen speziellen Zugang zum spirituellen Pfad eine Reihe angeleiteter Kontemplations- und Meditationsübungen. Am Ende des Buches finden sich Anmerkungen mit Quellen für die meisten Zitate wie auch Erklärungen zu Schlüsselbegriffen. Hie und da sind Dialoge[4] eingestreut – ein Wechsel von Fragen und Antworten – mit Kommentaren und Einsichten vieler Meditierender, die diese Unterweisungen in Gruppenklausuren geübt haben. Der Frageteil in diesen Dialogen erscheint im Buch so:

*Frage:* Wenn wir alle von Natur aus erwacht sind, warum müssen wir uns dann in Meditation schulen?

Dieser Austausch gehört ganz wesentlich zum Leseerlebnis dieses Buches dazu. Er zeigt und würdigt die Verflechtung von Verwirrung und Einsicht, die zur Erfahrung vieler Menschen gehört, die den Pfad gehen. Ihre eigenen Fragen und Entdeckungen, die beim Lesen und Meditieren auftauchen, sind ein weiterer wichtiger Teil dieser gemeinsamen Enthüllung grundlegender Weisheit. Willkommen bei diesem bereits seit fünfundzwanzig Jahrhunderten andauernden Gespräch!

# Aus einem Leben
# der Wiederholungen
# erwachen

Lassen Sie uns mit natürlicher Wachheit und ihrer Verbindung mit dem Pfad der Meditation beginnen. In Meditationsklausuren habe ich über die Jahre immer wieder die Frage gehört: »Wieso ist es natürlich ›aufzuwachen‹?« Nachdem man dann in der Gruppe die tiefere Bedeutung von »wach« als unserem natürlichen Zustand näher beleuchtet hat, wird mancher mitunter noch kühner, hebt die Hand und fragt sich laut: »Wenn es so natürlich ist, warum muss ich dann überhaupt meditieren?«

Meditation ist der natürliche Pfad spirituellen Erwachens. Der Buddha entdeckte einen »mittleren Weg« zur Entfaltung unseres angeborenen menschlichen Potenzials, einen Zugang zur Meditation, der zwei Fallen vermeidet, nämlich den Versuch, den Geist zur Stille zu zwingen oder ihn beliebig umherschweifen zu lassen. Richtige Meditation kombiniert geschickt unsere grundlegende erwachte Natur mit der Praxis eines behutsamen Trainings von Herz und Geist.

Das Wort *buddha* bedeutet »Erwachter«. Stellen Sie sich vor, Sie laufen eines Tages auf dem Wochenmarkt zwischen all den Gemüse- und Obstständen umher und sehen plötzlich jemanden mit ungewöhnlicher Präsenz – ruhig, mitfühlend, klar. Woran zeigt sich das? Möglicherweise ist es die anmutige Art, wie sich diese Person bewegt: Körper und Geist befinden sich in mühelosem Einklang. Vielleicht ist es der sanfte Ton ihrer

Stimme, ihre freundliche Art, mit den Verkäufern zu sprechen. Es mag auch die strahlende Klarheit und anhaltende Güte im Blick sein; die Augen können Fenster zur Wachheit sein.

Wenn wir so jemanden sehen, mögen wir uns fragen: Wer ist das? Woher kommt diese weise Person? Wie kommt es, dass jemand einen solchen Frieden und so viel geistige Gesundheit inmitten von so viel Angst, Aggression und Hektik ausstrahlt? Und die wichtigste Frage, die wir uns vielleicht stellen, lautet: Wie kam diese Person dazu, so zu sein? Sobald wir anfangen, über Erwachen nachzudenken, und wissen wollen, woher es kommt und wie man dorthin kommt, sind wir schon auf dem Pfad zur Erleuchtung. Unsere Neugierde ist ein Zeichen dafür, dass sich unsere innere Wachheit zu regen beginnt.

Die kraftvolle und doch sanfte Präsenz des Buddha hat bei denen, die ihm begegnet sind, viele ähnliche Fragen ausgelöst: »Was bist du? Bist du ein übernatürliches Wesen? Gibt es für uns einen Weg, im Leben mehr Frieden zu finden, um geerdeter und offener zu werden – so, wie du bist? Wie sollen wir dich nennen?« Lächelnd antwortete er: »Ich bin erwacht. Deshalb solltet ihr mich ›den Erwachten‹ nennen – und es gibt einen edlen Pfad zu eurem eigenen Erwachen.«

Sein Name, »der Erwachte«, ist eine Antwort – aber auch eine Frage: Erwacht aus was? Erwacht zu was? Zum berühmten »erwachten Seinszustand« gehört eindeutig mehr, als sich einfach mit einem Gähnen und Strecken der Glieder nach einer gewöhnlichen Nacht mit erholsamem Schlaf zu erheben, um sich den Aufgaben eines neuen Tages zu stellen. Es geht hier um eine tiefere Bedeutung von »schlafend« und »wach«. Die Reise zu vollständiger Verwirklichung beginnt damit, darüber nachzudenken, was erleuchtete Wachheit und spiritueller Schlaf eigentlich bedeuten.

Zum ersten Schritt zu wahrem Erwachen gehört, dass wir unseren gewohnheitsmäßigen und alltäglichen, sich immer im

Kreis drehenden »schlafenden« Zustand erkennen. Unser mit Ablenkungen und Tagträumen angefülltes Leben kann mit Schlafwandeln verglichen werden. Wie wir wissen, können Schlafwandler in ziemlicher Behaglichkeit weiterträumen – bis sie plötzlich gegen eine Wand stoßen oder auf einer Treppe die Stufen verfehlen. Die daraus resultierende »Aua!«-Erfahrung entspricht der Entdeckung dessen, was der Erwachte die »edle Wahrheit des Leidens« nannte.

Zum eigenen spirituellen Pfad des Buddha gehörte sicherlich, dass er sich zunächst seines schlafwandlerischen Zustands bewusst wurde. Durch seinen durchdringenden Blick auf die schmerzlichen Realitäten des menschlichen Lebens außerhalb des behaglichen Komforts im elterlichen Palast erkannte er plötzlich, dass er in einem angenehmen Traum gelebt hatte. Die Seifenblase eines verzärtelten Lebens bei Hofe war eine verführerische Falle gewesen, die ihn in ein falsches Sicherheitsgefühl eingelullt hatte und davon abhielt, die strahlende Wahrheit des wirklichen Lebens zu sehen. Diese grundlegende Verwirrung zu erkennen war für Prinz Siddhartha der erste entscheidende Schritt auf dem Weg zur Erleuchtung und ein Meilenstein auf seiner Reise zur vollständigen Freiheit von verwirrtem Leiden.

Das ist der Siegesschrei in der ununterbrochenen Linie der Erwachten: Es gibt einen Pfad, der zu Befreiung führt! Wir können uns von den automatischen, gewohnheitsmäßigen Gedanken und Gefühlen befreien, die uns so oft in vertraute seelische Gefängnisse sperren. Die gute Nachricht lautet, dass Befreiung möglich ist. Unsere erste große Aufgabe besteht darin, uns der Tatsache zu stellen, dass wir uns selbst einsperren. Denn der Pfad zu wahrer Freiheit beginnt damit, unsere Gewohnheit der Selbsttäuschung zu erkennen. Unser erstes Erwachen besteht darin, uns unseres Schlafzustands und unseres Mangels an Selbst-Gewahrsein bewusst zu werden.

Als ich wegen eines neuen Jobs von der San Fransisco Bay Area nach Seattle zog, war eines der ersten Dinge, die ich bemerkte, wie viele Verhaltensweisen und Gefühle ich von meinem alten Arbeitsplatz mitgenommen hatte. Wie eine Schildkröte ihren persönlichen, bequem tragbaren Panzer trug ich die ganze Zeit meine eigene kleine geistige Umgebung mit mir herum, von einer Stadt in die andere. Am Montagmorgen sollte ich einen neuen Angestellten kennenlernen, Jay, der gerade eingestellt worden war, jemand, den ich noch nie gesehen hatte. Bis Mittwoch war ich mit Jay etwas im Aufzug und am Kopierer ins Gespräch gekommen, und er begann mich an Tim zu erinnern, meinen Vorgesetzten an einem früheren Arbeitsplatz. Ich bin nicht wirklich sicher, was es an Jay war, ob es die Art war, wie er mir ins Wort fiel und meine Sätze für mich beendete (genau wie Tim es tat) oder dass er so schnell sich und seinen beeindruckenden Familienhintergrund zu rühmen schien (Tim hatte auch eine Neigung zu Arroganz). Bald – am Freitagnachmittag bei der Bürofeier – und bevor ich es überhaupt bemerkt hatte, verhielt ich mich Jay gegenüber auf eine Weise, die hauptsächlich auf meinen unangenehmen früheren Erfahrungen mit Tim beruhte (indem ich versuchte ihm aus dem Weg zu gehen).

Eines Tages war ich mit einem Freund am Plaudern – wie ich später bemerkte, hatte ich auf Automatik geschaltet – und fing an, mich über diesen neuen Kerl auf der Arbeit, »Tim«, zu beklagen, und ertappte mich dann mitten im Satz – als mir plötzlich auffiel, dass es in unserer Abteilung gar niemanden mit diesem Namen gab! Meine Gedanken, Gefühle und Handlungen in der Gegenwart beruhen weitgehend auf dem, was ich aus der Vergangenheit mitbringe, hier der früheren Arbeitsbeziehung. Hört sich das bekannt an? Dieses Muster taucht immer wieder auf, am Arbeitsplatz und in der Liebe, in privaten wie in geschäftlichen Beziehungen.

Das hat sehr wenig mit dem Erleben in der Gegenwart zu tun. Obwohl ich Jay gerade erst kennengelernt hatte, sah ich in ihm bereits einen bestimmten Typ, mit dem ich in der Vergangenheit Schwierigkeiten gehabt hatte. Diese Erfahrung mit einem emotionalen Überbleibsel veranlasste mich, mein Gewahrsein für dieses wiederkehrende Muster zu schärfen. Nun fiel mir ein Beispiel nach dem anderen dafür auf, wie ich meine Gegenwart immer wieder nach der bereits verflossenen Vergangenheit formte. »Hier ist es wieder, genau wie in der Planungssitzung letzte Woche. Jane kritisiert das ganze Team; so wird es also wieder eine dieser Sitzungen.« – »Sie erinnert mich an Karen, meine alte Freundin aus dem College. Sie hat den gleichen schrulligen Humor. Wahrscheinlich werden wir tolle Freunde.« – »Hier kommt eine weitere Woche vorhersehbarer Auseinandersetzungen mit Gerald um Quittungen und Kostenerstattungen.« – »Ich hoffe, meinem Chef gefällt meine Arbeit an dem neuen Projekt so sehr wie im letzten Quartal.«

Es ist offensichtlich, dass die meisten meiner Hoffnungen und Befürchtungen über die Zukunft auf dem beruhen, was in der Vergangenheit gut – oder schlecht – lief. Gestern, letzte Woche, voriges Jahr, das letzte Mal standen wir vor einer ähnlichen Aufgabe. Die Vergangenheit scheint die Gegenwart zu verfolgen wie Geister, die zurückkehren, um den alten Scrooge[5] zu verhöhnen. Erinnerungen sammeln sich an und verbreiten sich wie Schimmel. Bald füllen diese wuchernden Projektionen aus der Vergangenheit den ganzen Raum der Zukunft aus.

Je mehr ich bemerke, wie diese Summe von (aus der Vergangenheit übernommenen) Gedanken meine Reaktionen in der Gegenwart formen, desto mehr spüre ich, wie mich dieser schlafwandlerische Zustand kneift. Dieses Kneifen ist das Erwachen von Einsicht. Ich habe einen Blick auf meinen inneren Käfig erhascht, das enge geistige Gefängnis, das ich überallhin mit mir herumschleppe. In einem Schildkrötenpanzer zu leben erscheint mir nicht mehr ganz so behaglich. Auch wenn es sich herausstellt, dass Jay ganz anders ist als Tim, halte ich wahrscheinlich fälschlicherweise viele dieser Unterschiede einfach für eine Steigerung des »gleichen Alten«. Dabei verpasse ich viel, vielleicht das meiste von dem, was in diesem Augenblick neu und frisch ist.

Das ist demütigend: Die Wurzel meiner Unzufriedenheit ist nicht in anderen zu suchen – meiner Partnerin oder meinen Arbeitskollegen oder meinem neuen Nachbarn. Ein großer tibetischer Meditationslehrer[6] gab den folgenden Rat: Die schlechten Eigenschaften in anderen zu sehen ist wie der Blick in einen Spiegel, durch den man den Dreck im eigenen Gesicht entdeckt. So demütigend dieser flüchtige Blick auf die Wahrheit der allgegenwärtigen Zerstreuung und Projektion auch sein mag, so ist er dennoch eine Einsicht. Ich entdecke, dass ich im Geiste immer wieder ähnliche Situationen aus der Vergangenheit abspule. Die Folge davon ist, dass meine Wahrnehmungen, Gefühle und Reaktionen oft fade und hohl sind, wie das Lachen vom Band in einer veralteten Fernsehshow. Einsicht lässt uns erkennen, dass es an der Zeit ist den Sender zu wechseln – oder den Fernseher ganz auszuschalten.

## Eine erste Entdeckung

Viel von unserem gegenwärtigen Erleben beruht auf Wiederholung. Plötzliche leidenschaftliche Zuneigung oder Fixierung (ein Gefühl von »das muss ich haben« taucht scheinbar aus dem Nichts auf), Zornesausbrüche oder nagender Groll (der nach all den Jahren immer noch schwelt), uns selbst als jemanden sehen, der sich pflichtbewusst abrackert (mit dem lauten Gesumme einer Drohne) – solche inneren Drehbücher und emotionalen Dramen kennen wir aus eigener Erfahrung. Alle unbeteiligten Zuschauer, die wir bekommen können, werben wir für die Besetzung unseres Stücks an. Ganz egal, ob es eine Seifenoper oder eine Komödie ist, die Anwerbung läuft ständig weiter, endlos: »Hallo! Würdest du gern die Rolle von … spielen?«

Das ist eine grundlegende Entdeckung auf dem Pfad des Erwachens: Unsere Erfahrung des Lebens und der Welt ist stark von unseren eigenen inneren Wetterwechseln gefärbt – sonnig, neblig, regnerisch, sonnig, dunstig, bewölkt. Und so drehen wir uns im Kreis: eifersüchtig, stolz, ängstlich, begehrend, erregt, ernüchtert. Wenn wir genauer hinschauen, entdecken wir, dass wir tief sitzende Gewohnheiten haben, die uns von der Gegenwart ablenken. Aber durch Einsicht können wir klar die gewaltige Aufgabe erkennen, die sich wie ein Berg vor uns auftürmt.

Was für ein Berg ist das? Eine Ablenkung nach der anderen hat sich zu einem großen Haufen zusammengeballt. Wie bei einer riesigen Massenkarambolage. Wenn wir erkennen, dass wir möglicherweise dieses schlüpfrige Netz der Achtlosigkeit immer weiter um die Gegenwart spinnen, inspiriert uns das, unsere beiden Füße fest auf dem Meditationspfad des Jetzt aufzusetzen. Einsicht in unser geistiges Gefängnis entfacht die Motivation, den Pfad zu gehen.

Für eine Weile denken wir, vielleicht stimmt das; vielleicht stimmt das zumindest manchmal. Aber wir schwanken. Unser nur flüchtiger Einblick in die Gewissheit der Wahrheit des Leidens lässt uns schwanken. Mit der Zeit gleiten wir wieder in Gewohnheiten emotionaler Reaktion und Rechtfertigung zurück: »Es ist richtig, mich so zu fühlen: Tim, ich meine Jay, *ist* doof!« Wir fangen langsam an, uns ein gemütlicheres Nest im Gefängnis einzurichten, vielleicht im neu umgebauten Flügel mit schönem Blick nach draußen. Wir verlieren die Motivation

für wahre Freiheit aus den Augen, für die Frische und Weite
der Befreiung. Wir vergessen, bis das Gefühl, in einer stickigen
Falle ohne Fenster festzusitzen, wieder auftritt.

**Wie kann ich aus dem Schlafwandeln aufwachen?**

Allein dadurch, dass man eine solche Frage stellt, begibt man
sich bereits auf den Pfad des Erwachens. In unserem super-
schnellen digitalen Zeitalter schätzen wir zwar simple Antworten zum Ankreuzen, doch sind manche unserer Fragen
wertvoller als das. Wenn wir uns einen Augenblick lang zu-
rückhalten und keine oberflächliche Antwort geben, die eine
schnelle Lösung anbietet, können wir erkennen, dass das bloße Stellen solcher Fragen ein goldener Faden ist, der unsere
wissbegierige Intelligenz mit dem Schatz unserer inneren Weisheit verbindet. In seinem klassischem Führer zum spirituellen
Pfad, *Aktive Meditation*, weist Chögyam Trungpa darauf hin,
dass einige unserer Fragen die Antwort bereits enthalten: »Auf
der ersten Stufe ... stellen wir uns die Frage: Wer bin ich?, obwohl das eigentlich keine Frage ist. Es ist vielmehr eine Fest-
stellung, weil die Frage ›wer bin ich?‹ die Antwort bereits in
sich enthält.«[7]
    Wenn man Fragen stellt, will man wissen. Was bedeutet es,
ein waches menschliches Wesen zu sein? Wie sieht ein Leben
aus, das voll und ganz menschlich ist? Was möchte ich wirklich sein? Fragen, die zum Nachdenken anregen, führen uns
in die Tiefen unserer Erfahrung, jenseits der Oberflächlichkeit
vorgefertigter Meinungen. Allzu oft halten wir es für normal,
wenn unser Geist wie in einer Achterbahn auf- und abfährt,
als ob die Begierde und Aggression unseres Schlafwandelns
die einzig natürliche Art des Menschseins wäre. Wir nehmen
unser geistiges Gefängnis für selbstverständlich, als ob wir alle

denselben plärrenden Radiosender empfingen, WCAT[8]: die Ganze Zeit Alles Verwirrung. Empfinden das nicht alle so?

Die Begegnung mit einer erwachten Person straft diese herkömmliche Annahme Lügen. Das Beispiel von Frauen und Männern, die mit Vertrauen, liebender Güte und Würde leben, hat uns alle inspiriert. Unser Fragen nach einem Weg zur Freiheit entsteht aus dem inneren Wissen, dass wir im tiefsten Grund unseres Wesens dasselbe erleuchtete Potenzial teilen, das wir in großartigen, mitfühlenden Weisheitswesen bewundern. Wie der bahnbrechende japanische Zen-Meditationsmeister Suzuki Roshi gelehrt hat: »Es ist Weisheit, die nach Weisheit sucht.«[9]

Wenn wir auf dem spirituellen Pfad vorankommen wollen, müssen wir unseres gegenwärtigen Zustands gewahr werden. Der Titel eines Buches der amerikanischen buddhistischen Nonne Pema Chödrön drückt das gut aus: *Beginne, wo du bist.* Auch wenn wir nur einen flüchtigen Blick auf unsere Zerstreutheit erhaschen, nur eine Spur unserer Gedankenverlorenheit bemerken, unseres Normalzustandes des andauernden Tagträumens über Vergangenheit und Zukunft, sind wir bereits aufgewacht.

Gewöhnlich mögen wir die Entdeckung des Schlafwandelns als Rückschritt auffassen, als ob wir einen Schritt nach vorn gemacht hätten, nur um dann festzustellen, dass wir in einer Tretmühle feststecken und ohne Unterlass auf der Stelle treten. Doch statt diese Entdeckung als Entmutigung zu betrachten können wir diesen Einblick in unsere geistigen Gewohnheiten auch als Aufscheinen von Einsicht ansehen. Etwas Schlechtes klar zu erkennen ist im Grunde etwas Gutes. Aufwachen beginnt damit, den ständigen rauschenden Strom unserer Zerstreuung wahrzunehmen. Es ist, wie wenn man um die Ecke biegt und sich plötzlich einer zischenden, heißen inneren Springquelle gegenübersieht.

Meditationsübung besteht im Kern darin, fortwährend zum Erleben unseres gegenwärtigen Zustands zurückzukehren. Wir fangen dort an, wo wir sind, und wenn wir abschweifen, kehren wir dorthin wieder zurück, und falls nötig, tun wir das immer wieder. Wir spüren die Rastlosigkeit unseres inneren Dialogs, bei dem es stets um die Fragen geht: Was kommt als Nächstes? Und was danach? Was gibt es jenseits dieses geschäftigen Geistes, der andauernd Selbstgespräche führt? In den Fragen und der Bewegung dieses hektischen Geistes gefangen zu sein, das ist Zerstreuung. Sie wird von dem ängstlichen Gefühl genährt, woanders sein zu wollen, zu hoffen, dass es noch etwas anderes gibt oder das noch etwas anderes geschieht. Indes wachen wir auf, wenn wir unsere Gewohnheiten und Routineabläufe im alltäglichen Schlafwandel achtsam untersuchen und uns den gewundenen Lauf des inneren Flusses aus Erinnerungen und Phantasien ansehen, den murmelnden Bach unserer sich fast ständig überlappenden Gedanken.

## In unser Erleben spüren

Wenn Sie sich nicht ganz sicher sind, ob es stimmt, dass es in unserem gewöhnlichen Seinszustand, unserem täglichen Leben Ablenkung gibt, dann lassen Sie uns für einen Moment innehalten und prüfen, selbst sehen, wie Ihre tatsächliche Verfassung in diesem Augenblick gerade ist. Es ist äußerst wichtig, dass wir diese Lehren über Wachheit an unserem eigenen tatsächlichen Erleben überprüfen. Legen Sie also bitte das Buch für einen Moment aus der Hand, setzen Sie sich bequem hin und nehmen Sie wahr, was körperlich und geistig in diesem Augenblick in Ihnen abläuft. Nehmen Sie sich zwei oder drei Minuten, um dies wahrzunehmen und auf eine neugierige, freundliche Weise zu fragen: Was geht in meinem Körper gerade vor? Bemerken Sie das Spiel von Körperempfindungen, Wahrnehmungen und Gefühlen. Was läuft im Geist gerade ab? Sind da Gedanken? Drehen sie sich hauptsächlich um die Zukunft? Oder um die Vergangenheit? Gibt es Hoffnungen oder Befürchtungen? Oder eine Mischung aus beiden? Glücksgefühle? Traurigkeit? Langeweile? Erregung? Nehmen Sie einfach Ihre eigene Verfassung wahr – Körper, Geist und Herz –, wie es Ihnen jetzt in diesem Augenblick geht. Gibt es nur wenige Gedanken, wie den schwachen Strahl aus einem Wasserhahn? Oder ist es mehr wie ein sprudelnder Wasserfall, Gedanken über Gedanken über Gedanken, einer nach dem anderen in einem andauernden Strom vorwärtsrauschend? Schauen Sie hin. Bemerken Sie, was gerade abläuft, erforschen Sie es mit liebender Güte. Wenn Ihr Geist wiederholt zum Gespräch beim Abendessen am Vorabend abwandert oder zur Besprechung in der nächsten Woche, nehmen Sie das wahr, und anstatt sich an Einzelheiten aus der Vergangenheit (warum hat er das gesagt?) oder in der Zukunft (was werde ich dann tun?) aufzuhängen, kehren Sie sanft zur gesammelten Erforschung der Gegenwart zurück: Was läuft gerade in Körper und Geist ab, in diesem Moment? Schauen Sie mit sanfter Neugier hin und erkennen Sie, was tatsächlich passiert.

Beim Erforschen unserer gegenwärtigen Verfassung mögen zweifelnde oder skeptische Gedanken auftauchen: »Ich habe nicht das Gefühl, dass mich Gedanken über die Zukunft oder die Vergangenheit ablenken. Viele meiner Gedanken drehen sich um die Gegenwart. Klar würde ich jetzt besser irgendetwas anderes tun. Was soll diese Übung eigentlich? Ich glaube nicht, dass ich schlafwandelnd durch mein Leben gehe, zumindest nicht die meiste Zeit. Sind die drei Minuten schon um?« Und nochmals, hier geht es nicht darum, etwas zu glauben oder ein traditionelles Dogma zu akzeptieren. Wahrheit wird durch das genaue Untersuchen der eigenen Erfahrung enthüllt.

Antworten entdeckt man, indem man sieht, was im eigenen Körper und im eigenen Geist tatsächlich vor sich geht. Ob das Rezept gut ist, kann man nur daran erkennen, wie der Pudding schmeckt. Kochen Sie erst und führen Sie dann selbst einen Geschmackstest durch. Schauen Sie einfach hin und sehen Sie, was in diesem Moment vor sich geht. Glauben Sie nicht unbesehen, was man Ihnen sagt. Schauen Sie ehrlich und direkt hin.

Nehmen Sie einfach wahr – bemerken Sie, was von einem Moment zum nächsten vor sich geht.


## Nichts zurückweisen

Sogar diese einfache Übung von präzisem Gewahrsein und Ehrlichkeit erfordert Mut: Wir lassen vorgefertigte Vorstellungen los, wie unser Erleben ist (oder sein sollte), und schauen es uns zur Abwechslung mit unverstelltem Blick an. Alte Urteile lassen wir ziehen. Wir versuchen nicht, etwas Bestimmtes zustande zu bringen oder eine spezielle Geistesverfassung zu erreichen. Wir meditieren nicht. Wir nehmen nur das wahr, was bereits in der Gegenwart abläuft, ohne es irgendwie zu beeinflussen. Versuchen Sie nicht an dem festzuhalten, was auftaucht: Wenn es sich recht angenehm anfühlt, für einen Moment einfach so dazusitzen, lassen Sie es so sein. Wenn es Ihnen so vorkommt, als ob nichts Besonderes passiere, dann lassen Sie das da sein. Und genauso geben Sie dem Gefühl des Unbehagens Raum, wenn es sich etwas unbequem und fremd anfühlt. Ist da zuerst etwas und löst sich dann auf? Vor allem sollten Sie nichts von dem, was in Ihrem Erleben auftaucht, verurteilen oder zurückweisen: »Hüpft mein Geist wirklich den ganzen Tag hin und her, wie eine Heuschrecke, die zu viele Espressos getrunken hat? Das war gerade kein sehr liebvoller Gedanke, oder? Warum denke ich immer noch daran? Immer wieder: Was kommt dann, was dann und was dann? Ist es das, was passieren soll? Was stimmt heute nicht mit mir? Ich glaube, letzte Woche war ich präsenter; was ist passiert?«

Robert Heinlein beschreibt in seinem Science-Fiction-Roman *Fremder in einer fremden Welt* einige wahrheitsliebende, gerechte Wesen, die er »faire Zeugen« nennt. Nehmen Sie gegenüber Ihrem ganzen Erleben einen Moment lang eine Haltung des »fairen Bezeugens« ein, indem Sie den allgegenwärtigen Zwang langsam schwächer werden lassen, der Sie dazu drängt, nach den besten und glücklichsten Momenten zu greifen und sie freudig zu umarmen, während er Sie um die hässlichen und unangenehmen einen Bogen machen lässt. Kehren Sie, so gut es geht, immer wieder zum Wahrnehmen zurück, nehmen Sie eine neugierige Haltung ein, die sanft erforscht, und nehmen Sie schlicht und wertfrei einfach wahr. Was geschieht hier und jetzt, in Ihrem eigenen Erleben? Nehmen Sie mit der offenen Haltung eines guten Freundes wahr, den Sie eine Weile nicht gesehen haben. Dieser Freund ist aufrichtig an Ihrer Verfassung interessiert, stellt Fragen und hört aufmerksam zu, um die Antworten wirklich aufzunehmen. Wie geht es Ihnen? Lauschen Sie auf Ihr Erleben, denn die Antwort auf diese kontemplative Frage ist der Kern wahrer Selbstreflexion.

## Mehr als ein Schönwetter-Freund

Auf diese einfache Weise beginnen wir uns wirklich umfassend und tief mit uns anzufreunden, statt uns bloß ein Schönwetter-Freund zu sein. Wenn wir sagen: »Jack und Jane sind hauptsächlich Schönwetter-Freunde«, meinen wir damit, sie sind Freunde, mit denen wir Zeit verbringen können, wenn alles in Ordnung ist und glatt läuft, aber in schwierigen Zeiten der Trauer und des Verlusts, der Krankheit oder der Trennung schauen Jack und Jane nicht bei uns vorbei. Wenn wir der Einladung zu einer täglichen Meditationsübung folgen, führt uns das über eine solch oberflächliche Schönwetter-Freundschaft mit uns hinaus.

Schließlich ist es ziemlich einfach, jene Seiten von uns zu lieben, die andere billigen, die Facetten unserer Persönlichkeit, für die wir Belohnung oder Bewunderung erhalten. Aber was ist mit den weniger rühmlichen Seiten unseres Wesens, unseren weniger gefälligen emotionalen Gewohnheiten? Wenn wir in einer unbedeutenden Auseinandersetzung die Geduld verlieren, Dinge ewig aufschieben, uns im Verkehr ohne Rücksicht auf die Gefühle und Bedürfnisse anderer vordrängeln, aus ängstlicher, besorgter Unentschiedenheit viel reden, unsere Unsicherheiten überspielen, bei jedem Konflikt oder jeder Schwierigkeit lospoltern, Angst haben, irgendjemandem unsere wahren Gefühle zu zeigen. Echte spirituelle Übung bezieht ihre Kraft zum Teil daraus, dass wir in der Meditation alle Jahreszeiten des Lebens durchleben, die Herbste und Winter der Schwierigkeiten und Niederlagen genauso wie die Frühlingszeiten und Sommer der Siege und Freudenfeste.

Das ist der Königsweg zur Erleuchtung: Meditation als einen Prozess, mit sich selbst Freundschaft zu schließen, zu betrachten. Das ist der Pfad der Meditation als eine Übung in liebender Güte, den wir damit beginnen, dass wir zunächst uns selbst Freundlichkeit und Herzensgüte entgegenbringen.

Dieses aufmerkende, wache, fürsorgliche Interesse für die gegenwärtige Verfassung unseres Körpers und unseres Geistes ist etwas Natürliches. Wertschätzende Erforschung ist ein Ausdruck unserer wahren Natur. Wir haben alle einen angeborenen, natürlichen Sinn der Fürsorge für uns selbst. Aufmerksamkeit ist ein Ausdruck von Respekt. Gewahrsein für unsere eigene Verfassung ist die Grundlage für Selbstachtung. Erwachen beginnt mit der Wertschätzung dieses natürlichen Interesses und dehnt sich dann allmählich auf Selbsterkenntnis aus. Selbsterkenntnis ist die Vorhut von Weisheit. Wir beginnen mit diesem inneren Wissensdrang, und wir kehren immer wieder dorthin zurück, indem wir dem Drängen unserer tiefsten Neigung nachgeben. Wir wollen über die Illusionen des Schlafwandelns hinausgehen und zu unserer wahren Natur erwachen, und deshalb fragen wir: Was empfinde, fühle und denke ich jetzt gerade? Diese grundlegende Ebene von Selbstgewahrsein und Selbstreflexion ist uns allen leicht zugänglich. Selbstkenntnis ist die unerlässliche Grundlage des gesamten spirituellen Pfades.

## Mit sich selbst Freundschaft schließen und Mitgefühl

An dieser Stelle fragen Sie sich vielleicht: »Was soll all die Sorge um das eigene Wohl? Ich dachte, dass es bei Spiritualität darum gehe, sich um das Wohl anderer zu sorgen und ihnen zu helfen. Was ist mit der berühmten Verbindung von Meditation und Mitgefühl?« Viele Teilnehmer von Gruppenklausuren haben sich über ähnliche Dinge laut gewundert und gefragt: »Ist es nicht irgendwie narzisstisch, mir selbst so viel Aufmerksamkeit zu schenken? Was ist mit all den Problemen in der Welt? Und was mit all den Wesen, die leiden? Wie hilft ihnen das?«

Mitgefühl beginnt in den eigenen vier Wänden. Das Herz liebender Güte wird durch die Sorge um das eigene Wohl geweckt wie auch durch die Sorge um das Wohl derer, die uns nahestehen, für die Liebe und Mitgefühl zu empfinden uns leichtfällt. Dann dehnen wir dieselbe Wärme und Fürsorge auf andere aus, jene, die uns ferner stehen, weniger vertraut sind. Je größer der Kreis unserer Fürsorge, desto mehr entdecken wir das große Herz wahren Mitgefühls.

Wesentlich ist, dass dieser Weg der Erweckung des Herzens ein natürlicher Prozess ist – er verläuft mit dem Strich unserer eigenen grundlegenden Gutheit, folgt der Fließbewegung des instinktiven Wunsches, aufzuwachen. Wir tragen bereits ein mächtiges Verlangen nach Weisheit in uns. Wir sehnen uns danach, unsere angeborene Stärke und unseren mit Güte erfüllten Geist wiederzuentdecken. Ein spontanes Streben nach Mut wird offenbar, das eng verbunden ist mit Empfindsamkeit.

Was bringt Sie dazu, ein Buch über den Pfad der Meditation zu lesen? Warum interessieren Sie sich überhaupt für Wachheit? Woher kommen diese Motivation und dieses Interesse? Die Aussage, »es ist Weisheit, die nach Weisheit sucht«, bestätigt unseren innigsten Wunsch aufzuwachen und anderen von Nutzen zu sein. Wir besitzen ein starkes, natürliches Verlangen nach der nährenden Kost von Weisheit und Liebe. Es ist unser grundlegend mitfühlendes Wesen, das sich von den Lehren über Mitgefühl angezogen fühlt. Im *I Ging* (dem chinesischen Klassiker, der oft als *Buch der Wandlungen* übersetzt wird) ist das Bild für diese spontane innere Resonanz ein Singvogel, der seine Kameraden ruft, die antworten, weil sie von der gleichen Art sind. Genauso sprechen wir auf den Ruf unserer wahren Natur an, den Ruf des mitfühlenden Herzens.

Wenn dem nicht so wäre, wenn unsere eigene wahre Natur nicht bereits eine Neigung in diese Richtung hätte, würde uns der bloße Klang der Silben »liebende Güte« oder des Wortes »Mitgefühl« abstoßen. Wie Insekten, die den schrecklichen Geruch von Insektenschutzmitteln scheuen, würden wir um alle Reden von Sorge um das Wohl anderer einen möglichst großen Bogen machen. »Iii! Raus hier, ich hasse so ein Gerede!« Stattdessen würden wir uns mehr nach Lehren und Übungsformen umschauen, die Eigennutz, Gleichgültigkeit und Aggression förderten. Bedenken Sie die Reaktionen auf die tragischen Ereignisse des 11. Septembers 2001, des indonesischen Tsunamis 2004 und des Hurrikans Katrina an der Golfküste 2005. Viele Menschen in der ganzen Welt überkam ein spontanes Gefühl der Anteilnahme am Leid anderer – und sie handelten mit der entsprechenden Großzügigkeit. Mitgefühl ist für uns so natürlich wie Atmen, auch wenn Empfindsamkeit und Mitgefühl bei vielen vorübergehend durch Angst und Zweifel verdeckt sind.

**Was ist natürliche Wachheit?**

Natürliche Wachheit lässt an ähnliche Begriffe aus der buddhistischen Überlieferung denken: wahre oder ursprüngliche Natur, elementare Weisheit, grundlegende Gutheit.[10] Sind das unterschiedliche Worte für dieselbe Sache? Vielleicht. Doch wichtiger als die Speisekarte ist das tatsächliche Kosten der Speisen. Wir leben in einer Zeit, in der wir die grundsätzliche Glaubwürdigkeit unseres Erlebens anzweifeln. Diese Erscheinung ist so allgegenwärtig geworden, dass wir uns fragen, ob es nicht genauso natürlich ist, eigennützig und abgelenkt zu sein wie offen und gütig. Lassen Sie uns zur Klärung dieser wesentlichen Frage zum Hauptthema dieses Kapitels zurückkehren: dem Verhältnis zwischen natürlicher Wachheit und Meditationsübung.

Unsere ursprüngliche Natur ist das allerwichtigste Element auf dem Pfad zum Erwachen. Warum? Weil sie der Hauptbestandteil ist: Ohne den natürlichen Impuls aufzuwachen kann es einen Pfad der Meditation oder eine spirituelle Reise gar nicht geben. Die Meditationsübung ohne diese ursprüngliche Weisheitsnatur wäre wie das Gärtnern ohne Samenkörner. Wir könnten den ganzen Sommer über die Erde bearbeiten und wässern, sogar Unkraut jäten und die Insekten vertreiben, doch wie wir wissen, wird ohne Samen dennoch nichts wachsen. Ebenso ist ohne diese grundlegende Antriebskraft keine Bewegung auf dem Pfad möglich. Es ist, als ob man sich auf den Weg in die Stadt machen, aber weder gehen, laufen, Fahrrad fahren noch ein Auto oder ein anderes Transportmittel benutzen wollte. Wie sollten wir uns ohne Beweggrund bewegen können. Die wahre Natur ist unsere treibende Kraft.

Trungpa Rinpoche hielt uns dazu an, uns mit den Aussagen eines alten indischen Weisheitslehrers namens Tilopa zu befassen. Tilopa, dessen Name »Sesamsamen-Person« bedeutet, benutzte einen Vergleich mit Sesamsamen, um auf die Wichtigkeit unserer grundlegenden Natur hinzuweisen. Ohne Samenkörner können wir die innere Essenz, das Sesamöl, die Frucht des Meditationspfades, nicht gewinnen. Auch wenn wir pflichtbewusst Sand auspressten oder einen Monat lang Stunde um Stunde Tag für Tag danach schürften, würden wir kein Sesamöl bekommen. Dieser einfache Vergleich beleuchtet eine tiefe Wahrheit: Der spirituelle Pfad ist nicht nur eine Sache der Bemühung oder eines konsequenten Willens. Erfolg auf dem Pfad, was manchmal »Verwirklichung« genannt wird, ist nie das Ergebnis bloßer Anstrengung oder nur des wiederholten Versuchs anzukommen. »Verwirklichung« bedeutet, das zu erkennen, was immer schon als Potenzial da war. Von Anbeginn an ist das Öl im Samen enthalten; es bedarf nur des Pressens, um es zutage zu fördern.

Der erwachte Zustand schlummert in uns als unerkanntes Potenzial. Doch brauchen wir beständiges Meditationstraining, um diesen schlafenden Riesen aufzuwecken. In den traditionellen buddhistischen Lehren Tibets gibt es eine Redewendung: »Zu glauben, man müsse Buddha-Weisheit herstellen, ist äußerster Materialismus.«[11] All unser Greifen nach ungewöhnlichen Erlebnissen und höheren spirituellen Zuständen stammt von dem Mangel an Vertrauen in die Kraft dieser ursprünglichen Natur.

## Wie gewinne ich Zutrauen zur natürlichen Wachheit?

Der Vergleich mit den Sesamsamen beleuchtet auch den zweit-wichtigsten Aspekt des spirituellen Pfades: Training oder Schulung. Hier erforschen wir hauptsächlich Schulung in der Disziplin der Sitzmeditation. Das Üben, die Pflege – tatsäch-lich etwas tun, um die innere Essenz zutage zu fördern, sie herauszubilden – ist absolut notwendig. Bloß an Übung zu denken, die Absicht zu hegen, irgendwann bald damit anzu-fangen, ist nicht genug. Wie Tilopa erklärt: »Wenn es durch das Zusammenwirken von Mörser, Stößel und Händen kein Zerstoßen und Extrahieren gibt, erhält man auch kein Öl.«[12] Wenn wir einfach da sitzen und die vor uns stehende Schüssel mit Sesamsamen anschauen und uns fragen, wann das Sesam-öl auf magische Weise erscheinen wird, wird nichts geschehen. Es reicht nicht aus, einfach zu denken: »Sesam öffne dich!« Wie heißt es doch im Volksmund: Von nichts kommt nichts. Ohne Pressen der Samen, kein Sesamöl.

Der Same unserer erwachten Natur ist ein Hauptbestand-teil; er ist absolut nötig, doch allein reicht er zum Erwachen nicht aus. Es ist auch nötig, dass wir unsere Aufmerksamkeit benutzen und Körper und Geist voll und ganz einbeziehen, sonst wird bald Stagnation eintreten. Das Schlafwandeln bleibt. Und das Endergebnis? Wir bemerken, dass wir diesel-ben Szenarien wiederholen, vertraute, eingespielte Gewohn-heiten ausleben, und das wieder und wieder und wieder. Die geballte Kraft unserer tief verwurzelten Ablenkung ist so stark, dass sie die Augenblicke von guten Absichten spielend außer Kraft setzt, so wie Hochwasser mühelos eine flackernde Streichholzflamme auslöscht. An Silvester nehmen wir uns vielleicht vor, nicht mehr so schnell die Fassung zu verlieren, aber zwei Wochen später hören wir, wie wir zu Hause oder am

Arbeitsplatz jemanden anblaffen. Oder wir sind unter großem Termindruck und ertappen uns dabei, wie wir im Straßenverkehr einen langsamen Fahrer wüst beschimpfen.

So wie die Lehre einer ursprünglich wachen Natur uns vermittelt, dass es auf diesem Weg nicht nur um Arbeit geht, lautet die Botschaft der komplementären Lehre der Schulung – besonders der Schulung durch die Disziplin der Meditationsübung –, dass es auch nicht ausreicht, bloß auf die grundlegende Gutheit unserer ursprünglichen Natur zu vertrauen. Wie wir wissen, ist es nicht genug, bloß daran zu glauben, dass körperliche Betätigung unser Wohlbefinden verbessert. Entscheidend ist, tatsächlich ins Fitnessstudio zu gehen oder sich zu einem Spaziergang oder Lauf aufzumachen. Genauso wenig reicht es aus, einfach auf naive Weise an die Gutheit unserer ursprünglichen Natur zu glauben.

## Warum nicht?

Warum reicht ursprüngliche Gutheit nicht aus? Wenn wir von Natur aus wach sind, warum müssen wir dann noch üben?

Zunächst einmal beruhen unsere Zuversicht und unser Vertrauen in die grundlegende Gutheit hauptsächlich auf Ideen und Vorstellungen. Wir haben von unserer innewohnenden erleuchteten Natur gehört oder darüber gelesen, und wir sagen: »Ja, das leuchtet mir ein; es klingt gut. Ja ... ja, ich denke, ich glaube an grundlegende Gutheit.« Für den Anfang ist das in Ordnung – womit sollten wir sonst anfangen als mit einer vagen Idee, einem etwas naiven Glauben an diese Möglichkeit. Auch hier müssen wir da beginnen, wo wir stehen. Weisheit steckt bereits in unserer ersten Inspiration.

Wenn man allerdings bloß bei dieser ungefähren Vorstellung bliebe – auf der »Ebene der Fingermalmethode« –, wäre das so, als wenn man in einem guten Restaurant das Essen der Speisen ausließe und stattdessen weiter auf der Speisekarte herumkaute. (»Hm, dieser Karton könnte mehr Salz vertragen.«) Speisekarten sind nützlich und regen oft den Appetit an, aber es geht darum, die Tomatensuppe tatsächlich zu kosten. Meditation zu üben entspricht der tatsächlichen Erfahrung – dem Einsaugen des Dufts eines dampfenden Eintopfs, dem Biss in die Karotte, dem Kauen und Schlucken, dem Gefühl der Sättigung und Befriedigung, das dadurch entsteht, dass die äußeren Elemente unser inneres Wesen nähren und stärken. Auch die beste Speisekarte ist bloß eine blasse und oberflächliche Vorwegnahme des Genusses eines köstlichen Tellers Suppe. An grundlegende Gutheit nur von der Idee her zu glauben ist nicht wirklich spirituell nährend.

Natur und Schulung sind also die beiden wichtigsten Aspekte des Pfades zum Erwachen. Alle beide sind unerlässlich. Ohne ein natürliches Interesse an der Meditation können wir nicht anfangen, weitermachen oder das Ziel erreichen; ohne die Reise zum Erwachen tatsächlich anzutreten, werden wir nie ankommen. Wachheit ist etwas Natürliches, das ist der springende Punkt, und wir müssen den Pfad der Meditation tatsächlich gehen. Durch eine geschickte Kombination der beiden entsteht Zutrauen zu unserer ursprünglichen Natur.

# Natürliche Schulung

Ich möchte betonen, dass dieser Zugang zu Meditation und dem spirituellen Pfad äußerst praktisch ist. Die praktischste Grundlage für die spirituelle Reise erhalten wir, indem wir Verständnis entwickeln. Wohin gehen wir, warum gehen wir dorthin und wie sollte man vorgehen? Wir tun gut daran, uns Zeit zu nehmen, über unser Verständnis nachzudenken und es zu vertiefen. Ganz so, wie wenn man sich für eine Reise Proviant zulegt, sich mit guter Nahrung und Wasser versorgt, um für das, was vor einem liegt, gewappnet zu sein. Wir sind vielleicht etwas ungeduldig, weil wir vorankommen wollen. Geht es denn schließlich nicht hauptsächlich darum, es einfach zu tun? Wenn man an spirituelle Praxis mit einer Haltung des »Einfach-Tuns« herangeht, entsteht oft ein Problem. Gewöhnlich weiß man irgendwo auf der Strecke nicht mehr weiter, weil man ohne Landkarte losgegangen ist und keinen guten Orientierungssinn hat: *Was* einfach tun? Wenn man (mit den Worten von Shunryu Suzuki)[13] »starkes Vertrauen in seine ursprüngliche Natur« mit dem Meditationstraining verbindet, wird das Ziel dieser Reise schnell erreicht.

Menschen sind natürliche Meditierer. Es liegt in ihrer Natur, wach zu sein, sagt man traditionell, ebenso wie Fliegen in der Natur der Vögel liegt und Schwimmen in der Natur der Fische. Präsenz ist ein Teil unseres Geburtsrechts. Meditation ist der direkte Ausdruck unserer innewohnenden Wachheit.

Trungpa Rinpoches erstes Buch auf Englisch hieß *Aktive Meditation* (*Meditation in Action* im Original; Anm. d. Ü.). Der Titel gab mir jahrelang Rätsel auf und faszinierte mich. Ich las dieses Buch mehrmals und fragte mich dabei: Wie kann man meditieren, während man etwas anderes tut? Heißt Meditation nicht still sitzen und die Gedanken anhalten? Wie kann das während der Zubereitung des Frühstücks oder einer schwierigen Etat-Besprechung gehen? Meine eigene ursprüngliche Verwirrung spiegelt ein verbreitetes Missverständnis bezüglich Meditation im Besonderen und des spirituellen Pfads im Allgemeinen wider: Viele betrachten ihre Meditationsübung als eine separate Aktivität, die vom gewöhnlichen Leben getrennt ist. Teilweise mag das damit zu tun haben, dass wir Meditation in isolierten Klausurzusammenhängen erlernen, fern der gewöhnlichen Alltagssituationen. Wir gehen für ein Wochenende oder länger in ein Meditations- oder Yoga-Zentrum auf dem Land. Dort ist es ruhig, und wir sind von Natur umgeben, fern von Verkehrslärm und der Hektik des Stadtlebens. Vielleicht gibt es längere Schweigeperioden, wir verzichten auf E-Mail und Telefon und meditieren einige Stunden am Tag. Das ist insofern hilfreich, als solche Umstände die Geistesgegenwart sehr unterstützen und einen guten Boden für die tägliche Meditationsübung bereiten. In der Folge nehmen wir unser Erleben in größerer Tiefe und feineren Schattierungen wahr – endlich ein wenig wach!

Die Kehrseite von Klausuren ist, dass sie die unterschwellige Botschaft vermitteln, Meditation und Spiritualität seien spezielle Aktivitäten – etwas anderes als Termine und schmutziges Geschirr, fern von Autobahnen und Jahresabschlüssen fürs Finanzamt. Möglicherweise betrachten wir die Meditationsübung als etwas Außergewöhnliches, etwas Seltenes und Erhabenes, als ob es darum ginge, das spirituelle Gegenstück zu einem olympischen Turner zu werden. Eine solche Haltung verfälscht die reine Natürlichkeit der Meditation. Wenn wir an spirituelle Übung auf diese Weise herangehen, schließen wir die Möglichkeiten »aktiver Meditation« aus. Wenn Meditation wirklich der Ausdruck unserer ursprünglichen Natur ist, dann kann diese Natur überall und jederzeit ihren Ausdruck finden. Zu Hause im Kreis der Familie, am Arbeitsplatz, im Kino oder beim Musikhören – Wachheit ist da, und diese Wachheit ist der Weg.

Der Weg natürlicher Wachheit findet seine spirituelle Nahrung durch das Zusammensein mit anderen, durch Erfahrungen gemeinschaftlichen Lebens und Arbeitens: durch unsere Nachbarn, Online-Chat-Gruppen und Wikis, durch die Menschen, mit denen wir arbeiten, und durch die, mit denen wir uns durch Spiel oder Sport entspannen. Unsere ursprüngliche Natur ist Einfühlung in unser grundlegendes Menschsein, eine elementare, von Herzen kommende Menschlichkeit. Es gibt etwas in uns, das Freundschaft, Kameradschaft und Familienbande zutiefst wertschätzt und genießt. Deshalb blüht natürliche Wachheit durch das Erleben von Gemeinschaft auf.

Diese grundlegende Lehre, die die ursprüngliche Natur mit Geistestraining verbindet, ist für uns Übende, das heißt, für diejenigen, denen es um praktische Meditationsübung geht, nicht nur von theoretischem Interesse, sondern von weitreichenderer Bedeutung. Dadurch dass wir *mit* dem Strich unseres Wesens gehen, können wir es uns leisten, in allen Aspekten unserer Schulung liebevoll zu sein. Das ist die praktische Relevanz dieses Zugangs, dieser Sicht auf Meditation. Gerade auch die Art und Weise, wie wir an unsere Meditationsschulung herangehen, ist durchgängig von Sanftheit geprägt. Dieser Weg zu Erwachen ist sanft am Anfang, sanft in der Mitte und sanft am Ende. Sanftheit ist ein Ausdruck von Vertrauen in das Gute, das unserer ursprünglichen Natur innewohnt. Wir brauchen nicht aggressiv nach höheren Bewusstseinsverfassungen zu greifen, die zarte Berührung von Gewahrsein ist alles, was nötig ist. Wir brauchen die Sonne nicht zum Scheinen zu zwingen. Wärme und Licht auszustrahlen ist das, was die Sonne ganz natürlich von sich aus tut.

Wenn wir Meditation indes als eine besondere geistige Tat betrachten, die außerordentlich schwer zu vollbringen ist, als eine seltene Bewusstseinsverfassung, die nur ein oder zwei Menschen in der ganzen Geschichte je erreicht haben, dann haben wir damit Frustration programmiert. Wir konzentrieren uns dann auf das, was wir noch nicht sind, statt wertzuschätzen, was wir sind. Wenn wir Meditation als einen ungewöhnlichen, durch außergewöhnliche geistige Gymnastik zu erreichenden Zustand ansehen, ist das so, als ob man sich eines schönen Tages vornähme, einem Schwein das Fliegen beizubringen. Wir haben gehört, dass Fliegen toll ist; wir haben Vögel gesehen, wie sie zum Sturzflug ansetzen und wieder in die Höhe aufsteigen – welch edle, Ehrfurcht gebietende Leistung! Natürlich wird es ungeheuer viel Bemühung und Kraft kosten, vielleicht sogar ein klein bisschen Aggression. (Heißt es nicht schließlich: »Erfolg hat seinen Preis«?) In unserem Frust schreien wir das Schwein vielleicht an: »Hoch, hoch, hoch!« Am Ende werden wir unausweichlich eine Enttäuschung erleben müssen, trotz all der harten Arbeit. Wir werden es wahrscheinlich nur schaffen, das Schwein zu plagen. Das liegt daran, dass wir uns zwecklos für etwas einsetzen, das der natürlichen Ordnung der Dinge zuwiderläuft. (Die »natürliche Ordnung der Dinge« ist eine Bedeutung des Sanskrit-Worts *Dharma*.) Ganz gleich, wie sehr wir uns auch bemühen, wir können aus uns nicht etwas machen, was wir nun mal nicht sind. Wenn wir das dennoch versuchen, scheint sich die ganze Natur gegen uns zu verbünden. Dann tragen wir letzten Endes einen verlorenen Kampf gegen unsere eigene Natur aus.

Dank (grundlegender) Gutheit geht es bei dem Unterwegs-
sein auf dem spirituellen Pfad nicht darum, das Unmögliche zu
erreichen. Wenn wir stattdessen Meditation als einen Prozess
betrachten, in dem wir mit dem Strom unserer natürlichen
Neigungen fließen, ist Sanftheit mehr als genug. Eine leichte
Berührung reicht aus. Leichtigkeit und ein gewisses Wohlgefühl in der Meditationsübung sind Zeichen dieser geschickten
Art, an uns zu arbeiten. Es ist, wie wenn man einer elegan-
ten Tänzerin zusieht, die in ihren Bewegungen die natürliche
Erdanziehungskraft mit Anmut zu verbinden weiß. Gehen
ist kunstvoll kontrolliertes Fallen. Ebenso ist Meditation die
Kunst, etwas zu tun, das sich natürlich ereignet, während wir
unsere Gutheit ausbilden: indem wir der Erdanziehungskraft
folgen und gleichzeitig auf den Wellen reiten.

## Immer nur einen Schritt entfernt

Als ich aufwuchs, hörte ich viele Geschichten vom athletischen
Können meines Vaters, der ein Basketballstar war. Er war sehr
wendig, und seine Korbsprünge hatten etwas Magisches. Als
ich mich in meinen Zwanzigern der kontemplativen Meditationsübung zuwandte, war es für mich zunächst verwirrend,
meine Einstellung zu verändern, aufzuhören, Höchstleistun-
gen erzielen zu wollen, und die Niederungen des »nicht Besonderen« wertzuschätzen. Mein Meditationslehrer betonte, dass
Meditation keine geistige Gymnastik sei. Diese Betonung war
für mich hilfreich und trug entscheidend dazu bei, dass sich
meine Sicht veränderte, wandelte. Viele Menschen gehen jedoch an Meditation oder den spirituellen Pfad auf eine Weise
heran, als ginge es darum, Olympiareife in geistiger Gymnastik zu erlangen – nur sehr wenige normale Wesen sind aus-
sichtsreiche Kandidaten dafür. Einer solch engen Sichtweise

zufolge müssten wir alle spirituelle Superstars werden, und gleichzeitig spötteln wir zynisch darüber, wie gering die Wahrscheinlichkeit ist, dass dies tatsächlich eintritt. Wenn wir stattdessen davon ausgehen, wir seien bestenfalls immer nur einen Schritt von der natürlichen Wahrnehmung entfernt, die der Kern von Meditation darstellt, ist es, als ob wir den Pfad bereits eingeschlagen hätten, bevor wir uns überhaupt formal zur Meditation hingesetzt haben. Wann haben wir unseren Geist und unseren Körper, unsere Gefühle und die Welt um uns zum ersten Mal wahrgenommen? Wann haben wir zum ersten Mal einen Vogel singen hören oder die Sterne gesehen? Schließlich ist das der Anfang unseres Meditationspfades.

Solch natürliche Meditationsmomente passieren uns die ganze Zeit. Wir halten beim Autofahren oder Spazierengehen an einem Stoppschild an, und für einen kurzen Augenblick sind die Gedanken an dieses wichtige Treffen morgen oder die gestrige E-Mail-Flut wie weggeblasen. Wir sind einfach da, bemerken andere Spaziergänger, Autofahrer, die Autos und das Sonnenlicht, Wolken und Bäume. Ein Hund bellt, und in der Ferne ist ein Martinshorn zu hören. Für einen flüchtigen Augenblick erleben wir auf eine intensivere Weise schlichte Geistesgegenwart. Dann kehren die meisten von uns wieder zu ihrer inneren Rennstrecke zurück – zur Zukunft, zur Vergangenheit, zu gestern, letzter Woche, »ich habe vergessen, meine Mutter anzurufen«, morgen, heute Nachmittag, »ich bin spät dran, also wird der vierteljährliche Bericht verspätet erscheinen, wessen Fehler ist das eigentlich?« und so weiter.

## Nicht zu fest und nicht zu locker

Es gibt eine Geschichte von einem Musikanten, einem Sitar-Spieler, der zum Buddha kam, um von ihm Meditationsanweisungen zu erfragen: »Wie soll ich in der Meditation meinen Geist halten?« Der Buddha zog für seine Antwort ein Beispiel aus dem Leben des Musikers heran (das heißt aus der natürlichen Meditationsübung, die er bereits ausführte): »Wie würdest du die Saiten deiner Sitar stimmen? Würdest du sie spannen, bis sie zu fest sind und einen scharfen Ton erzeugen? Oder würdest du sie lockern, bis sie viel zu locker sind und alle Töne dumpf klingen?« Natürlich antwortete der Musiker, dass er seine Sitar so stimmen würde, dass die Saiten nicht zu fest und nicht zu locker wären. »Genau so«, sagte der Erwachte, »stimme deinen Geist in der Meditation, indem du ihn nicht zu fest und nicht zu locker hältst.«

Diese einfache und doch tiefgründige Meditationsanleitung ist ein Ausdruck für den mittleren Pfad beim Üben. Jedes Mal, wenn wir uns zum Meditieren hinsetzen, entdecken wir aufs Neue die Bedeutung von »nicht zu fest und nicht zu locker« in unserer eigenen Übung. Das gestrige Gefühl der Präzision und scharfen Aufmerksamkeit auf die Details unseres Erlebens – ein Geräusch, ein Stechen, eine Empfindung, ein Geruch, ein Gedanke – mag heute außer Reichweite sein. Manchmal sagen wir: »Es stellt sich einfach nicht ein.«

Womöglich muss heute unsere Aufmerksamkeit sanfter, lockerer und weiter sein, dürfen wir nicht so sehr darum bemüht sein, dass unsere heutige Meditationssitzung ebenso gut wird wie gestern. Es ist ungeschickt, in seiner Meditation zu versuchen, die Gegenwart der Vergangenheit anzugleichen oder angenehme Augenblicke aus früheren Meditationssitzungen erneut hervorzubringen. Wir übernehmen aus unserem übrigen Leben die starke geistige Angewohnheit, Dinge »in

Ordnung zu bringen«. Deshalb kommt uns ein solch manipulatives Meditationsszenario so bekannt vor. Im Gegensatz dazu ist es ein geschickterer Zugang zu Meditation, das wertzuschätzen, was sich natürlich entfaltet.

Wenn wir hingegen einfach dasitzen und uns ein geistiges Wiegenlied vorsingen und dabei dem Netz sich überlappender Tagträume erlauben, uns wie eine alte Kuscheldecke immer fester einzuwickeln, sollten wir einen Weckruf ertönen lassen und uns in unserer Übung stärker bemühen. Die Sitzung, die gestern genau richtig war, kann heute eine zu laxe Meditation sein; plötzlich bemerken wir, dass wir schwimmen. Manchmal bedarf es eher einer stärkeren Spannung, als dass wir mehr loslassen und locker lassen.

## Wissen, was passiert

Was ist es, das bemerkt, dass wir uns zu sehr bemühen und unseren Geist zum Verweilen zwingen (und nicht seiner ursprünglichen Wachheit und natürlichen Stabilität vertrauen)? Was ist es, das weiß, dass wir unseren Geist träge in Dumpfheit und geistigen Nebel abdriften lassen (und nicht der Notwendigkeit vertrauen, uns zu bemühen)? Was ist es, das all unsere Geistesverfassungen deutlich sehen kann, sowohl unsere Ablenkungen als auch unsere Klarheit? Diese Fähigkeit nennen wir »natürliche Wachheit«; sie weiß, was in unserer Meditation passiert, und erlaubt uns, entsprechende Veränderungen vorzunehmen. Wie der Weihnachtsmann in dem amerikanischen Kinderlied weiß sie, wann wir schläfrig und wann wir wach waren.

Sie weiß auch, was in gewöhnlichen Alltagssituationen passiert, wenn wir zum Beispiel beim Autofahren nach links oder rechts abbiegen oder ob ein Ton auf der Gitarre zu hoch oder zu tief ist. Dieses angeborene Wissen ist eine sehr nützliche Eigenschaft. Ohne es fehlt uns die Führung auf dem Pfad. Mit ihm – und denken Sie daran, dass wir es bereits haben – finden wir immer unseren Weg. Suzuki Roshi erinnerte uns an die ausgesprochene Natürlichkeit des Pfades, als er sagte: »Wenn du das Wasser schmecken kannst, das du trinkst, ist mit dir alles in Ordnung.«

In der Meditation schult man den Geist, indem man die natürliche Aufmerksamkeit ausrichtet. Wir trainieren zum Beispiel, mit Achtsamkeit bei unserem Körper zu sein, während er sitzt, geht oder steht. Wir legen quasi unser Gewahrsein auf ein Objekt der Sammlung und lassen die Aufmerksamkeit dort ruhen. »Verweilen lernen« lautet ein Titel von Pema Chödröns Wochenendkursen. Wenn wir den Geist zu fest beim Meditationsobjekt halten, vergessen wir die Natürlichkeit des Wachseins, die angeborene Fähigkeit zu verweilen. Aufmerksamkeit und Präsenz oder Geistesgegenwart sind eng miteinander verwandte Erfahrungen, die uns bereits vertraut sind; es sind keine fremden oder exotischen Geistesverfassungen. Diese Qualitäten des Geistes sind eher wie ein Haustier, wie unsere Lieblingskatze oder unser Lieblingshund. Sie gleichen viel mehr diesen vertrauten Gefährten als einer Giraffe oder einem Leoparden. Jeder Mangel an Sanftheit – indem wir uns aggressiv zur Präsenz zwingen – ist Ausdruck eines Mangels an Vertrauen in die ursprüngliche Natur des Geistes.

Wenn man andererseits auf lustlose Weise da sitzt, ist das ein Hinweis auf die Notwendigkeit, die Weisheit des Trainings einzusetzen, den ungebändigten Geist zu zähmen, indem man die Unterweisungen diszipliniert anwendet. Wie lautet die erste Unterweisung? Bemerke, was in diesem Augenblick passiert, einschließlich des gewohnheitsmäßigen Abdriftens in Gedanken über die Vergangenheit oder die Zukunft, und wenn du von diesem Wahrnehmen abgelenkt bist, dann bringe deine

Aufmerksamkeit in die Gegenwart zurück. Die Gegenwart ist ein sich ständig wandelndes Kaleidoskop von Aktivitäten; die Vergangenheit ist ein blasses Abbild einer Erinnerung an einen Traum.

Wieder sehen wir, dass zwei nötig sind, um die volle Schönheit dieses Tanzes zu entfalten; es ist ein Duett, kein Solo. Wenn wir unsere beiden Beine der ursprünglichen Natur und der Schulung durch Meditation benutzen, können wir vertrauensvoll den spirituellen Pfad des Erwachens gehen.

## Ein breiteres Verständnis von Schulung

Das Wort »Schulung« hat viele Bedeutungen – und unsere Erfahrungen mit Schulung und Ausbildung haben eine viel längere Geschichte in unserem Leben, als uns bewusst sein mag. Es gibt körperliches Training in einem Fitness- oder Yoga-Studio, berufliche Schulung in einer Ausbildungsstätte und Geistestraining in einem Meditationszentrum. Doch in einem weiteren Sinn schulen wir unseren Körper und unseren Geist auch, indem wir einfach unser Leben leben. Als uns zum ersten Mal beigebracht wurde, »Guten Morgen« und »Gute Nacht« zu sagen, als wir auf eine Kindergeburtstagsparty gingen und uns jemand vorschlug, ein Geschenk mitzunehmen, als wir zur Beerdigung unserer Großmutter gingen und zum ersten Mal menschliche Trauer erlebt haben – all diese Erfahrungen formen unser Herz, unseren Geist, unser Leben. Da wir nicht von Geburt an bereits eine bestimmte Sprache gesprochen haben oder die Gebräuche unserer Kultur kannten, sind diese Dinge angeeignetes Wissen, Fähigkeiten, die wir durch Lernen und Schulung erwerben. Ich habe immer noch lebendige Kindheitserinnerungen an das Wehklagen der Trauer meiner Mutter und meiner Tante, nachdem mein Onkel durch einen Frontalzusammenstoß mit dem Auto plötzlich ums Leben gekommen war. Es hinterließ einen tiefen Eindruck: So trauern wir um unsere Toten.

In diesem weiteren Sinne ist unser ganzes Leben Schulung und Ausbildung. Die Frage lautet: Was bilden wir aus? Diese Frage bedeutet: In welche Richtung läuft die Schulung? Wenn wir uns selbst beibringen, immer wenn wir uns ängstlich oder gelangweilt fühlen, nach etwas Essbarem zu greifen oder eine SMS zu verschicken, ist das eindeutig eine Ausbildung. Das nächste Mal, wenn wir uns unwohl fühlen, werden wir automatisch dazu neigen nach etwas Behaglichem außerhalb unserer selbst zu greifen, und schließlich wird daraus eine feste Gewohnheit, ein weiterer Stein in der Mauer unseres geistigen Gefängnisses. Bilden wir uns darin aus, uns von innerem Unwohlsein oder Angst abzulenken? Richten wir uns darauf ab, uns angesichts von Angst zu betäuben, oder schulen wir uns darin, aufzuwachen? Bringen wir uns bei, unser Herz zu öffnen oder es zu verschließen?

Wenn wir uns das erste Mal zum Meditieren hinsetzen – und auch später, wenn wir zu unserem Kissen zurückkehren –, können wir sofort erkennen, dass wir nicht als ein unbeschriebenes Blatt beginnen. Wenn wir verliebt sind, wird das Glühen der Leidenschaft und der Romantik unserer Meditationserfahrung einen köstlichen Geschmack verleihen. Wenn wir eine besonders anstrengende Woche hinter uns haben, mag unsere Meditationssitzung am Samstagmorgen noch leicht von dem Ärger gefärbt sein, den die jüngsten Konflikte und Meinungsverschiedenheiten ausgelöst haben. Vielleicht spielen wir schwierige Gespräche immer wieder durch, wie ein Tonband der Verärgerung, das sich ständig wiederholt. Ein Freund, der als Buchhalter arbeitet, erzählte mir einmal, dass während der Steuersaison seine ablenkenden Gedanken in der Meditation oft Ausrufe in Zahlen waren: »534! 63.000! 10, 10, 10!«

Ganz gleich, was der gestrige Tag, die vergangene Woche, der letzte Monat, das vorige Jahr gebracht haben, es ist sofort ersichtlich, dass unser Geist bereits in Bewegung ist, schon eindeutig in eine bestimmte Richtung geht, bevor wir uns überhaupt hinsetzen. Unsere Erfahrung in der Sitzmeditation – ob wir erst dreißig Minuten oder bereits dreißig Jahre meditieren – spiegelt oft unsere vorherige körperliche und geistige »Schulung« wider.

Die Wildheit des Geistes, die wir erleben, wenn wir für fünf Minuten still sitzen und unseren Körper und unseren Atem wahrnehmen, ist mit anderen Worten das Ergebnis von allem, was wir vor jenen fünf Minuten getan haben. Oft müssen wir feststellen, dass unser Geist es während der ganzen Meditationssitzung nicht schafft, in strahlender Zufriedenheit zu ruhen. Warum nicht? Weil wir uns jahrelang darauf trainiert haben, uns etwas zu wünschen, etwas zu erreichen, nach etwas zu greifen, es zu bekommen, mehr davon zu wollen und dann natürlich noch mehr davon zu wollen. Dadurch haben wir das darunterliegende Gefühl verstärkt, dass dieser Augenblick nicht ausreicht. Dieses allgegenwärtige Gefühl, dass es an etwas mangelt, dass etwas fehlt (»nicht genug, nicht genug, wann kann ich etwas anderes bekommen, etwas Besseres?«) ist eine starke treibende Kraft. Das ist es, was wir bemerken, wenn wir mit uns nur für ein paar Momente einfach still sitzen: Wir erleben die geballte Kraft des dröhnenden und surrenden geistigen Lärms. Wir bemerken, wie sehr wir darauf getrimmt sind, etwas anderes zu wollen als das, was gerade passiert. Wir stellen fest, dass unser Geist sehr gut in Unzufriedenheit und Ablenkung ausgebildet ist. Fast immer ist unser Blick auf etwas anderes gerichtet – nicht auf dies. Wir streben nach einem anderen Moment größeren Glücks – nicht nach diesem Augenblick. Zufriedenheit scheint immer woanders zu sein, nie hier.

## Gewahrsein

*So abgelenkt sind wir doch schließlich nicht, oder?*

Ein wichtiger Schritt beim Aufwachen besteht darin, immer wieder das fortwährende Rauschen und Fließen der Geistesaktivität zu bemerken. Diese Gedanken und Gefühle und inneren Seifenopern sind gewöhnlich ein großer Bestandteil unserer Tagträume, unseres Schlafwandlerzustands. Wir können nicht aufwachen, ohne unseren spirituellen Schlaf klar zu sehen. Die Wildheit des Geistes in Nahaufnahme und mit eigenen Augen zu sehen ist im Grunde ein Zeichen des Fortschritts auf dem Pfad.

Wenn wir Ablenkung bemerken, können wir schließlich nicht so abgelenkt sein, oder? Bedenken Sie die ermutigende Lehre: »Das, was Verwirrung erkennt, kann selbst nicht verwirrt sein.«[14] Wir könnten die Klarheit feiern, die Verwirrung klar erkennt. Es kann entmutigen, dass der Pfad eine so lange Reise zu sein scheint, mit Fallgruben und Hürden und so vielen Hindernissen. Wer hätte gedacht, dass das so herausfordernd ist? Gab es, bevor wir mit unserer Meditationsübung begonnen haben, wirklich schon so viele Hindernisse auf dem Weg zum Erwachen?

Wenn wir mit einer hellen Taschenlampe einen vollen, dunklen Kellerraum erleuchten, sehen wir vielleicht plötzlich all die alten Möbelstücke, die dort lagern. Das Licht erzeugt nicht die Möbel, sondern es hilft uns, dass wir nicht über den Schaukelstuhl stolpern und nicht über die staubige Couch fallen. Wenn wir die Hindernisse klar sehen, können wir uns in einem voll gestellten Raum mit Anmut und Leichtigkeit bewegen.

Entmutigung entsteht, wenn wir den starken Griff unserer Gewohnheitsmuster überbetonen, statt uns an dem erwachten Potenzial zu erfreuen, das diese Muster direkt sehen kann. Eines Tages treten wir mitten in einem Streit um Geld mit einer

engen Freundin für einen kurzen Augenblick einen Schritt zurück und bemerken die neurotische Geistesverfassung, die der
Konflikt zutage fördert. Wir erkennen nicht nur unsere starke
Neigung, Fehler zu finden, anderen die Schuld zu geben, andere und uns selbst hart zu verurteilen, sondern wir können
sie fast schmecken. Wir beobachten uns dabei, wie wir in die
Achterbahn des Stolzes einsteigen (»Ich habe recht«), die an
Unsicherheit (»Ich könnte falschliegen; ich hatte vorher auch
nicht recht«) und Arroganz (»Aber ich muss recht haben;
schließlich bin ich es!«) vorbeiführt. Wir wissen schon, was
bei dieser Fahrt als Nächstes kommt. Allmählich und mit zunehmender Häufigkeit erkennen wir, dass wir uns und unsere
vertraute Welt auf eine neue Weise wahrnehmen, von einem
leicht anderen Blickwinkel aus, als ob kräftige Sonnenstrahlen
in einen dunklen Raum fallen würden und Staubkörnchen
sichtbar machten. Dieses weiträumige, klare Erkennen der
Muster der Verwirrung ist selbst Befreiung und der natürliche
Pfad des Erwachens.

# Achtsame, offene Präsenz

## *Eine sanfte Art der Schulung*

Ich mache mir manchmal Sorgen, dass wir auf den Pfaden zum spirituellen Erwachen zu sehr das »Wissen« betonen und darüber die ebenso wichtige Fähigkeit zur Fürsorge aus den Augen verlieren. Kürzlich sagte ein Student aus einem meiner Seminare am College zu mir: »Was Sie wissen, interessiert uns erst, wenn wir wissen, was Ihnen am Herzen liegt.« Gut gesagt! In diesem Kapitel geht es um Achtsamkeitsmeditation als eine sanfte Art, unser natürliches Gefühl von Präsenz zu schulen und zu fördern. »Präsenz« umfasst sowohl ein Gefühl des Seins als auch eine Offenheit, die uns emotional zur Verfügung steht. Die Fähigkeit, wirksam auf das Leid unserer Welt einzugehen, gründet in Achtsamkeit. Unser Zugang besteht hier darin, achtsame Fürsorge zu kultivieren als der Grundlage für liebende Güte im Zusammenleben und in der Zusammenarbeit mit anderen.

Achtsamkeit bedeutet Aufmerksamkeit. Achtsamkeit heißt, dass der Geist bei einer gegebenen Aktivität völlig gegenwärtig und wach ist. Es bedeutet, dass man, wenn man morgens sein Gesicht wäscht, tatsächlich die glitschige Seife und die warmen Wasserspritzer auf seinen Händen spürt. Fühlen wir all die Empfindungen nicht ohnehin? Allzu oft wird das direkte Erleben der Echtzeit-Gegenwart ersetzt, vergessen, vorschnell umgangen. Wir beeilen uns, zum nächsten Moment zu kommen, und setzen deshalb an die Stelle unseres tatsächlichen

Lebens, dessen, was gerade abläuft, ein Phantasieleben, eine vorgestellte Zweitfassung in der Zukunft. Ich habe mein Gesicht Tausende von Malen gewaschen, und es langweilt mich. Deshalb überlege ich mir währenddessen bereits, was ich später bei dem Arbeitstreffen um 9:30 Uhr sagen werde, und studiere es ein. Was ist realer? Meine volle Gegenwart am Waschbecken oder meine Gedanken über das, was am Vormittag ansteht? Achtsamkeit bringt uns das Leben zurück, das wir tatsächlich leben.

Sie mögen sich wundern, warum es wichtiger ist, warmen Wasserspritzern beizuwohnen, als sich auf ein Arbeitstreffen vorzubereiten. Die wesentliche Verbindung, die es hier zu sehen gilt, ist, dass Präsenz beim Gesichtwaschen zu mehr Präsenz bei dem Arbeitstreffen führt. Wenn wir gern stärker an den wichtigeren Augenblicken des Lebens innerlich beteiligt wären, können wir damit anfangen, an den gewöhnlichen, selbstverständlichen, nicht besonderen Augenblicken am Wegrand innerlich mehr Anteil zu nehmen, uns in sie hineinzubegeben. Das Umgekehrte gilt genauso: Wenn wir weiter die Gewohnheit verfestigen, woanders zu sein, wird sich das vermutlich auf unser Arbeitstreffen übertragen, in dem wir dann vielleicht anfangen, uns um die Telefonkonferenz zu sorgen, die am Nachmittag stattfinden wird. Und während der Telefonkonferenz machen wir dann in Gedanken schon eine Einkaufsliste dessen, was wir fürs Abendessen mit den Kindern brauchen. Geistesabwesendheit, die die Harvard-Psychologin Ellen Langer »Achtlosigkeit« nennt,[15] ist eine tief sitzende geistige Gewohnheit. Achtsamkeitstraining kehrt diese Muster um. Präsenz entsteht, indem man sich darin übt, des Moments gewahr zu sein.

Achtsamkeit ist zu Hause genauso anwendbar wie am Arbeitsplatz. Wenn ein Familienmitglied, zum Beispiel unsere heranwachsende Tochter oder unser Sohn, mit uns sprechen möchte, müssen wir mit Geist und Herz völlig präsent sein, um wirklich zu hören, was sie sagen – und was sie nicht sagen. Wenn unsere Aufmerksamkeit irgendwo oder irgendwann anders ist (»Was wird wohl nächstes Jahr sein, wenn sie aus der Schule kommt?«), ist die Chance auf ein bedeutsames Gespräch, auf den strahlenden Funken echter Begegnung viel geringer. Es ist, als ob eine Seite spräche, während die andere allenfalls eine geisterhafte Erscheinung ist, die wie in einem alten Science-Fiction-Film in das Zimmer hinein- und wieder hinausschwebt. »Papa, du hörst mir nicht wirklich zu!« – »Mama, hörst du nicht, was ich sage?« Jedes tiefere Zuhören – und folglich auch die Möglichkeit wechselseitiger Verwandlung, von Begegnung, die uns verändert – gründet in achtsamer, offener Präsenz. Diese tiefere Kommunikation ist die Grundlage für gesunde Gemeinschaft.

Wenn wir an den Wert einfacher Präsenz für unseren Alltag denken – und uns dabei daran erinnern, wie sehr uns unsere Lieben am Herzen liegen und wir möchten, dass sie glücklich sind –, bewegt uns das dazu, uns systematisch zu schulen. Vielleicht hilft es, regelmäßiges Sitzen wie ein körperliches Training oder das tägliche Zähneputzen als einen nützlichen Bestandteil unserer regelmäßigen Geisteshygiene zu betrachten. Da auch Achtsamkeit unserer Natur eigen ist, besitzen wir bereits ein gewisses innewohnendes Gewahrsein. Wie würden wir schließlich ohne Aufmerksamkeit den Schalter bemerken, um das Licht anzuschalten? Wie wären wir auf dieses Buch gestoßen? Aufmerksamkeit – die Fähigkeit bewusst in der Gegenwart zu sein – ist eine unserer kostbarsten Fähigkeiten, zwar angeboren, aber in den meisten Fällen unterentwickelt. Achtsamkeit ist eine natürliche innere Ressource; ihr wohnt ein riesiges, größtenteils brachliegendes Potenzial inne, unserem eigenen Leben und auch dem Leben um uns herum wirklich zu nützen. Unsere Meditationspraxis hilft lediglich

dabei, dieses dem Menschen innewohnende Potenzial zu mitfühlender Wachheit zu entfalten.

Unser Achtsamkeitstraining beginnt mit Verstehen und
kehrt immer wieder dorthin zurück. Es ist sehr wichtig zu klä-
ren, was Achtsamkeit ist und was nicht. Wie würden wir sonst
wissen, was wir tun, ob wir uns echtem Erwachen nähern oder
uns davon entfernen? Wieder reicht es nicht aus, es bloß zu
tun. Das wäre ungefähr so, als wenn jemand in unser Arbeitstreffen käme und alle Versammelten zum Gehen aufforderte.
Wir würden zumindest wissen wollen, wohin wir gehen. Auch
wäre es hilfreich, einen Grund dafür zu haben, dass wir gehen sollen: Gibt es ein anderes wichtiges Treffen? Brennt es
im Gebäude? Die Motivation, uns auf die Meditationsübung
einzulassen, wird dadurch geweckt, dass wir bedenken, welche Vorteile achtsame Präsenz für uns und andere hat und
auch wie hoch die Kosten von Achtlosigkeit sind. Das ist Kontemplation, darüber nachzudenken, bevor man mit dem tatsächlichen Achtsamkeitstraining beginnt. Meditation könnte
man als die Beine dieses Trainings betrachten und kontempla-
tives Studium als die Augen.

### Übung: Bloße Aufmerksamkeit

Achtsamkeitsschulung benutzt unsere »bloße Aufmerksamkeit«. Mit »bloß« ist hier »einfach«, »direkt«, »unverstellt«
gemeint. Wie wenn wir sagen: »Ich berührte es mit bloßen
Händen, ohne Handschuhe.« Bloße Aufmerksamkeit erreichen wir, indem wir unser natürliches Bewusstsein ohne
Zugaben einsetzen. Es ist wichtig, diese unvermittelte Aufmerksamkeit, das Wesen von richtiger Achtsamkeit, vom
Denken über Wahrnehmung zu unterscheiden. Hier ist eine
Übung, um diesen wesentlichen Punkt deutlich zu machen
und unser Verständnis von Achtsamkeit zu vergrößern.

Nehmen Sie eine Apfelsine und schälen Sie sie, teilen Sie sie in Scheiben oder Stücke und stellen Sie sie vor sich hin. Nehmen Sie nun langsam ein Stück in die Hand, riechen Sie daran und stecken Sie es sich in den Mund, um es langsam zu essen. Bemerken Sie die Säfte, die Beschaffenheit der Frucht in Ihrem Mund, ihren Geschmack und nachdem Sie sie hinuntergeschluckt haben, jeden verbleibenden Nachgeschmack. Probieren Sie es noch einmal mit einem weiteren Stück, nehmen Sie zunächst den Duft wahr, wie es sich im Mund anfühlt, die durch das Kauen entstehende Flüssigkeit, den Geschmack und den Nachgeschmack. Dies ist eine Übung in »bloßer Aufmerksamkeit« auf das Essen eines Stücks Obst.

Um nun den Unterschied zwischen Achtsamkeit auf den Essvorgang und dem *Denken* über ihn deutlich zu machen, sitzen Sie einen Moment lang still da und erinnern Sie sich an den Geschmack der Frucht. Holen Sie sich das Ganze so lebendig wie möglich ins Gedächtnis: Wie hat es sich angefühlt, wie geschmeckt. Nehmen Sie auch weitere Gefühle und Gedanken über den (erinnerten) Geschmack der Frucht hinzu: »Ich mochte diese Apfelsine wirklich; ich sollte mehr davon besorgen; wo habe ich sie noch gekauft, wie viel hat sie gekostet? Ich hätte gern mehr, vielleicht ein halbes Dutzend oder so, aber bald.« Oder Sie erzählen sich im Geist, wie enttäuschend Orangen heutzutage sind: »Das war keine sehr gute Orange, oder? Sie hatte überhaupt keinen richtigen Geschmack. Schade, dass ich sie gekauft habe, das war ein blöder Fehlgriff; ich muss daran denken, die Obstabteilung dieses Geschäfts zu meiden. Ich bin Orangen ohnehin leid, vielleicht nehme ich besser Kiwis?«

Beachten Sie, dass das Gedanken sind, und zwar Gedanken über eine Erinnerung. Diese Gedanken mögen auf einer angenehmen Erinnerung beruhen – »ich mochte diese

Apfelsine« – oder einer enttäuschenden – »ich mochte dieses Obststück nicht« –, aber in beiden Fällen sind es Gedanken.

Nehmen Sie sich nun ein anderes Stück Apfelsine und
kosten Sie es wieder, tatsächlich, in Echtzeit, nicht als erin-
nerter Moment aus der Vergangenheit. Seien Sie so gegenwärtig, wie Sie können, bei den einfachen, ungeschminkten
Empfindungen des Riechens, Beißens, Schmeckens, Kauens
und Schluckens. Bemerken Sie, wie anders diese bloße Aufmerksamkeit auf das Essen eines Stücks Obst ist, verglichen
mit all unseren Gedanken über Orangen. Ein Gespür für
diesen offensichtlichen Unterschied zu bekommen ist die
Grundlage für die Übung von Achtsamkeitsmeditation. Wir
richten unsere bloße Aufmerksamkeit auf eine einfache
Empfindung – wie ein Geschmackserlebnis – und lassen die
Achtsamkeit dann dort ruhen, verweilen so lange dort, wie
sie anhält. Das ist das Herzstück der Meditationspraxis.

**Was soll das?**

Oft wird der praktische Nutzen solch einer Übung angezweifelt. In Meditationsklausuren höre ich oft Aussagen wie:
»Also, ich verstehe Achtsamkeit als eine Art unverstellter Aufmerksamkeit auf die Gegenwart, aber warum, abgesehen von
dem Vorteil, mein Essen besser schmecken zu können, sollte
ich das kultivieren wollen?« In gewissem Sinn besteht unser
Verständnis des Weges aus Fragen wie diesen. Wir spicken die
Erfahrung unseres Alltags und unserer Übung mit Fragen.

Denken Sie an das Arbeitstreffen, bei dem wir in Gedanken
schon so sehr bei der nachmittäglichen Telefonkonferenz waren, dass wir den wichtigsten Moment der Darstellung ver-
passt haben. Denken Sie an ruhige Gespräche mit einem Ihrer

Freunde oder mit einem Familienmitglied, in denen Ihre eigenen Gedanken und Reaktionen auf das, was Ihr Gegenüber
sagte, so zahlreich waren, dass Sie nicht mehr bewusst auf-
nehmen konnten, was tatsächlich gesagt wurde. Wie bei der
Apfelsine halten wir unsere Gedanken über ein erinnertes Ereignis für real. Wir denken vielleicht daran, was wir als Nächstes sagen werden, und verpassen dabei die offensichtliche
Tatsache, dass das überhaupt nicht mehr gesagt werden muss!
Oft wünschen sich unsere Lieben ein tieferes, achtsameres
Zuhören.

Achtsamkeit öffnet ein Tor und lässt uns auf umfassendere
Weise unser Herz, das sehr lohnende, wenngleich unberechen-
bare Reich der Gefühle, erleben. Die Übung des Gegenwärtig-
seins ist nicht nur für die Entwicklung geistiger Schärfe wertvoll, die uns bei der Entscheidungsfindung nützt. Sie bereitet
auch einen fruchtbaren Boden für die Entfaltung von »emotionaler Intelligenz«. Diesen Ausdruck benutzt der Psychologe
Daniel Goleman für das, was viele Traditionen »Weisheit des
Herzens« nennen. Geistesgegenwart ist absolut notwendig,
um ein Gespür für die Situation zu bekommen, um zu merken,
was gebraucht wird, und damit unsere Anteil nehmende Fürsorge die angemessenste Art zu helfen finden kann.

Zu den Gruppenmeditationsklausuren, die ich leite, gehören gewöhnlich auch Einzelgespräche mit den Teilnehmern
über ihre Erfahrungen auf der Reise, auf der sie sich befinden.
Wie man solche Gespräche führt, habe ich von meinen Lehrern gelernt, die der Meinung sind, dass man Meditationsunterweisungen in der Regel nicht einer ganzen Gruppe geben
kann. Dafür bedarf es einer persönlichen Beziehung zwischen
Lehrer und Schüler. Diese Gespräche über die eigene Übung
sind insofern hilfreich, als sie den allgemeinen, traditionellen
Meditationsunterweisungen eine präzisere und persönlich be-
deutsamere Ausrichtung geben.

Als ich in den ersten Jahren Menschen auf ihrem Medita-
tionsweg begleitete und ermutigte, bemerkte ich, wie ich oft
über meinen drängenden Wunsch, hilfreich zu sein, stolperte.
Mary würde hereinkommen, um mit mir über ihre morgendlichen Sitzungen in Achtsamkeitsmeditation zu sprechen. Wir
setzen uns hin, verbeugen uns voreinander mit der traditionellen Geste gegenseitigen Respekts und warten schweigend einen
Augenblick. Sie erlebt zwar das übliche Auf und Ab, aber insgesamt hat sie das Gefühl, dass ihre Übung gut läuft, was sie
durch ein Kopfnicken während des Sprechens bestätigt. Eine
Pause tritt ein. »Doch«, ergänzt sie mit weicherer Stimme,
»irgendwie ist es immer noch unbefriedigend. Manchmal habe
ich das Gefühl, auf der Oberfläche meiner Erfahrung Schlitt-
schuh zu laufen, ohne das Eis brechen zu können, um zu einer
tieferen Gefühlsebene vorzudringen.« Ich erkenne durch ein
Kopfnicken das Problem an und warte ab, was als Nächstes
kommt. In dem Raum zwischen uns darf alles sein, was nach
oben kommen will. Nach ein paar Augenblicken beginnt Mary
leise zu weinen. Sie sagt, sie vermisst ihren Mann, der kürzlich
an Lungenkrebs gestorben ist. Ihre Trauer ist fast greifbar und
scheint den ganzen Raum zu erfüllen. Die stärkste Versuchung, die ich in diesem Moment spüre, ist, mein Gedächtnis
schnell nach der passenden Lehre aus den vielen Weisheits-
überlieferungen über Mitgefühl zu durchforsten. Was haben
die Lehren zu sagen, frage ich mich, das Marys Leid lindern
würde und ihr helfen könnte, mit ihrem Leben fortzufahren?
Es gibt Lehren über Unbeständigkeit, die unabänderliche Tatsache, dass alles sich verändert. Es gibt Lehren über Nicht-An-
haften und Loslassen und auch Hinweise, wie man Akzeptanz
üben und mit unangenehmen Gefühlen arbeiten kann. Andere
Lehren betonen, wie wichtig es ist, schmerzliche Situationen
dafür zu nutzen, um zu größerem Mitgefühl zu gelangen,
indem man sich in das Leid der vielen, vielen anderen hinein-

versetzt, die auch den Verlust eines geliebten Menschen betrauern.

Während wir still miteinander dasitzen, erwäge ich für einige Augenblicke die eine oder andere Lehre, unsicher, was ich Hilfreiches sagen könnte. Langsam dämmert es mir, dass genau dieser dringende Wunsch, etwas zu tun, ein Gegenmittel oder eine Medizin zu finden, an einfacher Präsenz und emotionaler Offenheit vorbeigeht. Schließlich sage ich mir: »Keine dieser Strategien funktioniert; was sie möchte, ist einfach jemand, der da ist, mit dem sie ihre Trauer teilen kann.« Ich erkenne, dass ich den Fehler begehe, daraus ein »Ich will es in Ordnung bringen«-Projekt zu machen, als ob an Marys Gefühlen der Trauer etwas falsch wäre. Der Wunsch, ihr emotionales Leid schnell zu »heilen«, ist gut gemeint, doch durch seinen Drang, ihre augenblickliche Erfahrung verändern zu wollen, im Grunde genommen aggressiv.

Das erwachte Herz der Achtsamkeit erlaubt mir hingegen, einfach mit Marys Traurigkeit zu sein – und mich gleichzeitig mit meinen eigenen unangenehmen Gefühlen angesichts solcher Gefühlstiefen anzufreunden. Es ist ein unbehaglicher und zarter Augenblick, in dem zwei Menschen die Verletzlichkeit des menschlichen Herzens spüren. Natürlich wünschen wir uns alle, dass unsere Lieben nicht sterben würden – so absurd dieser Wunsch für sterbliche Wesen sicherlich ist. Achtsamkeit verleiht dem Erleben starker, schmerzlicher Trauer Würde, es ist an sich genug; es braucht keine Veränderung oder Korrektur oder ein spirituelles Heilmittel. Ich schätze sehr den Titel eines von Sakyong Miphams Seminaren über Meditation; er nannte es »Mensch sein«. Achtsamkeit ist die Wertschätzung der Fülle des Menschseins.

## Einklang von Körper und Geist

Erinnern Sie sich an die vorgestellte Begegnung mit einem erwachten Wesen, das anmutig durch die Gänge des örtlichen
Wochenmarkts ging? Da gab es etwas in seiner Art, sich zu bewegen. Es war seine verkörperte Präsenz, die so beeindruckend
war. Wenn bei einem Menschen Gewahrsein und Körper in
Einklang sind, sind seine Bewegungen anmutig und kernig,
doch ohne Schwere, geerdet und leicht zugleich. Diese Qualität sehen wir manchmal bei großen Sportlern, aber sie kann
auch zu gewöhnlicher verkörperter Präsenz gehören.

Sicherlich ist ebenso auffällig, wenn es an dieser Qualität
mangelt. Wenn unser Geist irgendwo und irgendwann anders
ist, während unser Körper durch die Gegenwart zockelt, sind
unsere Bewegungen ruckartig. Wir tragen unseren Körper wie
einen Sack Kartoffeln umher, den wir notgedrungen von einem
Ort zum nächsten schleppen. Achtsamkeit auf den Körper, auf
das Herz und den Geist werden in einer Abfolge unterrichtet,
aber das Ziel ist es, gleichzeitig körperlich, emotional und
auch geistig völlig präsent zu sein.

Diese integrierte Seinsweise – verkörperte Präsenz – ist sowohl stabil und gesammelt als auch offen und verletzlich. Als
ich mit Mary sprach und an ihrer Trauer Anteil nahm, waren
beide Qualitäten vorhanden. Sie brauchte es, ein Gefühl von
Stabilität gespiegelt zu bekommen, damit ihre eigene Stärke
von Herz und Geist mehr Teil ihres Erlebens werden konnte.
Gleichzeitig brauchte sie einen offenen, verständnisvollen Zu-
hörer, der in der Lage war, ihre Erfahrung der Trauer nachzu-
empfinden und zu teilen. Beides, Stärke und emotionale Offenheit, werden in der Meditationsübung kultiviert. Lassen Sie
uns nun detaillierter betrachten, wie das Üben von Achtsamkeit und Gewahrsein tatsächlich funktioniert.

# Zuhause ankommen

## *Die Aufmerksamkeit im Körper ruhen lassen*

Bei der Schulung in Achtsamkeit nehmen wir unsere natürliche Fähigkeit zur Aufmerksamkeit, richten unseren Geist auf ein bestimmtes Objekt und lassen ihn dort verweilen. Das nennt man Ruhen des Geistes. Im Grunde ist es das Gleiche, was wir beim achtsamen Essen eines Obststücks geübt haben: Wir brachten unsere Aufmerksamkeit zu den Empfindungen des Kauens und Schmeckens der Orange und hielten sie dort. Nun gehen wir dazu über, eine feste Grundlage für unsere Meditation zu schaffen, eine, die länger anhält und stabiler ist als das flüchtige Schmecken eines Stücks Obst. Traditionell wird empfohlen, das zu benutzen, was wir bereits sind, was uns schon zur Verfügung steht. Das, heißt es, sei die beste Grundlage für die Übung. Es wurde von einer langen Linie von Meditierenden überliefert, vom Buddha bis zu heutigen Lehrern.

Was steht uns zur Verfügung? Wir sind Körper, Gefühle, Geist und Sinneswahrnehmungen. Das können wir als Fundament benutzen, um darauf unser Haus der Meditation zu bauen. Der Körper kommt zuerst, als der greifbarste Teil unseres Daseins – fast überall, wohin wir gehen, ist er dabei. Wie heißt es doch: Wohin wir auch gehen, wir nehmen uns immer mit. Diesen sehr vertrauten Aspekt menschlichen Lebens, den Körper, benutzen wir als Grundlage für unsere Meditationsübung.

Obwohl wir mit dem Körper beginnen, beziehen wir irgendwann als weiteren Brennstoff für das Feuer der Achtsamkeit auch unsere Gefühle und Gedanken, unsere Geistestätigkeit und Sinneswahrnehmungen mit ein. Doch der Körper ist unser eigentlicher Ausgangspunkt. Körperachtsamkeit bildet die Grundlage für die gesamte Meditationsreise.

Weil das die Basis für unsere ganze Übung ist, widmen wir diesem Thema drei Übungseinheiten. Die Meditationsanweisungen und -übungen können über die nächsten drei Tage mit jeweils einer Sitzung pro Tag verteilt werden oder, falls Sie das vorziehen, alle in einer einzigen, längeren Periode am selben Tag ausgeführt werden. Jede Übungseinheit enthält: 1) eine Anleitung zur allgemeinen Vorgehensweise und worauf dabei zu achten ist (Vorbereitung), 2) eine geführte Übung, wie man das tatsächlich tut (die Übung selbst), und 3) Nachgedanken über den Prozess, den wir gerade durchlaufen haben (Rückschau). Diese Sitzungen kann man sowohl morgens als auch abends gut durchführen, doch nehmen Sie sich für jede fünfzehn bis zwanzig Minuten – genügend Zeit, um sich die Anleitung durchzulesen, die Übung auszuführen und das, was Sie gerade erlebt haben, im Geist Revue passieren zu lassen. Lassen Sie uns nun anfangen.

## 1. Übungseinheit: Achtsamkeit auf den Körper

Die Anweisungen zur Übung von Körperachtsamkeit sind einfach: Wir richten unsere Aufmerksamkeit auf die körperliche Form. Diese Meditation können wir im Sitzen ausführen, im Stehen, Gehen oder Liegen. Es ist das Gleiche wie die bloße Aufmerksamkeit auf das Essen eines Obststücks: Wenn wir achtsam auf den Körper sind, gehört dazu, dass wir mit unserem nackten, direkten Gewahrsein bei unserem Körper verweilen, bei diesem Körper, bei unserer physischen Gestalt, die wir haben und sind. Unsere erste Sitzung, das Wecken der

Achtsamkeit auf den Körper, besteht aus einer dreiteiligen Übungsreihe; jeder Teil führt uns etwas tiefer in die Übung hinein.

## Vorbereitung

Wie bei der Obstübung könnte man diese direktere Erfahrung unseres Körpers – die wir durch bloße Aufmerksamkeit oder Achtsamkeit auf unser körperliches Erleben erlangen – den Gedanken über unseren Körper gegenüberstellen. Wir haben alle eine Unmenge Ideen und Vorstellungen über unseren Körper. Sicherlich ist er uns lieb und teuer. (Schließlich wären wir ohne ihn tot, wie es in einem alten Witz heißt.) Doch haben wir auch unsere Urteile und Befürchtungen in Bezug auf ihn. Manchmal ist unser Körper unfolgsam, unberechenbar und unzuverlässig, wenn es darum geht, genau das zu tun, was wir in diesem Moment von ihm möchten. Wenn wir Ansichten aus bestimmten religiösen Traditionen übernommen haben, betrachten wir unseren Körper vielleicht mit gewissen Schuld- und Schamgefühlen. Andererseits könnten wir auch die Ansicht vertreten, dass der Körper heilig ist, der Träger von verkörperter Weisheit, ein sinnlicher Pfad zur Erleuchtung. Ebenso sind unsere Körper fast immer, ob verdeckt oder offen, mit Sexualität verbunden – ein großer Schauplatz für Gefühle, Meinungen und strenge Urteile, für ängstliche Kontrolle wie für spontanes Angezogensein. Wie sollte der Körper aussehen? In anderen Worten, was ist unser Körperideal? Welche Art von Körper wünschen wir uns?

Neben dem Gedankengut, das wir aus verschiedenen religiösen Überlieferungen übernommen haben, werden die Weltlichsten unter uns dazu neigen, ihren Körper zu vergleichen und ihn kritisch zu sehen: Ist mein Körper so attraktiv, schön, stark und fit, wie er einmal war? Ist mein Körper so gut wie andere? Ist er wirklich gesund? So gesund, wie er sein sollte, wie ihrer, wie seiner? Zu viel, zu wenig, übermäßig, unpassend, Über- oder Untergröße – all diese Konzepte und Bewertungen unseres Körpers haben wir dabei, wenn wir einen Yoga-Unterrichtsraum betreten oder joggen gehen, unsere Ernährung umstellen oder uns morgens wiegen. Uns allen wird ein mächtiges Paket kultureller Konzepte über den Körper mitgegeben. Sie prägen die psychologische Erfahrung unseres Verkörpertseins.

Nehmen Sie sich einen Moment, um darüber zu reflektieren, wie es Ihnen in diesem Augenblick mit Ihrem Körper geht? Trungpa Rinpoche sprach von einem »psychosomatischen Körper«. Damit meint er, dass der Körper in ein großes Netz aus geistigen Haltungen über ihn gehüllt ist, das wir zur Übung der Körperachtsamkeit mitbringen.

Diese Kontemplation beginnt damit, unsere Gedanken und Konzepte über unseren Körper anzuerkennen und so gut es geht den Körper an sich zu spüren. Es ist nicht nötig, mit den verschiedenen Ideen und Urteilen zu kämpfen. Wir bemerken diese Gedanken und Konzepte und treten dann einfach durch sie hindurch, wie man durch einen kleinen Mückenschwarm geht, um uns mehr dem anzunähern, den Geist in unserem tatsächlichen körperlichen Wesen ruhen zu lassen. Der nächste Schritt ist Aufstehen und Losgehen: Es ist nun an der Zeit, dass wir es tatsächlich tun.

### Übung: Körperachtsamkeit wecken

Für diese Übung ist es besser, wenn Sie bequem gekleidet sind – vielleicht möchten Sie Ihren Gürtel etwas lösen und Ihr Jackett oder irgendein anderes beengendes Kleidungsstück ablegen. Die Schuhe können Sie anlassen oder auch ausziehen, wie es Ihnen lieber ist. Für den Teil der Übung im Sitzen brauchen Sie einen Stuhl mit einem festen Sitz (keinen leichten Stuhl oder eine Couch). Stellen Sie den Stuhl in Ihre Nähe und beginnen Sie im Stehen.

1) Ihre Füße haben beim Stehen einen bequemen Abstand, und die Arme hängen seitlich auf natürliche Weise herab. Prüfen Sie, dass Ihre Knie nicht durchgedrückt sind; finden Sie eine mittlere Position, weder gebeugt noch durchgedrückt. Die Schultern sollten zurückgenommen sein, der Kopf gerade, das Kinn leicht nach unten gebeugt. Die Augen sollten offen, aber gesenkt sein. Die Hauptaufgabe ist, hier zu stehen und den Körper zu spüren.

Was heißt das eigentlich? Wie bringen wir unsere Aufmerksamkeit zum Spüren des Körpers? Es mag helfen, zunächst durch die einzelnen Körperteile zu gehen, bei den Füßen beginnend, von da zu den Fußknöcheln, den Waden, den Knien, den Oberschenkeln, dem Beckenbereich, dem Bauch und so weiter. Wandern Sie mit Ihrer Aufmerksamkeit langsam den Rücken hoch (ein Bereich, der oft vernachlässigt, von der Wärme unserer Aufmerksamkeit ausgespart wird). Lassen Sie Ihre Aufmerksamkeit den Rücken hinaufwandern und dann langsam an der Vorderseite hinunter. Nehmen Sie sich Zeit, beeilen Sie sich nicht, aber verweilen Sie auch nicht zu lange. Wenn Sie einen ganzen Zyklus abgeschlossen haben – sich mit Ihrer Aufmerksamkeit den Rücken hoch- und die Vorderseite hinuntergetastet haben –, stehen Sie einfach, mit Ihrer Aufmerksamkeit in Ihrem Körper. Nehmen Sie jede einzelne Empfindung wahr, die auftaucht: wie Ihre Füße auf dem Boden stehen, das Gewicht des Körpers im Stehen und so fort. Spüren Sie so gut Sie können den ganzen Körper, versuchen Sie ein umfassendes Körpergefühl zu bekommen. Tun Sie das jetzt für zwei oder drei Minuten.

2) Als Nächstes machen wir eine ähnliche Körperachtsamkeitsübung im Sitzen. Setzen Sie sich bequem auf den Stuhl und lehnen Sie sich dabei mit dem Rücken nicht an die Lehne an (sodass Sie sich selbst stützen). Die Füße stehen flach auf dem Boden. Legen Sie Ihre Hände mit den Innenflächen auf die Oberschenkel und senken Sie wieder leicht das Kinn (wenn das Kinn sich nach oben neigt, ist der Hang zum Tagträumen größer). Wenn Ihre Augen geöffnet sind, lassen Sie Ihren Blick auf dem Boden ruhen, um Ihren Geist zu ermuntern, im Körper präsent zu sein. Und wieder ist die Hauptaufgabe, hier zu sitzen und Ihren Körper zu spüren. Zuvor haben wir Achtsamkeit auf den Körper im Stehen geübt; nun üben wir Achtsamkeit auf den Körper im Sitzen.

Wie bei der stehenden Körperachtsamkeitsmeditation kann ein Körperscan helfen, sich auf die sitzende Meditationsübung einzustimmen. Spüren Sie zunächst Ihre Fußsohlen auf dem Boden. Spüren Sie die verschiedenen Teile Ihrer Beine – die Knöchel, Waden, Oberschenkel. Spüren Sie Ihren Bauch und lösen Sie auch dort jede übermäßige Spannung. Spüren Sie Ihren Rumpf, den unteren Rücken, den oberen Rücken und die Schultern, und entspannen Sie sie, so gut Sie können, indem Sie ihnen Beachtung schenken. Spüren Sie den Nacken, die Hinterseite des Kopfes, das Schädeldach und die Stirn. Entspannen Sie Augen, Wangen und Kiefer. Verwenden Sie besondere Aufmerksamkeit darauf, Ihren Kiefer zu lockern. Lassen Sie los. Der Mund könnte sich leicht öffnen. Spüren Sie die Körpervorderseite, den Magen, den Bauch und das flach gedrückte Gesäß auf dem Stuhl. Nachdem Sie mit Ihrer Aufmerksamkeit Stück für Stück durch den sitzenden Körper gegangen sind, seine einzelnen Teile gespürt haben, bringen Sie nun Ihre volle Aufmerksamkeit zum ganzen Körper, zu seiner Gesamtheit.

Sitzen Sie nun wieder für fünf Minuten in der Achtsamkeitsmeditation.

Wenn Ihre Aufmerksamkeit während dieser Zeit abwandert – zum Beispiel zu der großen Geburtstagsparty am kommenden Wochenende –, bringen Sie sie sanft zum sitzenden Körper zurück. Tun Sie das immer wieder, so oft wie nötig. Der Geist ist daran gewöhnt zu wandern, wie jemand, der endlos durch die Programme zappt und auf seiner fruchtlosen Suche nach anhaltender Befriedigung von außen nie zur Ruhe kommt. Nun schulen wir ihn (eigentlich ist es ein Wieder-Erlernen), hierzubleiben, zu ruhen und Zufriedenheit im Innern zu finden, in unserem gegenwärtigen Erleben. Verweilen Sie, solange Sie können, bei der bloßen Empfindung des Körpers. Das ist alles.

3) Den Übungsteil der ersten Sitzung schließen Sie ab, indem Sie noch einmal kurz zum Stehen zurückkehren. Stehen Sie so bequem wie zuvor und richten Sie Ihre Aufmerksamkeit nun besonders auf Ihre Körperhaltung, achten Sie darauf, dass Ihr Körper sich weder nach vorn noch nach hinten lehnt, weder steif aufgerichtet noch eingesunken ist. Behandeln Sie den Körper wie beim Sitzen als Ihr vertrautes Zuhause, zu dem Sie immer wieder zurückkehren. Der Geist gleicht hier einer Brieftaube: Sie mag in Kreisen aufsteigen, Runden fliegen und sich für längere Zeit entfernen, aber schließlich kommt sie immer wieder zu ihrem heimatlichen Taubenschlag zurück. Wenn sie einmal dort gelandet ist, lassen Sie sie, solange Sie können, verweilen, ohne sie zu zwingen (Aggression) oder sofort in Gedanken abzuschweifen (Nachlässigkeit). Lassen Sie den Geist beim Körper sein: Das ist die entscheidende Anweisung.

## Rückschau

Was haben wir gerade getan? Wir haben unseren Geist trainiert, beim Körper zu bleiben, und dadurch unsere Körperachtsamkeit gestärkt. Das ist eine Art »Gegen-Training«, da
der Geist schon gründlich auf Ablenkung getrimmt wurde, immer in Bewegung zu sein, ständig nach Veränderung und nach
Neuem zu streben. Wir bemerken selten, wie gleich bleibend,
fade und gewohnheitsmäßig dieses Streben wirklich ist. Jedes
Mal, wenn wir uns Fernsehbilder ansehen, verstärken wir die
Neigung unserer Aufmerksamkeit, zu hüpfen, etwas auszulas-
sen und sprunghaft zu sein, da sie ständig von einer Werbung
zur nächsten flitzt. Zuerst dies und dann das, aber nun ein
neues Dies! Auf Grund dieser Wiederholung hat sich der Geist
daran gewöhnt, sich sehr schnell von einem Gegenstand zum
nächsten zu bewegen, flüchtig über die Oberfläche unserer
Erfahrung hüpfend, ständig auf der Suche nach etwas ande-
rem, etwas Besserem, nach mehr. Ablenkung ist mit Unzufriedenheit verheiratet.

Wenn wir hingegen den Geist schulen, zu verweilen, entfalten wir seine natürliche Stabilität und bringen dadurch das
ihm innewohnende Potenzial, sich zu sammeln, zur Reife. Das
ermöglicht uns, unser Erleben tiefer auszukosten – sogar einfacher Reis und Gemüse zum Mittag können spirituell nährend und ungeheuer befriedigend sein. Manchmal bin ich
überrascht, wenn ich mich auf Gruppenklausuren plötzlich an
diese Einfachheit erinnere. Die gesamte Gewichtung verschiebt
sich. Statt mich zu fragen, wie viele Sterne man dem neuen
Restaurant geben könnte, kehre ich dahin zurück, einfach das
zu schmecken, was da ist. Zuhause angekommen.

Auch bevor wir meditierten, hat unsere Achtsamkeit auf
dem Weg zur Arbeit für einen Moment bei den Wolken am
Himmel verweilt oder bei einem bellenden Hund oder einer

gelben Ampel, zumindest lange genug, um zu registrieren, was passiert. Denn wie würden wir ohne eine gewisse natürliche Achtsamkeit je zu der Geburtstagsparty eines Freundes kommen oder wieder nach Hause finden? In der Meditation nehmen wir diese angeborene, aber noch wackelige Stabilität und erlauben ihr zu wachsen, indem wir sie mit unserer täglichen Meditationsübung füttern.

Diese Qualität der Geistesruhe kann uns sehr nützen: in persönlichen Beziehungen, am Arbeitsplatz, in der Schule und beim Spiel. Wir bemerken, dass Freunde und Familie es schätzen, wenn wir gegenwärtig sind und hören, was sie uns sagen. (Im Gegensatz zu der verräterischen Frage der Achtlosigkeit: »Entschuldige, was hast du gesagt?«) Sogar unser eigener Körper schätzt die anhaltende Aufmerksamkeit der Achtsamkeit, es ist, als ob wir dieser grundlegenden Dimension unseres Seins zum ersten Mal tiefer zuhörten. Auf diese Weise machen sich Geist und Körper aufs Neue miteinander bekannt, als ob sie lange getrennt gewesen wären. Jenseits der dualistischen Spaltung, wie Trungpa Rinpoche sagt: »Im Tanz des Lebens spiegelt die Materie den Geist wider und der Geist reagiert auf Materie. Zwischen beiden existiert ein ständiger Austausch.«[16] Dieser Vergleich mit einer dynamischen Wechselbeziehung beschreibt schön die allmähliche Entfaltung der Achtsamkeitsübung: ein Prozess zunehmender Intimität, bei dem Körper und Geist enge Freunde werden, harmonische Kameraden, Partner in einem spielerischen Tanz.

Manchmal fühlen wir uns rastlos. Wenn die Anweisungen sagen, wir sollen stehen, wollen wir sitzen, und wenn es sitzen heißt, ist uns nach Stehen oder Dehnübungen, Laufen oder Yogaübungen. Wir mögen sogar anfangen, unser eigenes Potenzial anzuzweifeln: »Vielleicht bin ich nicht der richtige Typ für diese Meditation. Vielleicht bin ich einfach nicht zum Meditieren geschaffen.«

Diese Achtsamkeits- und Gewahrseinsübung ist ein Geschenk von einer langen Linie mitfühlender Meditationsmeister für Menschen mit einem geschäftigen, rastlosen, abgelenkten Geist. Sie ist für Frauen und Männer wie uns gedacht, die einen ungebändigten Geist haben. Wenn unser Geist bereits dauernd in einem Zustand der Stille verweilte, wofür bräuchten wir dann überhaupt weitere Schulung in Stabilität? Den Geist darin zu schulen, im Körper zu ruhen, ist eine sehr empfehlenswerte Übung für rastlose Menschen.

Meditation bildet unsere grundlegende Wertschätzung für das aus, »was ist«. Unser Augenmerk ist gewöhnlich geteilt: in das Bewusstsein dessen, was geschieht, und dessen, von dem wir denken, dass es passieren sollte. »Nun sollte ich meinen Körper ganz spüren, aber das tue ich nicht. Gedanken tauchen auf – und das sollten sie nicht. Wann setzt der aufregende, ekstatische Teil von Meditation ein?« Lassen Sie Ihre Aufmerksamkeit auf jeden Fall zunächst auf alles neugierig sein, was in Körper und Geist auftaucht. Wenn Sie die Vorderseite des Körpers wahrnehmen können, aber nicht die Rückseite, wenn Sie sich in einer Sitzung müde oder ängstlich fühlen, wenn Körper und Geist glücklich miteinander dahinzufließen scheinen, lassen Sie es so sein. Dieses Seinlassen ist nicht die einzige Methode, die wir in unserer Praxis einsetzen, aber es ist die erste Anweisung.

### Tiefer in Körperachtsamkeit eintauchen: Vorbereitung

Indem wir uns erlauben, tiefer in die Gefühle und Empfindungen des Stehens und Sitzens einzutauchen, begeben wir uns auf eine zweite Ebene unserer Körperachtsamkeitsübung. Sakyong Mipham beschreibt Meditation oft als einen Prozess des Sichvertraut-Machens mit Körper und Geist. Das Wort »vertraut« macht deutlich, dass wir etwas sehr gut und genau kennen, so wie es bei nahe stehenden Menschen oft durch das Zusammenleben in einem Haushalt der Fall ist. Auf die gleiche Weise vertiefen wir unser Gewahrsein unseres Körpers dadurch, dass wir in ihm leben, unser physisches Wesen voll und ganz bewohnen, von der bloß oberflächlichen Bekanntschaft mehr zu einem intimen, direkten Kennen unseres Körpers kommen.

Wir entdecken vielleicht, dass der Körper einen erdigen Aspekt hat: Er verbindet uns mit der Erde, und wie sie hat er eine feste, naturhafte und verlässliche Qualität. Trungpa Rinpoche beschreibt das Einstimmen auf diese bodenständige Qualität des Körpers, indem er sie mit einem »sitzenden Bullen«[17] vergleicht: »Er verkörpert eine ganz und gar geerdete, eine organische Qualität. Ruhend ist man wirklich gegenwärtig.«[18] In der Körperachtsamkeitsübung nutzen wir das natürliche Gewicht und die Stabilität des Körpers, um den Geist zur Ruhe und die ihm innewohnende Erdung zum Vorschein zu bringen. Wenn Körper und Geist sich wirklich begegnen, fühlen wir uns wie meditierende Berge.

### Übung: Tiefer in Körperachtsamkeit eintauchen

1) Diese Übung beginnt mit Sitzmeditation. Setzen Sie sich bequem hin, die Füße stehen wie vorher flach auf dem Boden, die Beine etwa schulterbreit auseinander. Prüfen Sie wieder, dass Ihr Rücken sich selbst trägt, sich nicht anlehnt. Diese Geste der Eigenständigkeit, der Unabhängigkeit ist hier wesentlich: Sie übernehmen für Ihre eigene Geistesverfassung die Verantwortung, und die Körperhaltung ist ein Ausdruck dieser aktiv beteiligten, verantwortungsbewussten Herangehensweise. Mit unserem Geist zu arbeiten

ist nicht die Sache von jemand anders. In der Meditationsübung »liegt dein Leben in deiner Hand«, betont Dzigar
Kongtrül.[19]

Wenn Sie eine entspannte Haltung gefunden haben, in
der Sie gut loslassen können und der Rücken nicht zu sehr
gekrümmt ist, gehen Sie mit Ihrem Geist wieder durch Ihren
Körper, von den Zehen nach oben zum Kopf und von da
wieder zu den Füßen. Tun Sie das in Ihrem eigenen Tempo.
Wenn der Geist abschweift, bringen Sie ihn zurück und
bleiben bei der Sache.

Wenn Sie diese Kontaktaufnahme mit den verschiedenen
Körperteilen abgeschlossen haben, nehmen Sie ihn in seiner
Gesamtheit wahr und lassen den Geist in dieser Empfin-
dung ruhen, dem Gefühl des Körpers als eines verbundenen
Ganzen. Sicherlich besteht die physische Gestalt aus vielen
Teilen, aber sie ist auch ein ganzer Körper. Bringen Sie den
Geist in den Körper und lassen Sie ihn dort für einige Mi-
nuten verweilen.

Wenn wir uns einfach sein lassen, wie und wo wir sind,
wenn wir nicht woanders sein wollen oder versuchen, irgendetwas aus dem Weg zu gehen, ist da Ruhe. Wir scheuen
weder vor Herausforderungen zurück, noch sehnen wir uns
nach dem nächsten Vergnügen. Wir erkennen, dass Nicht-
Kämpfen, das einfache »Seinlassen«, etwas grundlegend
Heiles ist, und schätzen den Frieden dieses Augenblicks.
Diese Einfachheit reinen Seins könnte man feiern.

2) Nun stehen Sie bitte wieder auf und nehmen Sie die
stehende Meditationshaltung von zuvor ein. Ihr Stand ist
fest und stabil (Sie schaukeln weder seitwärts noch vor und
zurück), aber auch nicht starr oder steif (die Knie sind nicht
durchgedrückt). Denken Sie wieder an die Hauptaufgabe:
Hier stehen und den Körper spüren. Nehmen Sie alle flüchtigen Empfindungen wahr, die auftauchen. Aufsteigende

Gedanken lassen Sie einfach kommen und gehen. Bleiben Sie, so gut Sie können, beim Körper.

Dann beginnen Sie in diesem Gefühl der Erdung, des Ruhens in Ihrem stillen, stehenden Körper, kleine Bewegungen zu bemerken, den Prozess, den wir Atmen nennen. Spüren Sie, wie sich Ihre Brust mit jedem Einatmen weitet und mit dem Ausatmen zusammenzieht. Spüren Sie, wie die Luft durch Nase und Mund einströmt und dann wieder hinausfließt. Denken Sie daran, Ihre Achtsamkeit bei den Empfindungen zu halten, statt sich in Ihrem Geist bloß etwas darüber zu erzählen. Bemerken Sie das Geplapper des Geistes, aber lehnen Sie sich sozusagen nach innen, in Richtung der tatsächlichen Körperempfindungen. Spüren Sie sacht die Luft ein- und ausströmen, ein und aus. Der Atem hat einen beruhigenden Rhythmus, wie die regelmäßigen Wellen eines Ozeans. Suzuki Roshi sagte, der Atem sei wie eine Schwingtür. Spüren Sie die Schwingbewegung des Atems, vor und zurück.

Stehen Sie da und spüren Sie für mindestens fünf Minuten die rhythmische Bewegung des atmenden Körpers.

3) Zum Abschluss dieser Übung setzen Sie sich wieder hin. Nehmen Sie sich einen Moment, um eine bequeme, aufrechte und zugleich entspannte Sitzhaltung zu finden, und lassen Sie Ihre Aufmerksamkeit in den sitzenden Körper sinken. Wenn wir uns in Gedanken verlieren, ist das, als ob der Geist hoch springen würde, einen Satz machen, sich nach oben strecken, hoch und weg von dem, wo wir tatsächlich sind. Nehmen Sie sich nun einen Augenblick, um dieses Gewohnheitsmuster umzukehren. Lassen Sie den Geist los, und lassen Sie ihn sich in der körperlichen Form niederlassen. Würdigen Sie das schlichte Gefühl des Seins und schließen Sie dann wie im Stehen die Bewegungen der Brust und des Bauchs, die Abfolge von kleinen körperlichen

Bewegungen, die wir Atmen nennen, in die Körperachtsamkeitsmeditation mit ein.

In den traditionellen Meditationsanweisungen, die auf den Buddha zurückgehen, wird Aufmerksamkeit auf das Atmen als Teil der allgemeinen Übung von Körperachtsamkeit verstanden. Sitze hier und spüre, wie der Körper einatmet (ganz gleich, wie kurz oder lang der Atem ist, lass ihn so sein, wie er ist) und ausatmet (versuche nicht, den Atem tiefer oder länger zu machen, lass ihn einfach so sein, wie er ist). Manchmal ist unser Atem flacher, was von einer Menge Faktoren in unserem Leben abhängt, wie Bewegung, Ernährung und der Jahreszeit. Und zu anderen Zeiten ist unser Atem tiefer und langsamer. Um Achtsamkeit und Gewahrsein zu kultivieren, spielt das keine Rolle; das ist kein yogisches Atmen und auch keine Übung zur Tiefenatmung. Es ist einfach Achtsamkeit auf den atmenden Körper: achtsam auf eine kurze Einatmung, achtsam auf eine kurze Ausatmung; achtsam auf eine lange Einatmung, achtsam auf eine lange Ausatmung. Zum Abschluss dieser Übung bleiben Sie noch zwei oder drei Minuten sitzen, während Sie mit Ihrer Aufmerksamkeit weiterhin bei Ihrem sitzenden atmenden Körper sind.

### Tiefer in Körperachtsamkeit eintauchen: Rückschau

An diesem Punkt haben wir zur einfachen Körperachtsamkeitsübung im Stehen und Sitzen noch die Aufmerksamkeit auf den Atem hinzugefügt. Es hieß, dass uns Körperachtsamkeit mit der Erde verbindet. Und der Atem ist wie Wind, der über die Erde streift. So wie die Luft unter dem weiten Himmel über die Erde zieht, verbinden wir auf harmonische Weise Bewegung und Stille, Präsenz und Offenheit.

Zuweilen nähert man sich der Achtsamkeit durch Konzen-
tration, indem man auf grobe Weise versucht die Aufmerksamkeit bei einem Objekt zu halten. Im Gegensatz dazu betonte Trungpa besonders die weite Offenheit von Meditation:
»Durch Körperachtsamkeit entfaltet sich eine Qualität von offenem Gewahrsein – es entsteht ein Gefühl des In-sich-Ruhens,
und dadurch kann man es sich leisten, sich zu öffnen.«[20] Hier
gehen In-sich-Ruhen und Sich-für-das-Außen-Öffnen Hand in
Hand.

## Körperachtsamkeit, auf der Stelle: Vorbereitung

Bevor wir die dritte und letzte Ebene unserer Körperachtsamkeitsübung betrachten, lassen Sie uns einen Moment innehalten, um über das, was wir gerade tun, nachzudenken. Was ist
der Zweck von Meditation? Warum bringen wir unsere Aufmerksamkeit in den Körper und lassen sie dort ruhen? Welche
Vorteile hat eine Geistesgegenwart, die mehr im Körper ist?
Nehmen Sie sich vorab einen Augenblick, um für sich darüber
nachzudenken. Machen Sie diese Kontemplation so persönlich, wie Sie möchten. Was sind Ihre Beweggründe, sich auf ein
Meditationstraining einzulassen? Warum tun Sie das? Solange
Sie nicht selbst ein klar fassbares Gefühl dafür haben, was Ihr
Interesse und Ihren Einsatz motiviert, bleibt Meditation etwas,
das andere Ihnen nahelegen. Selbst wenn dieser andere der
Buddha sein mag, wird die Übung nie wirklich greifen, solange
wir nicht das entdeckt haben, was die Zen-Tradition unseren
eigenen »Weg-suchenden Herz-Geist« nennt. Motivation ist
der wichtigste Faktor für den Erfolg oder das Misslingen der
Meditationspraxis.
    Wenn es gelungen ist, wir tief genug gegraben haben, um in
unserem Wesen den Impuls zu erwachen zu spüren, können

wir mit innerem Zutrauen fortfahren. Dieses Vorstoßen in
größere Tiefen macht man nicht einmal und dann ist es erle-
digt. Jedes Mal, wenn wir uns zum Meditieren hinsetzen, müssen wir für einen Moment innehalten, um über unsere Gründe
nachzusinnen, warum wir es tun. Das bläst etwas Wind in unsere Segel für die Reise durch den Tag, der vor uns liegt.

Beim Nachdenken über den Zweck von Meditation kann
es hilfreich sein, sich die Lehren und Schriften großer Meditationsmeister ins Gedächtnis zu rufen. Trungpa Rinpoche
sprach von der Wichtigkeit, Körper und Geist in Einklang zu
bringen. Der folgende Satz ist eine wunderbare Beschreibung
der Verwirklichung von Körperachtsamkeit: »Der ideale Zustand innerer Stille ergibt sich aus der Erfahrung der harmoni-
schen Übereinstimmung von Geist und Körper.«[21]

Was bedeutet das? Wenn Körper und Geist im Einklang
sind, werden beide zur selben Zeit erfahren. Beide sind hier in
diesem Moment anwesend. Was für ein Moment ist das? Wann
sind Körper und Geist synchron? Jetzt! Obgleich der Geist
ständig vorauszueilen scheint – in die nächste Woche, Pläne
für den nächsten Monat und das nächste Jahr macht –, ist der
Körper wirklich nur jetzt präsent. Ihr Zusammentreffen kann
nur stattfinden, wenn beide im Jetzt gegenwärtig sind.

Meditationsübung hat einen Geschmack von »auf der Stelle«: Wir gehen auf die Herausforderungen des Körpers, des
Atems und der Gedankentätigkeit, so gut wir können, jetzt,
in diesem Augenblick, ein. Wenn der Geist gen Zukunft rast,
während der Körper in der Gegenwart zurückbleibt, wirken
wir leicht geisterhaft, werden wir gewissermaßen zu geistigen
Körpern, die vielmehr sprechenden Köpfen gleichen. Im Vergleich dazu ist der Reichtum des Erlebens, die Fülle von Herz
und Geist, fast greifbar, wenn wir tatsächlich für einen Augenblick innehalten, um unseren stehenden oder sitzenden Körper wirklich zu spüren. Körper und Geist im gegenwärtigen

Moment zusammenzuführen ist das Herzstück von Körperachtsamkeit.

### Übung: Körperachtsamkeit, auf der Stelle

1) Stehen Sie wie zuvor, die Füße angenehm auseinander und den Blick leicht nach unten gerichtet. Nehmen Sie sich einen Moment, um sich in dieser stehenden Meditationshaltung wahrzunehmen. Dann gehen Sie weiter und schließen in Ihr allgemeines Gewahrsein des stehenden Körpers die Atemachtsamkeit mit ein. Stehen Sie da, lassen Sie den Atem natürlich fließen, und Sie genießen für fünf Minuten, wie sich Ihr Geist in Ihrem Körper niederlässt.

2) Setzen Sie sich dann hin und richten Sie sich bequem auf Ihrem Sitzplatz ein. Nehmen Sie sich wieder einen Moment, um Ihre physische Form zu spüren, Ihre verkörperte Präsenz in der Sitzhaltung, bevor Sie vorauseilen und sich dem Atem widmen. Denken Sie daran: Diese Einstimmung auf Ihren Körper dient dazu, sich in der Gegenwart zu verankern und zu einer Empfindung schlichten Seins zu gelangen. Es geht hier darum, Ihre Meditationshaltung vollständig einzunehmen; das ist mehr, als Ihren Körper einfach in einer bestimmten Körperhaltung zu parken und dann woanders hinzugehen. Bringen Sie Ihren Körper in eine aufrechte und entspannte Position und spüren Sie dann in dieser Haltung Ihren Körper.

3) Nehmen Sie dann die Achtsamkeit auf den sitzenden atmenden Körper hinzu, über den ganzen Zyklus von Ein- und Ausatmung hinweg. Bleiben Sie für fünf bis zehn Minuten dabei und achten Sie besonders auf das Umherschweifen der Aufmerksamkeit.

Bemerken Sie es, wenn Ihre Aufmerksamkeit den Körper verlässt, um Ausflüge in Phantasien und Gedanken zu unternehmen: »Ich frage mich, was Connie dieser Tage tut? Sie ist wahrscheinlich mit Paul verheiratet. Zieht Henry wirklich nach Los Angeles? Ich kann nicht glauben, dass er das wirklich tut; es ist so weit weg von seiner Familie. Ich habe Sandra geschrieben, und sie hat noch nicht geantwortet. Warum wohl?« Nehmen Sie dieses unterbewusste geistige Geschwätz wahr, erkennen Sie, dass Ihre Aufmerksamkeit ausgeschert ist und sich von der physischen Präsenz des Körpers wegbewegt hat, und bringen Sie sie dann behutsam wieder zum Ausgangspunkt zurück, dem in Meditationshaltung sitzenden Körper. Tun Sie das immer wieder, sooft Sie die Gewohnheit des Geistes, sich selbst abzulenken, bemerken. Wenn Sie zu den Empfindungen des atmenden Körpers zurückkehren, lehnen Sie sich in sie hinein, und trainieren Sie damit den Geist zum Verweilen, indem Sie die Momente von Geistesgegenwart ausdehnen.

Es kann hilfreich sein, durch eine geistige Notiz die Grenze zwischen Körperachtsamkeit und dem geräuschvollen inneren Geplapper zu markieren: Immer, wenn Sie bemerken, dass Sie vom Weg abgekommen sind und sich zum Beispiel auf eine lange Zugfahrt diskursiver Gedanken begeben haben, lautet die Notiz: »Denken.« Wenn Sie es bemerken, sagen Sie sich bloß: »Denken« und kommen zum atmenden Körper zurück.

Wenn Sie innere Stimmen der Entmutigung, der Beurteilung und Selbstkritik ausmachen (»Was ist falsch an mir? Warum mache ich das nicht richtig? Warum kann mein Geist nicht beim Körper bleiben?«), bemerken Sie dieses Geplapper auf die gleiche Weise, wie Sie jedem anderen inneren Dialog begegnen: mit freundlichem Interesse und Neugier. Nehmen Sie die Bewegung des Geistes wahr, sagen Sie innerlich: »Denken« und kehren Sie zum atmenden Körper zurück. Würdigen Sie die Momente des Verweilens – die fließende, leichte Qualität von Körper und Geist, wenn sie miteinander in Einklang sind – ebenso wie die Augenblicke, in denen Sie zwischen Vergangenheit und Gegenwart, zwischen Zukunft und Gegenwart hin- und herspringen. Genießen Sie, so gut Sie können, die Höhen und Tiefen Ihrer meditativen Reise.

## Körperachtsamkeit, auf der Stelle: Rückschau

Wenn wir uns heute hinsetzen, können wir nicht zur Achtsamkeitsübung von gestern zurückgehen und nicht vorhersehen, was morgen kommt. Unsere Aufmerksamkeitsschulung besitzt eine anhaltende Frische und ist oft überraschend; es geht darum, in Bezug auf die tatsächliche Erfahrung im Augenblick ehrlich zu sich zu sein. Wie ist es jetzt? Und nun? Und jetzt?

Gleichzeitig ist es auch gut, ein stärkeres Gefühl für unsere langfristigen Ziele zu bekommen, für die größere Vision von aktiver Meditation. Wir meditieren, um mit uns selbst Freundschaft zu schließen, was die Grundlage für mehr Herzensgüte, für Mut und die Stärke der Geduld in einer zunehmend stressgeplagten Welt sein kann. Meditation ist Teil eines größeren meditativen Lebens, unseres Lebens in der Familie und in anderen gemeinschaftlichen Zusammenhängen, unter Freunden, Verwandten, Arbeitskollegen, Menschen, denen wir in Geschäften, Firmen, Krankenhäusern und Schulen begegnen. Im Körper zu sein stimmt uns auf eine elementare, gemeinsame Weisheit ein, auf etwas, das wir mit allen Wesen teilen. Trungpa Rinpoches *Das Buch vom meditativen Leben* handelt davon, wie man eine geistig gesunde Gesellschaft schafft. Es ist eine der besten Darstellungen der Verbindung von Meditationsübung und dem, wie man in den größeren Gemeinschaften, in denen wir leben, zu geistiger Gesundheit beitragen kann. Er zeigt wunderbar, wie man der Welt erwachtes Mitgefühl bringt.

Lassen Sie uns unsere Übungsreihe zur Körperachtsamkeit damit beschließen, dass wir über diese weitere Sicht nachsinnen, über die Übung des Menschseins, über das Kultivieren eines grundlegend menschlichen Herzens, um diese Menschlichkeit mit anderen zu teilen. Im *Buch vom meditativen Leben* heißt es: »Die Übereinstimmung von Geist und Körper ist ... eine Voraussetzung für das Menschsein ... Die Übereinstimmung von Geist und Körper hat auch Konsequenzen für unsere Beziehung zur Welt, für unseren Umgang mit der Welt.«[22] Diese einfache Geste verkörperter Präsenz kann die Basis für die Sorge um das Wohl der Erde und aller Lebewesen sein.

# Tanzende Stille

## *Hilfreiche Hinweise zu Körperachtsamkeits-meditation*

In einer berühmten Meditationsunterweisung führt der Erwachte seine Schüler durch die Übung der vier Grundlagen der Achtsamkeit: Achtsamkeit auf den Körper, Achtsamkeit auf das Fühlen, Achtsamkeit auf den Geist und Achtsamkeit auf Wahrnehmungen.[23] Jede der vier Grundlagen dient als Basis für die Achtsamkeitsübung. Wir können uns bei der Kultivierung von Aufmerksamkeit auf diese vier Elemente stützen. Wenn wir unsere Aufmerksamkeit auf Körper, Gefühle und Geist richten, entfalten wir in unserem Dasein Achtsamkeit.

Wie wir gerade gesehen haben, liefert uns der Körper einen idealen ersten Anhaltspunkt für unser Üben. Ohne das Gewicht und die Stabilität des Körpers scheint unsere Praxis zu schwimmen, irgendwo diffus in der Luft zu schweben – weder wirklich hier noch da zu sein. Wenn unsere Aufmerksamkeit im Körper ist, scheint Achtsamkeit selbst etwas von diesem viel benötigten Gewicht zu übernehmen, von dieser Substanz und Schwerkraft. Es gibt eine altmodische Art, das auszudrücken, indem man sagt, jemand habe »Mark in den Knochen«, was bedeutet, dass diese Person sich nicht leichtfertig hin- und hertreiben oder umwerfen lässt. Auf ähnliche Weise können wir sagen, dass durch Körperachtsamkeit unsere Meditation »markig« wird. Jeden Tag nimmt unsere schwache Körperachtsamkeit etwas zu und gewinnt allmählich an dem nötigen Gewicht und der erforderlichen Stärke.

Insgesamt sind diese Grundlagen praktische »Orte« für den Aufbau unserer Achtsamkeit. Im Gegensatz zu dem, was Trungpa Rinpoche den »ewigen Tramper«-Ansatz nannte[24], suchen wir uns einen Ort, an dem wir unser Zelt aufschlagen können, und vielleicht legen wir dort sogar irgendwann den Grundstein für ein Haus. Jede der Grundlagen ist etwas, das wir bereits haben – Geist, Gefühle, Körper – und das wir auf dem Pfad zum Erwachen nutzen können. Indem wir unserem Sein fortwährend und direkt beiwohnen, entwickeln wir Stabilität, stellen eine Beziehung zu Lebendigkeit und vitalen Energien her und eine Verbindung mit der Raumhaftigkeit des Geistes.

An dieser Stelle kommen Ihnen vielleicht Gedanken wie: »Sogar in den Momenten, wenn es mir gelingt, meine Aufmerksamkeit in meinen Körper zu bringen, scheine ich immer noch eine Menge Vorstellungen zu haben. Manchmal kommt es mir so vor, als ob ich auf eine Idee von meinem Körper achtsam sei. Ist es ein Problem, wenn es nicht wirklich der Körper ist, auf den ich achtsam bin?«

Es ist gut, dass Sie das bemerken. Auch wenn wir uns in bloßer Aufmerksamkeit auf den Körper üben, sind immer noch viele Vorstellungen über ihn am Werk. Zu erkennen, dass wir immer noch oft mit uns über unseren Körper reden, statt ihn direkt zu fühlen, ist eine Einsicht. Das ist unsere gewöhnliche Situation: Viele Schichten von Vorstellungen überziehen unseren Körper. Aber vielleicht haben wir durch all diese Schichten hindurch – wie die Prinzessin im Märchen, die auf zwanzig Matratzen und auf zwanzig mit Daunen gefüllten Auflagen schläft und immer noch die Erbse unter sich spürt – gelegentlich ein gewisses Gespür für unseren tatsächlichen Körper.

Auch wenn wir nicht ständig vollen, direkten, vorstellungsfreien Kontakt zu unserem Körper haben, gibt es immerhin eine Neigung in diese Richtung. Solange wir verstehen, dass

Achtsamkeitsübung nicht auf mehr Analyse oder Nachdenken oder mehr Theorien und Vorstellungen zielt, solange wir bloße Aufmerksamkeit anstreben, ist unsere Körperachtsamkeitsübung in Ordnung. Auch wenn wir noch nicht in Buenos Aires sind, wir aber verstehen, dass wir uns, wenn wir die Reise in Mexiko City antreten, südwärts und nicht nordwärts halten müssen, sind wir auf dem richtigen Weg zu Meditation. Wie sagte doch Tibets größter Meditierender, der Yogi Milarepa: »Eile langsam, dann wirst du bald am Ziel sein.«[25]

Manchmal ist es schwierig, den Atem überhaupt zu finden oder ihn zu spüren. Vielleicht sind Sie zu sehr im Geist gefangen, der wie ein aufgeschrecktes Huhn hierhin und dorthin rennt. Möglicherweise begehen Sie den Fehler, den Atem wie bei der Tiefenatmung zu betonen. Wenn Sie das bemerken, lassen Sie es sein und atmen Sie wieder natürlich.

Viele der Fragen über Meditation drehen sich um das Thema Bemühung: Wie viel Bemühung soll man einsetzen, was ist zu viel? Wann bemühen wir uns so sehr, dass wir uns selbst im Weg stehen? Wann bemühen wir uns nicht genug? Es gibt viele traditionelle Belehrungen zu rechter Bemühung, und es gibt sogar die Achtsamkeit auf die Bemühung selbst. Aber im Allgemeinen gilt, dass man am Anfang mehr Bemühung braucht, und wenn wir dann auf dem Pfad weiter fortgeschritten sind, allmählich weniger Bemühung vonnöten ist. Das trifft manchmal sogar für einzelne Meditationssitzungen zu: Wir setzen uns hin, sind aktiv und energisch bei der Übungsform, die wir praktizieren, kehren immer wieder zu ihr zurück – und dann gibt es Momente, wo es einfach fließt, ohne dass wir den Prozess in jedem Augenblick besorgt im Auge haben müssen. Wir sind nicht so oft abwesend, und wenn Gedanken auftauchen, nehmen wir sie einfach wahr und fahren mit unserer Übung fort, ohne dass wir uns sonderlich abgelenkt fühlen. Meditation wird zu einem natürlichen, nahtlosen Prozess.

In gewissem Sinn beginnen wir, weniger den Aspekt der Schulung zu betonen, was anfangs nötig ist, und ganz organisch mehr Vertrauen in natürliche Achtsamkeit zu entwickeln. Das entspricht dem allgemeinen Verlauf der spirituellen Reise, auf die wir uns begeben haben: von der Natur zur Schulung und von da wieder zur Natur. Das heißt: Unsere eigentliche Reise beginnt bei unserer ursprünglichen Natur und geht dann über »schlechte« Schulung in Aggressivität und Schnelllebigkeit, über stärkende Schulung in Achtsamkeit und so weiter wieder zurück zu unserer ursprünglichen Natur. Das ist wie in einer dieser Heldengeschichten, in denen man seine ursprüngliche Heimat verlässt, durch die Wälder zieht, über Stock und Stein, Berg und Tal und am Ende nach Hause zurückkehrt. In einem gewissen Sinn hat uns die Reise sicherlich weiser gemacht. In einem anderen Sinn wurde nichts – ich wiederhole, nichts – hinzugefügt. Wir sind einfach an unseren Ausgangspunkt zurückgekehrt und kennen ihn nun zum ersten Mal voll und ganz.

Das klassische Anleitungsbuch *Aktive Meditation* beschreibt die Meditationsreise, von der mühevollen Schulung zum vertrauensvollen Ruhen in natürlicher Wachheit: »Am Anfang ist dafür eine gewisse Anstrengung notwendig, aber nach einiger Zeit der Praxis bleibt das achtsame Gewahrsein einfach nahe bei der Bewegung des Atems. Es folgt ihm ganz von selbst, und wir bemühen uns nicht nachdrücklich, den Geist mit dem Atem zu verbinden. Wir versuchen den Atem zu spüren – Ausatmen, Einatmen, Ausatmen, Einatmen.«[26]

Genauso ist es. Am Anfang wäre es reine Faulheit, das hilfreiche Gegenmittel der Bemühung nicht anzuwenden, indem wir uns daran erinnern, was wir zu tun beabsichtigen – die Aufmerksamkeit in den atmenden Körper bringen –, und es zu tun. In anderen Augenblicken ist es nicht nötig, an unserer Achtsamkeit herumzubasteln, zu versuchen, sie zu verbessern oder »den Geist mit dem Atem zu verbinden«. Da können wir mit dem Strom schwimmen, und es ist nicht nötig, durch zusätzliche Bemühung einzugreifen. Stattdessen offenbart sich uns eine natürliche Bemühung. Es gibt Momente, in denen Meditation spontane Freude ist, wie wenn man durch dichten Wald spaziert und plötzlich vor einer großen, weiten Wiese steht. Da es manchmal so scheint, als gäbe es nur Hektik und Ablenkung, überrascht es uns, dass es für den Geist tatsächlich ein Genuss ist beim Atem zu bleiben.

**Warum verweilt mein Geist nicht?**

*Frage*: Ich bin in der Lage, meine Aufmerksamkeit in meinen atmenden Körper zu bringen, aber sie bleibt nicht dort, zumindest nicht für sehr lange. Es scheint keinen Unterschied zu machen, ob ich stehe oder sitze; nach einigen Momenten der Achtsamkeit und Präsenz ist sie wieder zurück auf der Piste. Ich finde das frustrierend. Wenn der Geist von Natur aus stetig, klar und stark ist, warum verweilt er dann nicht? Sakyong Mipham sagt in *Wie der weite Raum*: »Der menschliche Geist ist von Natur aus freudig, still und sehr klar.«[27] Okay, warum wandert er dann so viel? Wenn er von Natur aus so ruhig ist und all das, warum bleibt er dann nicht ganz natürlich beim atmenden Körper?

*Antwort*: Im praktischen Zusammenhang unserer Schulung ist unsere Natur ein wirklicher Prüfstein für die Wahrheit der Lehren. Sakyong Mipham kommentiert: »Vom buddhistischen Standpunkt aus gesehen sind Menschen nicht an sich aggressiv; wir sind von Natur aus friedlich. Das ist manchmal schwer zu glauben.«[28] Ähnlich unglaublich scheint die Lehre von der dem Geist innewohnenden Stabilität zu sein, besonders wenn wir sie auf den Boden der Tatsachen stellen und sehen, dass der Geist alles tut, nur nicht verweilen. Er ist in Bewegung, springt, läuft hierhin und dorthin. Manchmal fragen wir uns, ob die Meditationsbelehrungen die innewohnende Stabilität des Geistes aller anderen beschreiben, nur nicht unseres eigenen Geistes.

Der Geist wandert, weil ihm das beigebracht wurde. Als ich bei dem westafrikanischen Volk der Yoruba lebte, bemerkte ich, wie sehr man dort »häusliche Erziehung« betonte, besonders in traditionellen Haushalten. Ein Kind, das sich, wenn es außerhalb der Familie unterwegs war, schlecht benahm – das nicht anständig grüßte oder sich anderen gegenüber nicht freundlich und respektvoll verhielt –, wurde sofort als Produkt »schlechter häuslicher Erziehung« entlarvt. Ältere Menschen würden den Kopf schütteln und im Stillen sagen: »Schlechte Erziehung, keine Erziehung zuhause.« So ist es mit dem Geist. Wenn wir ihm auftragen, etwas zu tun, zeigt sich sein früheres Training in Ablenkung und der rastlosen Suche nach ständig wechselnden flüchtigen Vergnügungen. Da wir uns so eifrig und so lange in Richtung Ablenkung trainiert haben (und wer weiß wirklich, wie lange schon?), wie können wir da erwarten, dass das Wasser nicht mehr den Berg hinunterfließt, sondern plötzlich seine Richtung ändert und bergauf fließt?

Das ist also die schlechte Nachricht: Unsere Schulung in Ablenkung und Rastlosigkeit dauert schon länger, als wir denken können, und das Resultat all dieses früheren Trainings in geistiger Unruhe starrt uns jeden Tag ins Gesicht. Warum ist das so? Wie heißt es in einer alten Redewendung: »Was man sich eingebrockt hat, muss man auch auslöffeln.« Wir haben unseren Geist umherstreifen lassen und haben ihn nur dann gezwungen, genügend Aufmerksamkeit aufzubringen, wenn etwas zu erledigen war: ein Auto zu fahren, die Internetseite zu wechseln oder einer wichtigen Ansage zuzuhören.

Die gute Nachricht lautet: Da dem Geist Gehen beigebracht wurde, kann ihm auch Verweilen beigebracht werden. Die Kernlehren der meditativen Überlieferung sagen, dass unsere Schulung in Stabilität letztlich gelingen wird. Das ist zum Teil deshalb so, weil die Meditationsdisziplin der grundlegend stabilen Natur des Geistes entspricht. Unsere Schulung verläuft mit der Holzfaser – auch wenn einige Schichten angesammelten Staubs es zunächst schwer machen, die Faser zu erkennen, und sie zeitweise nicht zu sehen ist. Doch wir können den Staub behutsam wegwischen, damit das grundlegend gute Holz darunter zum Vorschein kommt.

Der untergründige Strom, der in Richtung Erwachen fließt, ist stark und im Grunde sehr tief. Er mag von der Oberfläche aus nicht immer sichtbar sein, von wo aus es zuweilen scheinen kann, als ob alles der Habgier, dem Eigennutz, der Gleichgültigkeit und der Aggression zustrebe. Wie Suzuki Roshi wiederholt sagte: »Worauf wir Wert legen, ist starkes Vertrauen in unsere ursprüngliche Natur.«[29] Dieses Vertrauen erwächst aus echter Erfahrung. Es wurde durch Feuer und durch Wasser »gehärtet«, den langsamen Prozess des Erhitzens und Abkühlens auf der meditativen Reise. Es ist keine bloße Theorie oder eine Sache des Glaubens oder des blinden Vertrauens. Meditation ist ein wirklicher Prüfstein für die Wahrheit unserer eigenen grundlegenden Gutheit.

## Der Wert der Vorbereitung

Ich empfehle, vor jeder Meditationssitzung eine kurze Phase des Nachsinnens einzulegen: sich ein paar Gedanken zu machen, was Sie da vorhaben, warum Sie es tun (welche Vorteile ein stabiler, klarer Geist für Sie und andere hat) und wie Sie bei der Schulung Ihres Geistes in dieser Übung vorgehen wollen.

Ich habe Meditierende getroffen, die ein inspirierendes Lieb-
lingsbuch über Achtsamkeit und Gewahrsein in der Nähe ihres
Meditationsplatzes liegen haben und vor jeder Sitzung für ein
paar Momente darin lesen, so ähnlich wie man sich vor dem
Sport mit ein paar Dehnbewegungen aufwärmt. Beide, Körper
und Geist, schätzen dieses sanfte, langsame, bewusst vorberei-
tende Herangehen an die eigentliche Übung. Traditionell wird
dies »Nachsinnen über die Sicht« auf Meditation genannt, und
es wird wirklich sehr empfohlen. In einem Seminar in Alabama sagte kürzlich jemand, der auch meditiert, zu mir: »Das ist,
als ob man auf das Pferd aufspringen und gleich losreiten
würde, ohne sich vorher einen Moment genommen zu haben,
um sich im Sattel niederzulassen und zu entscheiden, wo man
hinreiten will.«

Und doch fragen Sie sich vielleicht: »Muss ich wirklich diesen ganzen Zirkus veranstalten, bevor ich mit der Meditation
beginne? Kann ich nicht einfach anfangen?«

Natürlich liegt es bei Ihnen. Wenn Sie bereits die Sporen an-
gelegt haben und startklar sind, warum dann nicht anfangen?
Zum Bereitsein gehört allerdings auch, dass man weiß, wohin
man sich begibt. Ein berühmtes tibetisches Meditationslied
ruft uns in Erinnerung, dass ›einfach anfangen‹, ohne eine Vorstellung, wohin man geht, zu blindem Umherziehen führt.[30]
Das ist, als ob man endlos im Supermarkt umherliefe, die Gänge auf und ab, ohne zu wissen, was man einkaufen will: Obst
und Gemüse? Fisch? Brot? Was war es denn noch? Jede Übung
braucht eine ungefähre Richtung und Absicht.

Über den Sinn und Zweck von Meditation nachzudenken
ist, als ob man einen Verbündeten hätte: Es ist eine wertvolle
Hilfe und Stütze für die Übung, eine kleine zusätzliche Stärkung für die bevorstehende Reise. Aber wenn es Ihnen lieber
ist, einfach loszulegen, ist das auch in Ordnung. (Es ist auch
möglich den Sinn während der Übung zu entdecken.) Dies ist

eine äußerst pragmatische Tradition: Es geht immer darum, herauszufinden, was tatsächlich funktioniert.

Manchmal kann unsere Übung ins Stocken geraten. Wir verlieren das Interesse, meinen, wir hätten nicht die richtigen Meditationserlebnisse: »Wann werde ich anfangen, all den unbedingten Frieden und die Freude zu erleben, von denen in den Texten die Rede ist? Wann entwickelt sich meine Meditation weiter, sodass ich mehr wie Pema Chödrön bin?« Sakyong Mipham macht dazu die tiefsinnige Bemerkung, dass uns häufig die *Gründe* zum Meditieren ausgehen. Wie ein Wagen, dem das Benzin ausgeht, brauchen wir Brennstoff, um weiterzulaufen. Unsere Motivation dörrt aus, und die Reise kommt zum Stillstand. Vor der Meditation ihren Sinn und Zweck zu erwägen ist wie das Prüfen des Benzinlevels und das Nachfüllen unserer Motivation.

Manchmal beginne ich damit, einfach über die Bedeutung der Worte »Achtsamkeit auf den Körper« nachzudenken. Man kann einfach mit diesen Worten sitzen und sich daran erinnern, was man über Meditation gelesen und gehört hat. Sagen Sie sich ein paar Mal: »Achtsamkeit auf den Körper, Körper aus Achtsamkeit«. Lassen Sie die Worte dann versiegen und ruhen Sie in innerer Betrachtung. Das ist ein guter Anfang. Er klärt die eigene Absicht und gibt ihr eine Ausrichtung.

**Wie weiß ich, wann Körper und Geist im Einklang sind?**

Beim Meditieren haben wir im Blick, was wir tun. Dabei beurteilen wir dies nicht, geben uns keine Goldmedaille und auch keinen Rüffel, sondern wir sehen das Meditieren vielmehr als Ausdruck unseres grundlegenden Interesses an unserem Geist und unserem Körper, unserem Leben insgesamt. Eine Art Sprichwort besagt: Auch wenn der Buddha selbst unser persönlicher Meditationsanleiter wäre, könnte unsere Übung erst dann Früchte tragen, wenn wir Selbstgewahrsein einsetzen. Letztlich sind wir es, die sehen, was in unseren Meditationssitzungen abläuft; wir wissen, ob wir in nachlässige Lockerheit abgleiten oder uns zu fest im Griff haben.

Suzuki Roshi riet seinen Zen-Meditations-Schülern oft, dass sie mit einem Geist des »Nicht-Erreichens«[31] sitzen sollten. Trungpa Rinpoche lehrte etwas Ähnliches: eine »Reise ohne Ziel«.[32] Aber das Aufgeben unserer Zielorientiertheit – einer Haltung gegenüber der Meditation, die zu sehr von der Idee geprägt ist, etwas erreichen zu wollen – bedeutet nicht, die Einzelheiten der täglichen Erfahrung auf eine desinteressierte, gleichgültige Art zu ignorieren: »Wen kümmert's? Egal. Lass uns einfach weitermachen. Weiter sitzen. Wenn du eine Meditationssitzung kennst, kennst du alle.« Das ist kein meditativer Gleichmut, sondern Schulung in Dummheit.

Wenn man im Gegensatz dazu von Zeit zu Zeit prüft, sich ansieht und hinspürt, was in Körper und Geist abläuft, geht man an Meditation auf eine wertschätzend erforschende Weise heran; wir schauen uns an, wie es jetzt in diesem Augenblick in uns aussieht. Es reicht nicht aus, einfach zu wiederholen, wie es einem gestern ging oder das letzte Mal, als wir meditierten. Wir müssen dabei nicht zielorientiert oder urteilend sein. Grundlegende Wertschätzung und liebende Güte gegenüber uns selbst finden darin ihren Ausdruck, dass wir uns Interesse entgegenbringen, uns als Teil eines sich vertiefenden Prozesses sanfter, innerer Erforschung von Zeit zu Zeit fragen: Wie läuft es?

Auf der anderen Seite ähnelt Meditieren ein wenig dem Tanzenlernen. Wenn man tatsächlich tanzt, ist es nicht nötig, besorgt auf die eigenen Fortschritte zu achten, zu prüfen, ob man die richtigen Schritte macht. Wie die Dichterin Rita Dove sagt, ist Tanzen wie Abheben, man braucht nicht mehr auf seine Füße oder nach unten auf den Boden zu schauen. Trungpa Rinpoche fand einen treffenden Vergleich für den Grad an Vertrauen, das wir spüren, wenn Körper und Geist in Einklang sind und es mühelos läuft: Das sei so, als würde man »auf sich reiten und gleichzeitig Flöte spielen«. Dieses Bild drückt ein tiefes Vertrauen aus, mit dem wir aufhören, uns zu beobachten, um zu sehen, wie es läuft. Stattdessen erleben wir ein Gefühl der Freude, der Harmonie und der natürlichen Gelöstheit – nicht, als ob wir gerade einen schwierigen Berggipfel erklommen hätten, sondern eher als ob wir mit unserem Körper, mit uns, wie wir sind, dahinglitten.

### Wie wichtig ist tägliche Übung?

Viele Menschen meditieren ein paar Tage lang – und vergessen es wieder. Dann wieder ein paar Tage, und es ist erneut aus dem Sinn. Manche meditieren zuweilen an Wochenenden gerne länger, wenn der Geist besser zur Ruhe zu kommen scheint. Die Meditationen an den Wochentagen scheinen nicht wirklich etwas zu bringen.

Regelmäßige, konsequente Übung ist besser als einzelne lange Sitzungen mit nicht viel dazwischen. Sakyong Mipham hat unregelmäßiges Üben mit der Essgewohnheit einer Riesenwürgeschlange verglichen: lange Perioden ohne etwas, mit gar nichts, und dann versucht man riesige Brocken Meditation zu schlucken und zu verdauen. Das kann zu spirituellen Verdauungsstörungen führen.

Wenn man all die Höhen und Tiefen unseres Lebens und die Herausforderungen voller Zeitpläne bedenkt – ein kleines Kind versorgen, Arbeit für eine neu gegründete Firma, sich beruflich weiterbilden –, kann Zeit für Meditation manchmal ein knappes Gut sein. In meinem eigenen Leben gab es auch

Zeiten, in denen es so aussah, als ob eine Gelegenheit zur Meditation so schwer aufzuspüren sei wie eine grüne Oase in einer großen Wüste von Beschäftigtsein und Hektik.

Wenn es um die Überlegung geht, wie viel man meditiert, ist das Wichtigste Beständigkeit; doch interessiert dabei mehr die Qualität regelmäßiger Übung im Gegensatz zum bloßen Einplanen von etwas Zeit jeden Tag. Ich erinnere mich daran, wie Trungpa Rinpoche davon sprach, »sein Leben einzurahmen« – morgens eine Meditation und abends eine. Einige Lehrer empfehlen häufige, kurze Sitzungen und betonen, dass es wichtig sei, die Zeitspanne so zu wählen, dass man sich gegen Ende der Sitzung nicht ermüdet, abgeschlagen oder entmutigt fühlt. Wenn unsere Sitzungen gewöhnlich mit einem Hauch von Verzagtheit in Bezug auf den gesamten Ablauf enden, wird es weniger wahrscheinlich sein, dass wir sie bald wiederholen. Training funktioniert am besten, wenn wir einen regelmäßigen Rhythmus finden und dann unsere Ausdauer in kleinen Dosen vergrößern. Wie heißt es doch in dem großen chinesischen Weisheitsbuch *I Ging* immer wieder: »Fördernd ist Beharrlichkeit.« Wenn es für Ihr Leben funktioniert, ein- oder zweimal pro Woche zu meditieren, dann meditieren Sie ein- oder zweimal die Woche – konsequent.

Wir betrachten Meditation als etwas, das unser Leben begleitet, und zwar unser ganzes Leben, nicht nur, wenn die Sonne scheint, sondern auch wenn es bewölkt ist, bei Dunst und bei Nebel, bei Eisregen und strahlend blauem Himmel. Wenn wir nur meditieren, wenn im Leben alles glatt läuft – oder nur in Krisenzeiten –, entwickeln wir ein einseitiges Bewusstsein unserer selbst, sowohl innerhalb wie auch außerhalb der Meditation.

Ich meditierte viele Jahre mit einem Perfektionsideal, das vor meiner Nase baumelte, wie eine ideale Möhre, die den Esel dazu verlocken soll, sich zu bewegen. Wenn ich aufgedreht oder müde war, meditierte ich nicht – weil es beschämend war, mir anzusehen, wie schrecklich unvollkommen an solchen Tagen meine Achtsamkeit war, wie weit ich davon weg war, die Möhre zu erreichen. Also an Tagen, an denen ich mich »nebelig« oder zerstreut, nicht völlig »kristallklar« fühlte, neigte ich dazu, das Meditieren ganz sein zu lassen. Wenn Sie insgeheim vermuten, dass Ihre nächste Meditation nicht so gut wird wie die letzte, mag es bei Ihnen ähnlich sein, und Sie weichen der Meditation aus. Durch zu viel Idealismus hinsichtlich unseres Meditationserfolges sind Versagen und Entmutigung unausweichlich. Wie ein Strick, der unsere Füße fesselt, stellen uns diese hohen Erwartungen sozusagen ein Bein und bringen uns zum Stolpern.

Es kann sein, dass jemand bei sich denkt: »Mein Geist ist so abgelenkt und rastlos, ich glaube, die Achtsamkeits- und Gewahrseinsmeditation ist einfach nicht für mich gedacht.« Doch Meditation scheint ausdrücklich für jene gemacht, die einen rastlosen, unruhigen Geist haben. Der wilde und ungezähmte Geist braucht Achtsamkeitsübung und Stabilität. Denn wenn der Geist bereits über vollkommene Stabilität verfügte, wozu bräuchte man dann noch eine meditative Reise? Wenn wir auf unserer Reise bereits in Buenos Aires wären, wieso sollten wir dann noch einen Zug dorthin nehmen? Wenn wir uns erinnern, dann wird das »geistige Unkraut« des abgelenkten Geistes zur Inspiration für unsere Praxis, zum Grund sich auf die Reise zu begeben. Wie Suzuki Roshi weise bemerkte, kann dieses Geist-Unkraut wie nährender Dünger den Garten unserer Praxis bereichern.

## Vollständigkeit, nicht Vollkommenheit

Vollständigkeit, nicht Vollkommenheit ist hier das Ziel. »Vollständigkeit« heißt, dass wir alle Seiten unseres Wesens einschließen – Körper, Gefühle, frohe und traurige Gedanken, Gähnen und Tränen –, alles ist unter dem Dach der Meditation willkommen. Ohne die beiden Arten innerer Gäste, der erwünschten wie der unerwünschten, wäre Meditation unvollständig, nur eine ausschnittweise, einseitige Erfahrung dessen, was wir wirklich sind.

Manchmal stellen wir uns Erwachtsein als einen Zustand unbefleckter Vollkommenheit vor, eine völlig reibungslose Geistesbewegung ohne jegliche unangenehmen Stolpersteine. Das ist unrealistisch. Wenn wir manchmal vollendete Meditierende aus Japan, Tibet, Korea oder der burmesischen und der Thai-Tradition treffen, ist das wahrhaft Inspirierende an ihnen, dass sie so absolut menschlich sind, Menschen, die mit allen Seiten ihres Wesen völlig in Frieden sind. Erinnern Sie sich an den Seminartitel von Sakyong Mipham, der so gut Ziel und Zweck von Meditation beschreibt: »Menschsein«. Wir unternehmen diese Reise, um uns irgendwann als vollständige menschliche Wesen umarmen zu können.

## Der zeitliche Rahmen

Fragen nach Tipps zum zeitlichen Rahmen ähneln den Fragen über Bemühung, und die Antwort ist die gleiche: Wir müssen einen mittleren Weg finden. Die beiden Extreme (in die wir uns hineinmanövrieren und die zu Entmutigung und Burnout führen) sind ein strikter, übereifriger Zugang auf der einen Seite und eine eher lässige, lockere Umgangsweise auf der anderen. Wenn wir mit eher militärischer Disziplin an das Üben herangehen, bringen wir uns dazu, täglich zu meditieren, ob wir wollen oder nicht, ganz gleich was in unserem Leben los ist und was wir sonst noch alles zu tun haben. Beim anderen Extrem ist unser Zugang eher: Wenn die Sonne scheint und wir uns gerade danach fühlen, dass eine kleine Meditation unserem Leben eine angenehme Würze oder Geschmack verleihen könnte, dann setzen wir uns einmal hin – bis das Handy klingelt. Diese Zugänge mögen für einige Menschen funktionieren. Aber für viele führt die hohe Latte des »ich mache es jeden Tag, komme, was wolle, ob Hölle oder Hochwasser« zu einer Gegenreaktion, die sie aussteigen lässt, weil sie meinen, diese Art von Sitzmeditation sei offenbar nicht wirklich für sie geeignet. (Ob eine solche Entscheidung bewusst ist oder nicht, unsere Handlungen – oder Nicht-Handlungen – spiegeln zumindest dieses Gefühl wider.) Wenn wir auf der anderen Seite recht passiv auf Augenblicke der Inspiration warten, die uns auf einen Stuhl oder ein Kissen locken, können wir möglicherweise ganze Tage lang warten, die sich zu Wochen oder sogar Monaten ausdehnen können. Eines Tages wachen wir dann vielleicht überrascht auf und merken, dass wir unsere Meditationsübung irgendwo ganz hinten am Wegrand vergessen haben.

Auf dem mittleren Weg strebt man eine gewisse Regelmäßigkeit an – ohne dafür mit sich militärisch umgehen zu müssen. Finden Sie einen machbaren Rhythmus – zum Beispiel: jeden zweiten Tag oder an beiden Wochenendtagen und einmal mitten in der Woche – und halten Sie sich dann eine Zeitlang daran, bis es so normal und durchführbar geworden ist wie das tägliche Zähneputzen. Bewerten Sie Ihren Turnus nach etwa einem Monat und verändern ihn nach oben oder unten, je nach dem, was in Ihrem Leben gerade los ist und wie sich Ihr Appetit auf Meditation wandelt. Wenn Sie sich in den Wintermonaten stärker engagieren möchten, weil Sie an Ihrem

Arbeitsplatz weniger gefordert sind, dann verändern Sie ihn
entsprechend. Wenn der Winter im Gegenteil eine Zeit mit
ungewöhnlich fordernden Verpflichtungen auf der Arbeit oder
zuhause ist, dann passen Sie sich daran an. Auf diese Weise
respektieren wir sowohl unsere eigenen Impulse wie auch
wechselnde Lebensumstände. Diese kluge Anpassungsfähig-
keit ist der Kern meditativen Gewahrseins.

## Die Meditationshaltung

*Frage*: Warum auf einem Stuhl sitzen?

*Antwort*: Warum nicht? Sie sitzen doch normalerweise
auch auf einem Stuhl, oder nicht?

*F*: Muss man nicht in der vollen Lotushaltung auf dem Boden sitzen, um in tiefe Meditation eintreten und Erleuchtung
erlangen zu können?

*A*: Wenn Sie bequem auf einem Kissen auf dem Boden sitzen können (was vermutlich für Ihren Körper einer gewissen
Gewöhnung bedarf), dann ist es in Ordnung, das so zu tun.
Das ist schließlich die Sitzhaltung, die in buddhistischen Kul-
turen eingenommen wurde. Wenn es darum geht, für die Meditation Stühle zu benutzen, bemerke ich oft einen gewissen
Widerwillen, als ob das nicht ganz koscher wäre. In *Aktive
Meditation* erinnert uns Trungpa Rinpoche daran, dass traditionell auch Stühle verwendet wurden: »Diejenigen aber, denen es schwerfällt, mit gekreuzten Beinen auf dem Boden zu
sitzen, können durchaus auch auf einem Stuhl sitzen. In der
buddhistischen Ikonographie wird die sitzende Haltung auf
einem Stuhl als *Maitreya-Asana* bezeichnet, und daher ist sie
völlig akzeptabel. Wichtig ist, den Rücken gerade zu halten,
damit kein Druck auf die Atmung ausgeübt wird.«[33]

Beachten Sie hier die Betonung auf der praktischen Umsetz-
barkeit – es ist keine Sache der Form um der Form willen. Die
Körperhaltung ist aufrecht, um Wachheit zu unterstützen, und
sollte auf eine solche Weise aufrecht sein, dass sie die natürliche Atmung nicht durch eine beengte, gebeugte Haltung ein-
schränkt. Wenn Sie diese Ziele von entspannter Geistesgegenwart in Körper und Geist besser erreichen können, während
Sie auf einem Stuhl sitzen, dann tun Sie das bitte. Behalten Sie
im Sinn, was wichtig ist, im Unterschied zu dem, was nur gut
aussieht, das heißt, dass Sie zwar zu meditieren scheinen, aber
auf Grund beträchtlichen körperlichen Unbehagens eher abgelenkt sind und leiden. Sie können auch abwechselnd mal auf
einem Stuhl und mal auf einem Kissen auf dem Boden sitzen
und dadurch in beiden Positionen allmählich unterschiedliche
Muskeln stärken und ausbilden. Doch wie bereits gesagt, das
Wichtigste ist, es zu tun.

### Rücken-, Knie- und Schulterschmerzen

Wenn Sie in einem bestimmten Bereich eine Verletzung haben,
ist es gut einen Profi zu Rate zu ziehen. Wenn Sie bei einem
Spezialisten in Behandlung sind, zeigen Sie ihm, wie Sie sitzen,
damit er bei Bedarf gemäß Ihrer Krankengeschichte Verbesse-
rungsvorschläge machen kann. Es gibt viele zeitgenössische
physische Methoden (Körperarbeit), die für die Körperhaltung
sehr nützlich sein können, einschließlich Alexandertechnik,
Feldenkrais-Übungen, Aston-Patterning, Rolfing, der Rosen-
Methode und vieler anderer. Viele finden, dass das regelmäßige Üben von Hatha-Yoga oder Qigong beim »Aufbau einer
guten Sitzhaltung« für die Meditation hilft.

Wie beim Erlernen jeder neuen Körperbetätigung ist zu erwarten, dass es körperlich zunächst etwas unangenehm ist und

man seine Steifheit zu spüren bekommt. Wenn wir anfangen, Tango oder Salsa zu tanzen, und uns auf ungewohnte Weise dehnen oder bewegen, werden wir es gewöhnlich am nächsten Tag spüren. Stillstehen oder -sitzen ist in gewisser Weise auch eine neue Bewegung, und der Körper braucht Zeit, um diesen stillen kleinen Tanz zu erlernen. Beziehen Sie die angenehmen und unangenehmen Empfindungen in die Körperachtsamkeits-übung mit ein; nehmen Sie die Steifheit oder den Schmerz wahr und bewegen Sie sich dann lieber, statt sich unnötig weiter anzustrengen. Auch hier geht es um einen mittleren Weg: weder in einem fehlgeleiteten Versuch in stoischer Askese zu streng mit sich zu sein noch der kleinsten Laune von rastloser Energie gleich nachzugeben. Geben Sie Ihrem Körper Zeit, die Stille des Sitzens genießen zu lernen.

Nicht nur verschiedene Empfindungen tauchen während des Meditierens im Körper auf – manchmal spürt man einen Juckreiz, oder der Wadenmuskel zuckt –, sondern es passiert überhaupt eine Menge im Körper während des Sitzens. Das alles zeigt uns, dass der Körper, auf den wir achtsam sind, ein lebender Körper ist, kein Leichnam. Folglich können wir alle körperlichen Empfindungen, die während der Übung auftau-chen, als Teil der Meditation in unsere Körperachtsamkeit ein-beziehen. Wenn eine Juckempfindung zu spüren ist, nehmen Sie dies einfach wahr. Das ist eine gute allgemeine Leitlinie für die Meditation: Einbeziehen, einbeziehen, einbeziehen. Wenn etwas bereits geschieht, hat es wenig Sinn, es zu leugnen oder zu versuchen, es aus dem Gewahrseinsfeld hinauszubefördern. Viel besser ist es, alle vorhandenen Gefühle oder Empfindun-gen anzuerkennen und weiter dem sich entfaltenden goldenen Faden der Achtsamkeit auf den atmenden Körper zu folgen.

## Was hat es mit der Freude beim Meditieren auf sich?

Sie mögen gehört haben, dass es bei Spiritualität darum gehen soll, über Schmerz und Freude hinauszugehen. Und ich habe Sie hier ermutigt, die Höhen und Tiefen der meditativen Reise zu genießen. Wie passt das zusammen? Eine andere Frage, die mir häufig begegnet: »Ich mag Meditation wirklich, wenn mein Geist zur Ruhe kommt und eine Weile ganz still ist, aber den ganzen geistigen Lärm kann ich nicht leiden. Ich bin nur ehrlich. Ich habe starke Vorlieben und Abneigungen, manche Zustände gefallen mir eben besser als andere, und so geht mir das auch mit Meditation. Manchmal mag ich sie, und ein andermal denke ich, ich sollte einfach aufstehen und den Hund füttern oder die Blumen gießen.«

Wir erforschen die Möglichkeit von Freude, eines von Herzen kommenden Gefühls, das alles, was es erfährt, voll und ganz erlebt, einem Wohlgefühl jenseits der vorübergehenden und flüchtigen Erfahrung von Vergnügen und Schmerz. Meditation ist ein idealer Ort, um eine Haltung des Erforschens zu kultivieren, Neugier zu wecken auf die sich verändernde Landschaft des emotionalen Erlebens, da wir uns während des Sitzens sicherlich mal glücklich und mal traurig fühlen oder eifersüchtig, gelangweilt, aufgeregt, ausgeruht, schläfrig, ängstlich, milde, verärgert oder mit uns und anderen in Frieden. Kurz gesagt sollten wir uns darauf einstellen, das ganze Spektrum der Gefühle zu erfahren – damit werden wir uns gleich bei der Besprechung der Achtsamkeit auf Gefühle mehr beschäftigen.

Meditative Freude hat damit zu tun, mit uns selbst Freundschaft zu schließen – auf eine umfassendere, unsere ganze Person berücksichtigende Weise. Es ist die Freude, die daher kommt, dass wir sowohl das umarmen, was Psychologen unseren »Schatten« nennen, als auch das, wodurch wir glänzen.

Was immer eine größere Herausforderung für uns darstellt –
ob unsere Großartigkeit oder unser Elend –, Meditation bezieht die ganze Bandbreite unseres Wesens mit ein. Diese große
Freiheit und Weite drückt sich in der Freude aus, dass alles von
uns umarmt wird.

# Willkommen heißen

## *Achtsamkeit fühlen*

Während ich das hier schreibe, lebe ich im New Yorker Hudson River Valley. In diesem malerischen Waldgebiet nahe der Catskill-Berge und Woodstock gibt es viele Farmen und Obstgärten. Im Moment ist Erntezeit, und so stehen entlang der Landstraßen viele Schilder: »Kürbisse zu verkaufen, zum Selbstpflücken«, oder »Schwarze Walnüsse, kostenlos zum Selbstpflücken.« Nehmen Sie sich bitte einen Moment, um darüber nachzudenken, was Sie bisher gepflückt, aufgesammelt und geerntet haben, welche Vorstellungen und Sichtweisen Sie bereits in Ihren Meditationslehrenkorb gelegt haben.

Erinnern Sie sich zum Beispiel, dass es wichtig ist, an Meditation wie an eine völlig natürliche Aktivität heranzugehen, die dem Aufwachen am Morgen und dem Einschlafen am Abend nicht unähnlich ist. Wie machen wir das? Wir wissen es nicht genau, wir tun es einfach: Wir nehmen eine bequeme Position ein und ermutigen unsere Natur, sanft ihren Lauf zu nehmen. Hinlegen verführt zum Schlafen; aus dem Bett aufzustehen fördert größere Wachheit. Auf dieselbe Weise ist bloße Aufmerksamkeit das Herz der Meditation und für Lebewesen etwas Natürliches. Indem wir uns in Meditation schulen und uns auf eine regelmäßige Übung einlassen, kultivieren wir unsere angeborenen Kräfte der Achtsamkeit und sorgen für ihr Gedeihen. Zunächst richten wir bei der Übung unsere angeborene Aufmerksamkeit hauptsächlich auf den Körper und fördern dadurch die dem Geist innewohnende Stabilität. Dann gehen wir ein Stück weiter und beziehen das Gewahrsein der Gefühle mit ein.

Beim Meditieren bemerken wir Gefühle. Manchmal fragen wir uns: Hatte ich all diese Gefühle vorher schon? Ebenso wie uns, wenn wir uns zum Meditieren hinsetzen, überrascht, wie viele Gedanken wir haben (wer hätte das gedacht?), bemerken wir vermutlich auch mehr emotionale Wetterlagen als gewöhnlich (wie kann das sein?). So viel Begehren, Eifersucht, Ärger, Traurigkeit, Angst! Besonders während längerer, ausgedehnterer Sitzperioden – von einem Tag, einer Woche oder länger – erleben Meditierende oft eine lebhafte emotionale Berg- und Talfahrt: am Morgen Aufregung und Vorfreude wegen der bevorstehenden Hochzeit oder des Geburtstagsjubiläums; am Nachmittag eine stechende Erinnerung an alte Freunde aus der Kindheit und gemischte Gefühle über Orte und Menschen aus der Jugendzeit; am Abend tiefe Traurigkeit und anhaltender Abschiedsschmerz wegen einer geliebten Person, die erst kürzlich verstarb. Wie ein schillernder Regenbogen enthält das Herz alle Töne und Schattierungen des Farbspektrums, die ganze Bandbreite gelebter persönlicher Erfahrung.

»Gewöhnlich bin ich nicht so emotional«, sagen Meditierende in intensiven Übungssituationen manchmal, als ob das Vergießen von Tränen ein Anlass wäre, sich leicht schuldig zu fühlen. Nachdem in einer Meditationssitzung die Tränen geflossen sind, weil eine emotional bewegende Erinnerung an die Oberfläche gelangte, sagen Frauen wie Männer manchmal: »Ich weiß nicht, was mit mir nicht stimmt.« Mein englischer Freund Simon pflegte zu sagen: »Da liegt also der Hund begraben, nicht wahr?« Diese Bemerkungen enthüllen ein darunter liegendes Gefühl, eine unausgesprochene Überzeugung: verletzlich sein, Gefühle zeigen oder auch bloß unsere zarteren

Gefühle spüren ist irgendwie falsch. Es ist, als ob wir meinten, wir sollten unser schwer zu bändigendes emotionales Leben in eine innere Besserungsanstalt einliefern.

## Die »Umgang mit Gefühlen«-Gruppe

Als ich noch in dem Gebiet der Bucht von San Francisco wohnte, pflegte ich einen Kurs zu geben mit dem Titel »Umgang mit Gefühlen«. Ich stützte mich dabei teilweise auf das gleichnamige Kapitel von Trungpa Rinpoches klassischer Landkarte des Pfades, *Der Mythos Freiheit und der Weg der Meditation.* Wir trafen uns einmal pro Woche. Die Kursteilnehmer hatten die für unser Thema relevanten Abschnitte gründlich gelesen und während der Woche Sitzmeditation geübt. Ganz früh in unseren Gesprächen gestanden wir uns gegenseitig eine simple Funktionsweise unserer Psyche ein: Wir waren alle deshalb so sehr daran interessiert, zu lernen mit unseren Gefühlen »umzugehen«, weil wir sie als Probleme betrachteten, die zu lösen – oder zu beseitigen – sind. Wir gingen an unsere Gefühle heran, als wären sie etwas, das man in Ordnung bringen müsse. Jemand bemerkte mit einem kleinen Lächeln, dass das englische Wort für »in Ordnung bringen« das gleiche Wort ist, das für das Sterilisieren und Kastrieren von Tieren benutzt wird. Ja, stimmte eine andere Person ein: »Oder für das Reparieren der Bremsen am Auto.« Ich stimmte zu: Gefühle als etwas zu betrachten, das in Ordnung gebracht werden müsste, legt nahe, dass sie der Reparatur bedürfen, dass etwas Unnötiges oder Unerwünschtes beseitigt werden müsse und man zu dem, was im Grunde unzulänglich ist, etwas hinzufügen müsse. Allzu oft gehen wir an unser emotionales Leben mit einer »Armutshaltung« heran: Etwas ist grundlegend falsch mit mir. Wie kann ich es in Ordnung bringen?

Eine Teilnehmerin unserer Gesprächsgruppe arbeitete als Redakteurin bei einer lokalen Zeitschrift. Sally kam gewöhnlich etwas zu spät zu unseren abendlichen Treffen und hatte oft Stapel von Korrektur- und Druckfahnen von ihrer Arbeit dabei, die sie noch durchsehen musste. An einem regnerischen Wintertag war sie als Erste an der Reihe, etwas zu sagen: »Es ist, als ob wir alle versuchten, Redakteure unserer Gefühle zu sein. Wir schauen uns von oben bis unten an und entscheiden, was bleiben kann und was weg muss. Wir gelangen von holprigen ersten Entwürfen zu wohlgefeilten Sätzen, indem wir einige peinliche Grammatikfehler korrigieren und für schwächere Formulierungen bessere finden. Wenn es um Gefühle und Meditation geht, versuchen wir alle verzweifelt, uns in besseren Fassungen umzuarbeiten!«

Die Gruppe dachte eine Weile schweigend darüber nach, und dann fügte Jim, ein langjähriger Therapeut, hinzu: »Ja, es ist, als nähmen wir eine Art psychologischen Eingriff vor. Wir holen das Meditationsskalpell heraus und versuchen es geschickt einzusetzen, um all diese problematischen Gefühle zu beseitigen. Wann? Jetzt sofort, wenn nicht schon gestern. In meine Praxis kommen jeden Tag Menschen, die sagen: ›Herr Doktor, helfen Sie mir damit; ich habe keine Zeit für all diese Gefühle, die hochkommen.‹ Es ist, als sagten sie: ›In meinem Leben ist keine Zeit zum Leben.‹«

Genau darauf hat Trungpa Rinpoche wiederholt hingewiesen: Wir können Meditation leicht verdrehen und dafür benutzen, unseren Gefühlen auszuweichen; um wieder in spirituellere Bereiche von »Achtsamkeit« zu gelangen, drücken wir intensive Gefühle weg. Das Leben zeigt sich uns in verschiedenen Formen – einer unerwarteten Verliebtheit, einem unangenehmen Streit oder der Sehnsucht nach etwas Abwechslung in unserem Alltagstrott. Wie das plötzliche Aufkommen von Wind spüren wir das Aufsteigen von Eifersucht, wenn jemand unverdient Erfolg hat. Diese inneren Ereignisse betrachten wir als Unterbrechungen unserer Praxis und können es kaum abwarten, dass sie nachlassen, damit wir wieder zu unserem normalen Leben zurückkehren können!

Wir spüren Böen emotionaler Energie und sogar starke körperliche Empfindungen, die mit Gefühlen der Angst, Leidenschaft und Wut einhergehen. Zunächst gehen wir an Meditation mit einer Haltung der Offenheit heran und heißen alles, was in Körper und Geist auftaucht, willkommen. Doch wenn wir eine scheinbar heilige Zone des Nicht-Fühlens aufbauen (schließlich wird manchmal gelehrt, dass der Dharma »Leidenschaftslosigkeit« ist, oder nicht?) und unsere Meditation dazu benutzen, uns schnell in Gefühllosigkeit zu flüchten und uns zu betäuben, setzt die Verdrehung ein. Dann wird Meditation zu Manipulation.

Sally hatte diesen speziellen spirituellen Dreh sehr gut heraus. »Meditation«, sagte sie, »sollte in dem Sinn lebensförderlich sein, dass sie zu größerer Lebendigkeit führt, dass man alles, was man sieht oder hört, die ganzen Farben des Lebens, intensiver erfährt, die glücklichen wie die traurigen Zeiten, die süßen und die bitteren Momente. Aber vor kurzem erkannte ich, dass ich Meditation benutzt habe, um zu versuchen, alles in einen grauen Brei zu verwandeln, als ob das die Bedeutung des mittleren Wegs wäre. Vielleicht kommt das davon, dass ich zu lange zu viele Bilder von in Stein gemeißelten Buddhas betrachtet habe. Es ist, als ob ich versuchte, Meditation zu benutzen, um mich in einen gefühllosen Stein zu verwandeln. Wie heißt doch das alte Lied von Simon und Garfunkel? ›I Am a Rock.‹ (›Ich bin ein Fels.‹) Aber das ist keine menschliche Wachheit!«

Nachdem sie mit uns allen darüber gelacht hatte, hielt sie einen Moment inne, um wieder zu Atem zu kommen, und fuhr dann fort: »Ich versuche immer noch, mich nicht zu sehr zu begeistern und auch nicht völlig mies drauf zu sein. Letztlich versuche ich, mein emotionales Leben völlig im Griff zu haben, damit es im sicheren Bereich des lauwarmen Mittelmaßes bleibt. Das ist im Grunde lebensfeindlich, in der dharmischen Verkleidung von Sich-dem-Leben-öffnen-wie-es-ist.«

»Genauso ist es«, stimmte Jim zu. »Und dann bin ich schließlich so frustriert von mir selbst und meiner Meditation, dass ich nicht wirklich in der Lage bin, alles vage und gedämpft zu halten, breiig und grau, wie du gesagt hast, und so kommt es, dass ich manchmal richtig glücklich bin. Meine älteste Tochter ist letzte Woche Mutter geworden – von Zwillingen! Oder manchmal, Meditation oder nicht, bin ich einfach richtig traurig – mein Vater hat Alzheimer, und jedes Mal, wenn ich ihn besuche, kann ich spüren, wie er weniger wird.«

Danach legten wir alle eine kurze Pause ein, hingen für einen Moment der Stille nach und ließen Jims Bemerkung sacken. Dann ergriff auf ihre energische, lebhafte Art Juanita das Wort – sie arbeitete bei einer kleinen Theatertruppe in derselben Straße: »Ja, gut, eigentlich meine ich, nein! Das ist überhaupt nicht alles. Zumindest ist es nicht mein Hauptproblem, Dinge wegzudrücken, sie in alle möglichen Grautöne zu tauchen. In den letzten Wochen ist mir aufgefallen, dass ich versuche, meine Gefühle aufgewühlt zu halten – deshalb war ich ursprünglich daran interessiert, mehr über eine tantrisch-buddhistische Meditationstradition herauszufinden. Aber meine Freunde halten mich alle für eine überzogene Tante – gierig und vampirartig hinter einer Geschichte nach der anderen her, um am Ende nur wieder in der Hölle zu landen.«

Wir lachten. Uns allen waren beide Extreme vertraut, das Dämpfen von Intensität, aus Angst, es könnte womöglich ein nicht zu kontrollierender Großflächenbrand ausbrechen, oder das Schüren eines gewissen emotionalen Aufruhrs, sobald das Leben droht, fade oder langweilig zu werden.

Nachdem wir uns in unserer kleinen Gruppe einige Wochen diese Pingpong-Partie emotionaler Strategien angesehen hatten, schlug eines Abends eine Teilnehmerin vor, dass wir alle ein »Manipulationsmoratorium« festlegen sollten, insbesondere für den Versuch, unsere Gefühle zu verändern oder auch nur »einen Umgang mit ihnen zu finden«.

»Was ist ein Moratorium?«, fragte jemand, der noch nicht geboren war, als die nationalen Moratorien zum Vietnam-Krieg dieses Wort bekannt gemacht hatten. Ich nahm ein griffbereites Wörterbuch zur Hand und las vor: »Moratorium: das Verschieben oder Stoppen einer bestimmten Aktivität.«

»Das ist es!«, schrien Juanita und Sally gleichzeitig. »Lasst uns einfach aufhören, unsere Gefühle in Ordnung zu bringen, zumindest für eine Weile.«

Jim war nüchterner und zurückhaltender und war gleichzeitig darauf bedacht, niemandes Gefühle zu verletzen: »Hmm … Ich kann sehen, dass es uns, wie man so sagt, nicht viel bringt, wenn wir unsere Gefühle unterdrücken oder ausleben. Aber was ist das Gute und Sinnvolle an dieser Moratoriumsidee?«

Wie gewöhnlich gab Jims skeptisches Fragen das Zeichen für meinen Einsatz: »Es ist ein wenig wie der Titel von Pema Chödröns Buch, erinnert ihr euch an ihn? Er lautet *Die Weisheit der Ausweglosigkeit*.[34] In gewisser Weise versuchen wir alle, vor unserer emotionalen Lebendigkeit wegzulaufen, entweder durch Wegdrücken oder Ausleben. Beide Ansätze sind vergebliche Versuche herauszufinden, was wir wirklich fühlen.«

Jane, eine Buchhalterin in einer kleinen Firma mit Büros in unserem Gebäude, fügte hinzu: »Ja, und dem, was wir bereits fühlen, können wir nicht mehr entkommen!«

Jim nickte, teilweise weil er dem Gesagten zustimmte, doch konnte ich sehen, dass er immer noch nicht ganz überzeugt war. Auch wenn er nichts sagte, sprach der zweifelnde Blick in seinem Gesicht Bände: »Wir sollen versuchen, nichts zu tun? Und dafür musste ich jahrelang meditieren?«

»Vielleicht kannst du es so sehen, Jim«, sagte Sally, und aus ihrer Stimme sprach deutlich der Wunsch, hilfreich zu sein: »Es gibt da dieses wunderbare Zitat, an das du uns immer erinnerst, über Kampf und Freiheit; es steht am Anfang von *Spirituellen Materialismus durchschneiden*, wie geht es noch mal? ›Wir müssen nicht kämpfen, um frei zu sein – schon das Fehlen dieses Bemühens bedeutet in sich selbst Freiheit.‹[35] Das, was wir im Zeitraum dieses Moratoriums tun, kannst du also als Übung im Nicht-Kämpfen betrachten, dass wir versuchen, es tatsächlich in die Praxis umzusetzen, und uns dadurch in gewissem Sinn aus dem dauernden Kampf befreien, aus unseren Gefühlen mehr oder weniger zu machen. Verstehst du?«

An sein eigenes Lieblingszitat erinnert, bekundete Jim mit einem Grinsen seine Zustimmung. Und so ließ sich unsere Gruppe auf ein Experiment ein: Wir vereinbarten, dass wir eine Woche lang unsere Gefühle nicht manipulieren wollten. Und dieser Ansatz, die Weisheit des Nicht-Kämpfens und des Vertrauens auf die grundlegende geistige Gesundheit, ist bereits die Vorbereitung auf unsere nächste Übungseinheit. Nun werden wir in der Sitzmeditation die Achtsamkeit des Fühlens erforschen.

## 2. Übungseinheit: Achtsamkeit des Fühlens

Die Achtsamkeit des Fühlens baut auf dem auf, was wir bereits kultiviert haben: Körperachtsamkeit. Bei der weiteren Erforschung gilt es also, dieses solide Fundament aus unserem ersten Übungsblock beizubehalten. Ohne diese Grundlage, die Erdung im Körper, neigt das Gewahrsein unserer Gefühle dazu, davonzutreiben, wie ein Papierdrachen, der sich durch einen starken Windstoß plötzlich losgerissen hat. Wer weiß, wohin er nun fliegt?


## Vorbereitung

Zu Beginn der tatsächlichen Übung spüren wir zunächst unseren stehenden oder sitzenden Körper, das Gewicht der physischen Form, die von der Schwerkraft in Richtung Erde gezogen wird. Die Körperempfindungen des Stehen oder Sitzens, Verspannungen in bestimmten Muskeln, kleine Atembewegungen – alles darf da sein. Wenn wir unseres Körpers gewahr sind, werden wir wach für die Erfahrung, dass wir einen atmenden Körper haben, der voller Energie und Leben ist. Jede unserer Körperempfindungen – ein Jucken am Ohrläppchen oder das Gewicht der Handinnenflächen auf den Oberschenkeln – wird in die Körperachtsamkeit einbezogen. Jede Empfindung ist wie ein kleines Ereignis, ein Mini-»Happening«. Und während sie sich in unserem Körper als Teil der Achtsamkeitsreise ereignet, sind wir gegenwärtig. Am Anfang bringen uns diese Empfindungen auf dem Pfad voran. Sie erinnern uns daran, präsent zu sein, sind Windstöße in unseren Segeln. Dann erkennen wir, dass sie – ein Zucken des Wadenmuskels, während sich der Körper entspannt, oder die Liebkosung von kühler, erfrischender Luft auf unserer Haut – der Achtsamkeitspfad selbst sind.

Wir stehen (oder sitzen eigentlich) an einer Schwelle, dem nahtlosen Übergang von Körperachtsamkeit zur Achtsamkeit des Fühlens. Unsere Empfindungen sind für uns gewöhnlich angenehm, unangenehm oder neutral: »Ich mag dieses Gefühl, die einfache Empfindung des Ein- und Ausatmens. Der stille Körper vermittelt so eine ruhige Stärke und Zufriedenheit.

Aber ich hasse dieses Ameisenkribbeln, wenn mein Bein wieder ›aufwacht‹, nachdem es eingeschlafen war.« Nehmen Sie wahr, wie sich eine Empfindung für Sie persönlich anfühlt. Genießen Sie die Empfindungen im Körper, erfreuen Sie sich daran, wie die Energie durch Ihren Körper strömt? Oder stört es Sie, dass gerade diese Empfindungen in diesem Moment da sind? Oder ist es Ihnen einfach egal, erregt es weder Ihr Gefallen noch Ihr Missfallen? Bemerken Sie es! Achtsamkeit bedeutet, die unterschiedlichen Qualitäten, die wechselnde Beschaffenheit der Erfahrung während des Sitzens zu bemerken – und sie nicht zu vermeiden. Und dazu gehört auch, gewillt zu sein, diese Gefühle und Empfindungen in unsere Übung einzuschließen.

Außerdem – und das zeigt, warum Meditation im Grunde Mut erfordert – sind wir bereit, die tatsächliche Beschaffenheit dessen, was wir fühlen, zu berühren. Wenn wir sexuelle Phantasien haben, uns an feurige erotische Zeiten mit unserem Geliebten erinnern, fühlen wir das. Wenn wir an einen geliebten Menschen denken, der vor langer Zeit gestorben ist und um den wir immer noch trauern, spüren wir das. Wenn wir Rachephantasien haben, uns vorstellen, es denen heimzuzahlen, die uns gekränkt haben, dann spüren wir das. Was es auch ist, wir begegnen ihm mit der Bereitschaft, es zu berühren und die darunterliegende Beschaffenheit zu spüren, solange es da ist.

### Die Beschaffenheit von Gefühlen spüren

Samt fühlt sich anders an als Eis, und Eis fühlt sich anders an als warmes Wasser, das sich wiederum anders anfühlt als feuchtes Laub nach einem Regenguss. Die Eigenschaften unserer Gefühle ähneln den Elementen. Traurigkeit fühlt sich manchmal welk und wässrig an, Begeisterung über ein neues

Projekt oder eine Beförderung fühlt sich wie ein vom Wind aufgepeitschtes Feuer an. Das ist Achtsamkeit des Fühlens: sowohl die Bereitschaft, diese Gefühle in unsere Übung hereinzulassen, als auch die Furchtlosigkeit, sie ganz zu fühlen, durch und durch, vollständig.

Denken Sie an unsere frühere Übung zum achtsamem Essen, bei der wir auf die Geschmacksvielfalt eines Stücks Obst geachtet haben. Wir haben versucht, klar zu unterscheiden zwischen der bloßen Aufmerksamkeit auf den Geschmack einer Apfelsine und dem Gedanken über eine erinnerte Apfelsine. Genau dieser entscheidende Unterschied gilt auch hier: Achtsamkeit des Fühlens heißt, mit unserer bloßen Aufmerksamkeit bei angenehmen oder unangenehmen Gefühle zu sein, so nackt und direkt, wie wir können.

In diesem Fall geht es um den Unterschied zwischen Gefühlen, die hübsch in Ideen und Theorien verpackt sind, und dem eigentlichen Gefühl. Wenn wir uns in einer langen Schlange an der Kasse eines Supermarkts am Freitagnachmittag ärgern – ein langsames, schwelendes Feuer –, führen wir im Innern Selbstgespräche über diesen Ärger: Das Geschäft ist schuld, weil es nicht mehr Personal einstellt; oder die gierigen Stadtplaner, die zu viel Bebauung zulassen, was zu einer hoffnungslos überfüllten Stadt führt; die unverschämte Person vor uns, die – Sie zählen – mit zwölf Teilen in einer Express-Schlange steht, in der man nur zehn oder weniger haben darf. Dieses innere Geplapper versucht die Frustration, die wir spüren, zu rechtfertigen, als ob wir uns und unserem inneren Richterchor sagten: »Es ist richtig, dass ich so fühle. Fühltest du dich nicht auch so, wenn du mit einer ähnlichen Situation konfrontiert wärst? Täte das nicht jeder? Ja, dieses Gefühl ist völlig berechtigt!«

Achtsamkeit des Fühlens führt uns in einen Bereich, der – wie es in dem Rumi-Gedicht[36] heißt – außerhalb von Falsch und Richtig liegt. Achtsamkeit hat nichts damit zu tun, ob ein Gefühl »richtig« ist oder nicht, berechtigt oder irrational. Wir können die Geschichte um das Gefühl erkennen, den fortlaufenden Kommentar, der das Gefühl begleitet: »Ich habe recht, außer, vielleicht ... habe ich unrecht; es ist ihr Fehler, dass ...; er hätte nicht ... sollen, und dann hätte ich nicht müssen ...; es ist kindisch, sich so aufzuregen; verdammt, warum passiert mir das immer wieder?« Wir unterscheiden zwischen der Geschichte, die wir uns im Geist erzählen, und der Energie, die unter dem Gefühl liegt, seiner tatsächlichen emotionalen Beschaffenheit. Und dann begeben wir uns in das Gefühl. Das ist Achtsamkeit und Einsicht: Wir benutzen bloße Aufmerksamkeit, um so nah wie möglich an die direkte Erfahrung unserer Gefühle heranzukommen, und dann benutzen wir unseren angeborenen, nunmehr geschärften Verstand, um den Unterschied zu spüren zwischen dem Selbstgespräch darüber, was an der Situation falsch ist, und dem tatsächlichen Fühlen der Angst. Wir wohnen den nackten Wahrheiten des Herzens bei, was die Grundlage dafür ist, unsere angeborene emotionale Intelligenz zu enthüllen. Das ist der Pfad zum Erwecken der Weisheit des Herzens.

Angst hält uns oft davon ab, unser Leben voll und ganz zu erleben, eine direkte Verbindung zu unseren Gefühlen herzustellen. Wenn wir über uns und unser Verhalten nachdenken und unsere verborgenen Annahmen genau betrachten, stellen wir oft fest, dass wir Gefühle gewöhnlich als Bedrohung empfinden – und versuchen mit dieser Bedrohung zurechtzukommen, indem wir unsere Gefühle dämpfen oder sie fest im Griff haben (wie bei Sally und Jim aus unserer Gesprächsgruppe) oder indem wir (wie Juanita zugab) zur inneren Unterhaltung und Ablenkung dafür sorgen, dass immer etwas los ist.

Was ist das Gegenteil einer Bedrohung? Verbündete, jemand oder etwas, das zu unserem Wohl beiträgt, das zusätzliche

Ressourcen liefert, damit wir grundlegendes Wohlergehen vollständiger und tiefer erfahren können. Lassen Sie uns in den folgenden Übungen das innere Modell, das Gefühle als bedrohlich abwehrt, überspringen und stattdessen kommentarlos in unsere Empfindungen und Gefühle eintauchen. Manchmal ist Schweigen Gold, wie es im Sprichwort heißt. Wenn wir den weitschweifigen, andauernden Kommentar ziehen lassen, der vergeblich versucht, den fließenden Strom der Gefühle einzusperren, entdecken wir eine innere Quelle aus purem Gold: einen spontanen Schatz von strahlender Farbigkeit und außergewöhnlichem Aussehen, angefüllt mit dem Humor und der Traurigkeit, dem Lachen und den Tränen des Herzens.

## Übung: Achtsamkeit des Fühlens

1) Finden Sie wie zuvor eine möglichst bequeme Sitzhaltung auf einem Stuhl oder Kissen. Nehmen Sie sich dann ein wenig Zeit, um sich an die vorherigen Unterweisungen über Meditation zu erinnern: Was ist Achtsamkeit? Warum üben wir sie? Wohin führt sie? Wie kommen wir dorthin? Auf diese Weise denken Sie über den Sinn, die Motivation und die beabsichtigte Richtung der Übung nach.

2) Bringen Sie dann sanft, aber entschieden Ihre bloße Aufmerksamkeit in den Körper – wenn Sie sich dadurch besser sammeln können, indem Sie durch Ihren ganzen Körper gehen. Seien Sie voll und ganz bei Ihrem Körper und nehmen Sie dann das Gewahrsein des Atems hinzu. Spüren Sie die rhythmische Bewegung des Atems, wie er hin- und herschwingt, während Sie einatmen und ausatmen. Verweilen Sie mindestens fünf Minuten in dieser Körperachtsamkeit, und wenn der Geist abschweift, kommen Sie immer wieder zum atmenden Körper zurück.

3) Nachdem Sie diese grundlegende Basis der Meditation gefestigt haben, dehnen Sie Ihre Erforschung von Achtsamkeit weiter aus und achten besonders auf die einzelnen Körperempfindungen: wie sich die Lufttemperatur auf Ihrem Gesicht und Ihren Händen anfühlt, Ver- oder Entspannung in den Schultern, die erdige Schwere Ihres flach gedrückten Gesäßes auf dem Stuhl oder Kissen. Spüren Sie diese Empfindungen und beziehen Sie sie in die Achtsamkeitsmeditation ein.

4) Nachdem Sie das ein paar Minuten getan haben, quasi als Vorübung, bringen Sie sich eine angenehme Empfindung zu Bewusstsein, die nun der Anker für Ihre Aufmerksamkeit wird. Der Meditationsmeister Thich Nhat Hanh sagte als Kommentar zur Achtsamkeit des Fühlens: »Wenn wir hören, dass uns jemand lobt, mag sich das angenehm anfühlen.«[37] Benutzen Sie das als Anregung für Ihre Meditation und rufen Sie sich bewusst das warme und angenehme Gefühl in Erinnerung, das Wertschätzung und Lob in Ihnen auslöst. Wenn dann ein angenehmes Gefühl aufgetaucht ist, lassen Sie Ihre Achtsamkeit dort verweilen. Lassen Sie das Gefühl kommen, da sein und wieder gehen.

5) Kehren Sie dann kurz zur vorherigen Körperachtsamkeitsübung zurück und gründen sich wieder in Stabilität. Ruhen Sie in der Körperachtsamkeit, indem Sie immer wieder zu ihr zurückkehren und dort verweilen.

6) Und nun, als weitere Übung, lassen Sie eine unangenehme Empfindung entstehen. Zum Beispiel sind kritische Bemerkungen für uns selten angenehm. Stellen Sie sich also vor, Sie werden kritisiert, und spüren Sie das Gefühl des Unbehagens, das damit einhergeht. Versuchen Sie wieder, das Entstehen des Gefühls wahrzunehmen, seine Anwesenheit, solange sie dauert, und wie dieses Gefühl dann wieder verschwindet.

7) Nachdem Sie das ein paar Minuten lang getan haben, bringen Sie sich als weitere Übung irgendein anderes Gefühl zu Bewusstsein, das nun als Anker für Ihre Aufmerksamkeit dient. Wenn noch starke Gefühle aus Ihrem Tagesgeschehen übrig sind, benutzen Sie diese. Wenn Ihnen nicht gleich ein Gefühl in den Sinn kommt, nehmen Sie Begehren. Denken Sie an etwas, von dem Sie mehr wollen, zum Beispiel etwas, das Sie sehr gern essen oder schöne Musik. Erlauben Sie dann dem Gefühl des Verlangens da zu sein, so lange, wie es anhält. Berühren Sie die Erfahrung von Verlangen: den Wunsch, Schokolade zu schmecken. Spüren Sie das Gefühl vollständig, so direkt wie möglich, während Sie für den Moment innere Kommentare über Verlangen (oder Schokolade) in Form von »gut für mich« oder »nicht« beiseitelassen. Lassen Sie die Erfahrung des Verlangens entstehen, verweilen und dann gehen.

8) Kehren Sie dann kurz zur vorherigen Körperachtsamkeitsübung zurück und gründen Sie sich wieder in Stabilität. Ruhen Sie in der Körperachtsamkeit, indem Sie immer wieder zu ihr zurückkehren und dort verweilen.

9) Nun lassen Sie wieder ein Gefühl des Wohlgefallens über eine Empfindung entstehen – leckeres Essen oder Trinken oder eine schöne Landschaft, die Sie genossen haben – und wecken Sie bewusst das Verlangen, mehr von dieser angenehmen Empfindung haben zu wollen. Wenn das Verlangen da ist, lenken Sie Ihre Achtsamkeit auf das Gefühl des Wollens im Körper. Versuchen Sie wieder zu bemerken, wie das Gefühl kommt, wie lange es andauert und wie es dann wieder vergeht.

10) Nachdem Sie ein paar Minuten mit dem Gefühl des Verlangens in Berührung waren, achtsam in der Beschaffenheit dieses Gefühls geruht haben und es wieder haben ziehen lassen, kehren Sie zur Achtsamkeit auf den atmenden

Körper zurück, richten Sie Ihre Aufmerksamkeit wieder auf
die Verbindung von Stabilität und Offenheit gegenüber allem, was von selbst auftaucht. Normalerweise würde man
auf diese Weise Körperachtsamkeit mit Fühlen verbinden:
Man würde hauptsächlich in den Atemempfindungen ruhen, während man mit einem kleinen Teil des Gewahrseins
das bunte Spektrum der Gefühle wahrnehmen würde: wie
sie entstehen, da sind und wieder gehen. Wenn wieder Gefühle auftauchten, würde man wieder Achtsamkeit einsetzen, indem man bloße Aufmerksamkeit zu den unmittel-
baren Empfindungen und Gefühlen bringt und so nah wie
möglich »zum Kern« vordringt. Dies immer wieder zu tun
ist die Methode der Achtsamkeit des Fühlens.


## Rückschau

Lassen Sie uns nun, nachdem wir ins Herz des Fühlens einge-
taucht sind, an die Oberfläche zurückgekommen sind und uns
dann erneut in die emotionalen Tiefen begeben haben, auf die
meditative Reise zurückblicken, die wir bisher zurückgelegt
haben. Wir haben mit Aufmerksamkeit im Körper begonnen,
haben die Schwerkraft gespürt, die am Körpergewicht zieht,
während wir ruhig aufrecht dasitzen. Dann sind wir tiefer in
das tatsächliche Erleben des Körpers vorgedrungen, um das
stete Kommen und Gehen der Körperempfindungen zu spüren,
das Kribbeln, Pulsieren und die verschiedenen fließenden Bewegungen der Muskeln, Sehnen und Bänder. Wenn wir uns
kurz vor oder nach einer Mahlzeit zum Meditieren hinsetzen,
mögen wir den Magen grummeln hören. Wenn wir unsere Sitzhaltung verändern, damit sie angenehmer und bequemer ist,
indem wir zum Beispiel leicht das Kinn heben und senken, weil
unser Nacken steif geworden ist, spüren wir, während wir uns

bewegen, eine Reihe winziger, sich verändernder Empfindungen. Denken Sie daran, dass dieser Körper, auf den wir unsere Achtsamkeit richten, schließlich ein lebendiger, atmender Körper ist und kein Leichnam. Alle diese Empfindungen sind »Brennstoff für die Flamme« der Achtsamkeit.

Gefühle sind auch »Wasser auf die Mühlen«. Damit meine ich, dass wir damit etwas gefunden haben, das wir benutzen können, etwas, das uns bei dem, was wir zu tun versuchen, hilft. Obgleich uns starke Gefühle anfangs aus der Bahn werfen können, indem sie unsere Praxis mit plötzlichen Hochstimmungen und Sturzflügen zu destabilisieren scheinen, können wir all das in den Pfad einbeziehen. Erinnern Sie sich an Suzuki Roshis Formulierung, dass dieses »geistige Unkraut« unsere Praxis irgendwann bereichern wird, ebenso wie verrotteter Kompost Dünger für einen schönen Sommergarten ist.

Es zeigt sich, dass diese Gefühle und unsere Achtsamkeit »nicht zwei« sind. Wir stehen nicht außerhalb von uns selbst, beobachten unsere Gefühle wie aus einer Distanz und wenden auf diese inneren Empfindungen dann Achtsamkeit an. Das Gefühl der Liebe, der Zärtlichkeit, der Freude ist bereits Achtsamkeit. Und noch einmal: Praxis bedeutet nicht, etwas hinzuzufügen, sondern eher den tiefen Fluss der Lebendigkeit zu erkennen, den wir bereits in uns tragen. Gefühle sind Wachheit.

Trotzdem mögen wir uns (mit Miles Davis) fragen: »*So what?*« (Na und?) Nachdem wir etwas über die Methode gelesen und dazu eine Übung ausprobiert haben, stellen sich weitere Fragen: Wozu ist das eigentlich gut? Was hätte man davon, wenn man Achtsamkeit des Fühlens vollständig umsetzen könnte?

Achtsamkeit des Fühlens ermöglicht uns, ein nicht an Bedingungen gebundenes Wohlbefinden, eine tiefe Freude über unser Lebendigsein zu entfalten. Vor kurzem sprach ich zum Beispiel in einem Gespräch über Meditation mit einer Klausur-

Teilnehmerin über Freude in diesem tieferen Sinn. Annie meditierte schon seit drei Jahren, doch hat sie nach eigenen Aussagen erst kürzlich angefangen zu erahnen, was in den Meditationsbelehrungen wohl gemeint sein mag, wenn von einem
weniger bedingten Gefühl der Freude die Rede ist. »Und was
ist gemeint?«, fragte ich, neugierig zu erfahren, worauf sie
hinauswollte.

»Also«, sagte sie, »es ist wie mit den Hunden in jenen berühmten russischen Experimenten.« – »Du meinst Pawlows
Experimente zur Konditionierung?« – »Ja, die Pawlow'sche
Konditionierung. Die Hunde werden darauf trainiert und kon-
ditioniert – das ist doch ungefähr dasselbe, oder? –, immer
wenn eine Glocke ertönt, Futter zu erwarten. Und am Ende
löst allein der Klang der Glocke bei ihnen Speichelfluss aus.«

»Ja?« Ich war immer noch neugierig, wurde aber langsam
etwas ungeduldig. »Ja, so sind all die konditionierten Freuden
in meinem Leben. Wenn es läuft, wie ich's gern hätte, bin ich
zufrieden; beim richtigen Stimulus sondere ich Speichel ab.
Wenn es nicht nach meinem Willen läuft, rege ich mich auf –
alles nach Plan. Sitzmeditation ist eine der wenigen Dinge, bei
denen es nicht darum geht, dass die richtigen angenehmen
Dinge passieren sollen. Es muss eigentlich gar nichts passieren.
An manchen Tagen ist da Langeweile, an anderen Stille und Zufriedenheit. Ja und? Es gibt eine Art von unbedingtem Sein, ein
grundlegendes Wohlbefinden, ob die Sonne scheint oder nicht.
Das ist die größte, wirkliche innere Freiheit, die ich in meinem
Leben je erlebt habe.« – »Das ist gut gesagt.«

# Angst und Fülle

*Gespräche über Achtsamkeit
des Fühlens*

Dies sind einige Reaktionen, die ich erhielt, wenn ich Achtsamkeit des Fühlens unterrichtet habe. Möglicherweise kommen Ihnen manche davon bekannt vor.

*Frage:* Ich muss sagen, dass mir das viel komplizierter vorkommt als die grundlegende Körperachtsamkeit, die wir zuvor geübt haben. Die schien so einfach; eine richtige Erleichterung! Sobald die Empfindungen und Gefühle und alle möglichen psychologischen Faktoren hinzukommen, ist es aus mit meiner schlichten Achtsamkeit.

*Antwort:* Den Reichtum der eigenen Gefühle zu erleben kann zunächst einschüchternd und sogar überwältigend wirken. Gerade wenn die bodenständige Einfachheit der Körperachtsamkeit endlich anfängt, uns vertrauter zu werden, wir uns wohler damit fühlen und sie uns leichter fällt, entdecken wir, dass dieser Boden sich bewegt: Seine Bewegungen sind langsam, und manchmal bebt er sogar! Es ist wie in einem dieser alten Science-Fiction-Filme, in denen eine unerschrockene Gruppe von Weltraumreisenden endlich einen Planeten findet, auf dem sie landen können, irgendwo in den Außenbezirken des Weltraums. Die Reisenden sind froh, einen Platz gefunden zu haben, wo sie sich zumindest zeitweilig niederlassen können, und entspannen sich. Doch als sie erkennen, dass der Planet selbst lebendig und empfindungsfähig ist und ihrer Gegenwart irgendwie gewahr, werden sie immer unruhiger.

Ähnlich sagt unsere Achtsamkeit des Fühlens zu uns: »Willkommen zuhause, Reisender.« Diese Achtsamkeit ist eine lebendige Erinnerung daran, dass unser Körper keine träge, feste Masse ist, nicht statisch und tot. Wir sind gelandet (durch unsere Körperachtsamkeitsübung) und erkennen nun, dass die Erde, auf der wir uns niedergelassen haben, lebendig ist – voller Winde, Flüsse, Gegenströme und flüssiger Lava, und gelegentlich kann es sogar ein Erdbeben geben.

*F:* Nun bin ich verwirrt. Ist das eine ganz andere Methode, die wir jetzt anwenden, oder ist es einfach die gleiche alte Achtsamkeit, die wir die ganze Zeit geübt haben?

*A:* In gewissem Sinn ist es die gleiche alte Achtsamkeit wie zuvor. Bloß schenken wir nun unserer physischen Form und den unzähligen Empfindungen, die in ihr in jedem Augenblick entstehen und vergehen, unsere unmittelbare Aufmerksamkeit. Es gibt keine klare Trennlinie zwischen dem Achten auf den Körper und dem Gewahrsein der Gefühle, das nun noch hinzukommt. Das entwickelt sich allmählich und organisch, ist ein nahtloser Prozess. Wenn wir auf dem stabilen Boden des Körpers angekommen sind, spüren wir ganz natürlich auch die Empfindungen und Bewegungen, die es in dieser ruhigen Form gibt. Wir stimmen uns auf die verschiedenen Dinge in unserem Körper ein, die das Leben wie ein sprudelnder Springbrunnen plötzlich aufwallen lässt. Wie Trungpa Rinpoche zu sagen pflegte, ist es wie das Entdecken »einer alten neuen Welt«[38]. Diese Übungsform kombiniert Alt und Neu, Vertrautheit und Überraschungen, Bekanntes (willkommen zuhaus'; ja, wir leben hier im Haus des Körpers) und Unbekanntes (wie Dorothy in *Der Zauberer von Oz* untertreibt: »Ich glaube nicht, dass wir noch in Kansas sind.«).

Es ist wahr, dass Achtsamkeit des Fühlens oft herausfordernder erscheint als einfaches Körpergewahrsein, besonders am Anfang. Aber die wirkliche Herausforderung wäre der Versuch, Empfindungen und Gefühle abzuwehren, um den sicheren Raum unserer Achtsamkeitsübung gegen diese »Eindringlinge« zu schützen, als ob sie Unruhestifter von außen wären. Sie sind aber Unruhestifter von innen!

Gefühlen aus dem Weg zu gehen ist in der Praxis ohnehin unmöglich. Wenn wir uns für uns öffnen, entdecken wir die wahrhaft einschließende Natur der Achtsamkeit, die für alle Seiten unseres Wesens wach ist, für die körperlichen, emotionalen und mentalen Seiten. Obwohl wir die Vorstellung haben, dass diese Seiten getrennt seien, wie die einzelnen Zimmer eines Hauses – das Schlafzimmer ist dort drüben, die Küche hier –, sind sie in Wirklichkeit alle Teil einer großen Wohnung, unseres grundlegenden Wesens und seiner Ausdrucksweisen. So wie wir manchmal erfreut entdecken, dass die Düfte vom Zubereiten des Frühstücks problemlos von der Küche bis ins Schlafzimmer und in den Keller ziehen können, durchs ganze Haus eben.

Die vielfältigen Empfindungen zu erleben kann verwirrend und anregend zugleich sein, als ob man in einem Garten mit schillernden, bunten blühenden Blumen stünde. Es ist hoffnungslos, auf diese Farbexplosion einfache Achtsamkeit anzuwenden, außer wir erinnern uns an den entscheidenden Unterschied zwischen nackter, unmittelbarer Aufmerksamkeit und begrifflichen *Gedanken* über Blumen. Wenn wir uns in eine lange Gedankenkette verwickeln, indem wir Selbstgespräche darüber führen, woher die Blumen wohl kommen, wer sie gepflanzt hat und ob es früher hier auch Blumen gab, dann sind wir abgeschweift. Wir haben die Hauptstraße der schlichten Achtsamkeit hinter uns gelassen und uns in einer dieser vielen bequemen begrifflichen Seitenstraßen verloren.

Das soll nicht heißen, dass es ein andermal nicht sehr nützlich wäre, all die relevanten botanischen Informationen über diese Blumen zu kennen: Würden sie auch in einem anderen Klima wachsen? Brauchen sie viel Wasser? Kann man Kapuzinerkresse und Zinnien gut nebeneinander anpflanzen? Solche Informationen über unseren inneren und äußeren Garten sind nützlich, vielleicht sogar unerlässlich, aber in der Achtsamkeitsübung ist unser Ziel bloße Aufmerksamkeit auf die Gefühle selbst. So gut wir können, verweilen wir dort.

Wenn uns bewusst wird, dass wir in eine Geschichte abgeglitten sind, vielleicht sogar in eine unglaubliche Geschichte darüber, woher diese Traurigkeit oder jene Wut rührt, lauten die Anweisungen, diese Gedanken über die Gefühle einfach zu bemerken und zur erlebten Wahrnehmung des Körpers und seiner Empfindungen zurückzukehren. Das ist wirklich die Hauptsache bei Achtsamkeit des Fühlens. Denken Sie daran und wenden Sie es immer wieder auf Ihre Meditationsübung an.

F: Ich habe das Gefühl, dass mich das ermutigt, meine Gefühle zu unterdrücken, und das möchte ich nicht tun. Ich weiß bereits, was passiert, wenn ich Dinge lange unter Verschluss halte. Schließlich schlagen sie zurück, und ich explodiere. Ich erinnere mich schmerzlich an einen langjährigen Meditierenden, der immer wieder darauf bestand, dass meine Gefühle »leer« seien. Er sagte, bloß »denken«, das heißt, sie seien einfach eine Kombination aus Körperempfindungen und Vorstellungen darüber. Als ob das nicht auch eine Vorstellung wäre! Ich empfand das als eine ziemlich reduzierte Sicht auf menschliche Gefühle. Versuchen Sie uns dahin zu bringen, nicht so viel zu fühlen?

A: Keineswegs. Im Gegenteil, diese Achtsamkeitsübung geht eher in die Richtung, mehr zu fühlen. »Mehr« in dem Sinn, dass man ungefiltert fühlt, ohne die zusätzliche Polsterung durch Geschichten. Wir benutzen Meditation nicht, um den vielfältigen Herausforderungen unseres Innenlebens auszuweichen. Am Ende ziehen wir sogar die Handschuhe aus, endlich! Wir fühlen dann direkter und unmittelbarer, mit unseren bloßen Händen.

Viele Meditierende, die ich treffe, kennen bereits Trungpa Rinpoches wunderbare Belehrung über das Meditieren mit einer leichten Berührung, dass man quasi »berührt und weitergeht«.[39] Diese wesentliche Meditationsanweisung hängt mit Ihrer Frage zusammen. Eine Meditierende beschrieb, wie sie diese Anweisung versteht: »›Berühren‹ bedeutet, dass wir nicht ausweichen. Wir sind gewillt dem, was wir fühlen, spüren, erleben, ob angenehm oder unangenehm, unbequem oder erfreulich, nahe genug zu kommen, um tatsächlichen Kontakt damit zu haben. ›Weitergehen‹ bedeutet auf der anderen Seite, dass wir versuchen, uns nicht an ein bestimmtes Gefühl der Leidenschaft oder Eifersucht oder was auch immer zu hängen, es ausgiebig mit Geigenmusik zu untermalen und mit vielfältigen Urteilen und Meinungen zu füttern, die erklären, warum wir so fühlen.« *Lassen Sie uns Berühren und Weitergehen anwenden.* Darum geht es im Kern: weder übertreiben noch verharmlosen, sich einfach sanft für die Gefühle öffnen, genau wie sie sind.

*F:* In der Übung, durch die Sie uns geleitet haben, benutzten Sie Leidenschaft, Haben-Wollen, Verlangen als Gefühle, auf die wir unsere Aufmerksamkeit achtsam ruhen lassen sollten. Wie sieht es mit anderen Gefühlen aus, Angst oder Wut oder Reizbarkeit oder auch nur eine dumpfe, graue, energielose Empfindung? Manchmal habe ich keine besonders dramatischen Gefühle, füge mich einfach mit einer gewissen Gleichgültigkeit in mein Leben.

*A:* Für jedes Gefühl gilt dieselbe Anweisung. An Verlangen ist nichts Besonderes, nur ist es zuweilen leichter, damit anzufangen, da es einigen von uns vertraut ist und sich deshalb recht sicher anfühlt. Wenn Sie abenteuerlustig sind, können Sie eins der anderen Gefühle nehmen und dieses bei einer bestimmten Sitzung in Ihre Achtsamkeitsübung bewusst einbeziehen. Sie könnten auch damit arbeiten, neutrale oder dumpfe Gefühle einzuschließen.

Wenn Sie das tun, denken Sie daran, sich zunächst im Körper zu erden, und nachdem Sie geübt haben, auf das Entstehen und Vergehen einer Empfindung zu achten. Kehren Sie am Ende wieder zu diesem grundlegenden Fundament der Übung zurück und lassen Sie was immer auftaucht ungehindert kommen und gehen. Mit anderen Worten, denken Sie immer daran, die bewusste Übung fallen zu lassen und zu Nicht-Beeinflussung zurückzukehren. Bei unserer gewöhnlichen Sitzmeditation beziehen wir Empfindungen und Gefühle einfach so ein, wie sie kommen, ohne irgendeinen Versuch, sie zu beeinflussen oder auf ein bestimmtes Ergebnis zu drängen. Der Kern von Achtsamkeit des Fühlens ist, an Gefühle mit einer Haltung der Nicht-Beeinflussung heranzugehen.

### Berühren und weitergehen

#### Schulung und Natur

Lassen Sie uns darüber nachdenken, wie sich die Übungsanweisung des Berührens und Weitergehens zu unserem Zwillingsthema der Schulung und Natur verhält. Auf der einen Seite wird beim Berühren der Empfindung die Disziplin der Achtsamkeit angewendet. Es schult uns darin, etwas anderes zu tun, als die üblichen Selbstgespräche darüber zu führen, was wir fühlen, warum wir so fühlen, wie wir fühlen und was andere getan haben, dass wir uns so fühlen. Zum Berühren gehört rechte Bemühung, gerade genug Einsatz, damit sich

Gefühle der Liebe oder Empfindungen der Lust oder unser zartes Herz der Traurigkeit auch zeigen – und dass jene Gefühle so sein können, wie sie sind.

Zum Weitergehen gehört auf der anderen Seite weiteres Vertrauen in die grundlegend wache Natur des Geistes. Achtsamkeit ist etwas Natürliches – sie erfordert keine weitere Pflege oder Bemühung –, sie ist spontan da und klar. Vertrauen in diese ursprüngliche Natur findet im Weitergehen ihren Ausdruck: Wenn wir die Empfindung einmal mit bloßer Aufmerksamkeit berührt haben, müssen wir nicht mehr versuchen, unsere Achtsamkeit an sie zu hängen. Viele ungeschickte Meditierende bemühen sich zu sehr, schießen über das Ziel hinaus, indem sie zu viel Anstrengung und Druck einsetzen, als ob es darum ginge, den Geist an sein Objekt zu kleben. Stattdessen besteht geschicktes Herangehen einfach darin, zu berühren und dann in die natürliche Achtsamkeit loszulassen. Bemühen Sie sich ein wenig – und haben Sie dann Vertrauen und verlassen Sie sich auf die grundlegende Gutheit, die elementare Gesundheit des Geistes.

Trungpa Rinpoche erklärt: »Der Gegenstand des Gewahrseins entfaltet sich, und man sammelt seine Aufmerksamkeit darauf. Doch dann, im selben Moment, gibt man ihn auf und geht weiter. Hierzu ist ein gewisses Vertrauen nötig, Vertrauen, dass man seinen Geist nicht fest im Griff haben muss, sich aber spontan auf seine Prozesse einstimmen kann.«[40] Dieser spontane Prozess bezieht sich auf die natürliche Wachheit des Geistes, die bereits da ist, ohne Anstrengung. Wir bemühen uns also und lassen dann los, fließen mit; wir üben und ruhen dann, entdecken erneut in unserer eigenen Erfahrung, dass wir der Einheit von Schulung und Natur vertrauen können.

## Überleben, Mangel, Fülle

Wenn starke Gefühle aufsteigen, scheinen sie unser bloßes Überleben zu bedrohen. Auch wenn es nur ein vorübergehendes, unfassbares psychologisches Ereignis ist, haben wir das Gefühl, die Anwesenheit von Wut oder Eifersucht stelle unsere Existenz in Frage. Zumindest wirft eine Gefühlswelle die Frage auf: Wer hat hier wirklich das Sagen? Sitze ich am Steuer meiner Gefühle oder steuern sie mich? Sitze ich im Sattel oder hämmern diese Dinge auf mich ein wie der Hufschlag von Wildpferden? Wegen der grundlegenden Frage, wer die Zügel in der Hand hat, erleben wir stärkere Gefühle als aufregend und bedrohlich.

Einerseits freuen wir uns über die Aufregung durch ein paar farbenfrohe Gefühle – das Leben wäre wahrlich eintönig, würden wir immer nur an einer einzigen Grauzone entlangtrotten, uns nie verlieben oder über die Beförderung einer guten Freundin freuen. Wir kommen frohgelaunt zusammen und prosten uns zu, um Abschlüsse, Hochzeiten, Geburten, Silberhochzeiten und runde Geburtstage zu feiern. Emotionen wecken uns auf, machen uns munter, geben uns ein Gefühl von Bewegung und Lebendigkeit. Plötzlich passiert etwas – es ist fast egal, was es ist! Die Schriftstellerin Toni Morrison sprach einmal davon, dass ihre beiden Söhne sie in Staunen versetzten, als sie bemerkte, wie sehr Gefahr sie zu beleben schien.[41]

Einerseits sind wir also dankbar, dass etwas emotionale Farbe in unser Leben kommt. Und andererseits befürchten wir, unsere Gefühle könnten ausarten oder außer Kontrolle geraten. Es ist nicht lange her, dass im Wartezimmer meines Zahnarztes ein junger Mann neben mir saß, der ängstlich auf seinem Stuhl herumzappelte. Er tat mir leid. Nachdem sich unsere Augen ein paar Mal getroffen hatten, legten wir schließlich unsere Zeitschriften weg und begannen ein Gespräch über

die jüngsten Erfolge unserer Lieblings-Baseballmannschaften
(die Mets and die Rockies). Nach ein paar Augenblicken vertraute er mir dann an, dass er manchmal weint, wenn er zum
Zahnarzt geht, und sich grämt, er sei ein »schlechter Patient«,
weil er so schmerzempfindlich ist. Woher haben wir bloß diese
merkwürdige Vorstellung, dass gute Patienten ihre Gefühle
immer völlig unter Kontrolle haben?

Im Alltag – im Büro, zum Beispiel, auch wenn wir allein an
unserem Arbeitsplatz sind – spüren wir den Druck, unsere Gefühle fest im Griff haben zu müssen. Es ist beschämend, wenn
sichtbar wird, dass wir zu Wutausbrüchen neigen, von Eifersucht gequält werden, aus Unsicherheit nervös sind oder bei
Traurigkeit viel weinen. Wir sind darauf bedacht, diese Gefühle an der kurzen Leine zu halten, wie man das bei Wild-
hunden macht, die erst kürzlich gezähmt wurden. Gewöhnlich
pendeln wir zwischen zwei Polen hin und her, wie in meiner
Gesprächsgruppe über den Umgang mit Gefühlen: Entweder
versuchen wir ängstlich, die Lautstärke unserer emotionalen
Musik herunterzudrehen, oder wir versuchen, sie lauter zu machen, aufzudrehen, weil uns ein zu lange anhaltender gleichförmiger Zustand langweilt.

Diese Ansätze spiegeln beide die Haltung eines grundlegenden Mangels wider. Wenn wir unsere Gefühle verzweifelt zu
beherrschen versuchen, liegt darunter die Annahme, ihr Hochkommen bedrohe unsere Stabilität. Starke Gefühle – nicht nur
Angst, obwohl das sicherlich ein herausragendes Beispiel ist –
werfen die Fragen auf: »Stimmt mit mir alles? Überlebe ich
das? Wird wieder alles in Ordnung kommen?« Wir sagen das
sogar zu Freunden, die sehr trauern oder tieftraurig sind: »Bist
du in Ordnung?«

Sogar bei starkem Verlangen – wenn wir das Gefühl haben,
dass wir etwas oder jemanden wirklich haben möchten –
schwingt in unserer Verzweiflung die Frage des Überlebens

mit: »Wird's mir wieder gut gehen können, wenn ich nicht bekomme, was ich möchte?« All das hängt mit einer Haltung
von Mangel, Knappheit und Unzulänglichkeit zusammen:
Gibt es genug? Wird für mich, meine Familie, mein Geschäft
genügend da sein? Unbewusst glauben wir, dass Wohlbefinden
grundsätzlich knapp ist – es wird nur wenig verteilt, und wir
haben Angst, dass wir diejenigen sind, die hungrig, ungeliebt
und unerfüllt zurückbleiben, nichts abbekommen.

Auf der anderen Seite gehört es zu einer Geisteshaltung
des Reichtums und der Fülle, unseren Gefühlen großzügig zu
erlauben, so zu sein, wie sie sind. Dann versuchen wir aus-
nahmsweise nicht, sie eifrig zu manipulieren, damit es uns besser geht. Unser grundlegendes Wohlbefinden steht nicht auf
dem Spiel; wir fühlen uns von unseren Gefühlen nicht ange-
griffen. Stattdessen ist unser Ausgangspunkt die Erfahrung –
und wenn's nur eine Funke davon ist –, dass unsere Natur im
Grunde bereits ganz ist und eigentlich völlig angefüllt mit
Wohlbefinden. Grundsätzlich haben wir es nicht nötig, etwas
hinzuzufügen oder etwas wegzunehmen. Deshalb erlaubt uns
eine Geisteshaltung des Reichtums die Übung von Achtsamkeit des Fühlens: Wir können es uns leisten, die Höhen und
Tiefen des Lebens einzuschließen, als weitere Ausdrucks-
formen eines grundlegenden Reichtums.

Mein Freund Tony hat zum ersten Mal deutliche Unterschiede in seinem Verhältnis zu seinen Gefühlen bemerkt, als
ihn sein Arbeitspensum im letzten Jahr mehr als gewöhnlich
ermüdete. »Wenn ich ausgeruht war, genug Schlaf hatte, nicht
überarbeitet war, hatte ich das Gefühl, dass mein Tank voll
war, kleine Dinge regten mich nicht so auf. Ich hatte das Gefühl, ich könne es mir leisten, anderen manchmal den Vortritt
zu lassen. Aber wenn ich gegen Ende der Woche erschöpf-
ter wurde, konnte die kleinste Sache mich in Rage versetzen.
Zum Beispiel gab es eines Nachmittags auf der Post eine lange

Schlange. Bis ich am Schalter ankam, kochte ich: ›Nun komme ich zu spät zu meiner Verabredung mit Barbara. Mist, das verdirbt alles!‹ Als ich dann schäumend und aufgebracht endlich vor dem Beamten stand, kaufte ich die falschen Briefmarken und schickte das Paket an die falsche Adresse!

Es war nicht nur, dass Dinge nicht nach Wunsch liefen. Ich bemerkte, dass mir meine eigenen negativen Gefühle immer mehr ausmachten. An einem Punkt fiel mir auf, dass ich mich hauptsächlich darüber aufregte, dass ich aufgebracht war. Ich ärgerte mich am allermeisten über meinen eigenen Ärger. Das war ein wichtiger Hinweis für mich: Da sind nicht nur meine Gefühle, sondern da ist auch mein Gefühl über meine Gefühle. Hier verhalf mir Meditation zu einer gewissen Veränderung. Natürlich ärgere ich mich immer noch und rege mich auf – ich kann lange Schlangen immer noch nicht leiden; aber ich habe aufgehört mich dafür zu peinigen, dass ich so bin, wie ich bin, dass ich so fühle, wie ich fühle.«

**Achtsamkeit auf Angst**

Kürzlich habe ich über die folgende Passage von Dzogchen Ponlop nachgedacht: »Die Übung der zweiten Grundlage, der Achtsamkeit des Fühlens, bezieht sich auf unsere grundlegende Existenz als samsarische\* Wesen. Aus der allgemeinen buddhistischen Sicht bezieht sich ›Fühlen‹ auf den Umgang mit unserer grundlegenden Angst, die Angst vor Leiden ist oder Angst vor der Angst. Eigentlich ist Angst selbst nicht Leiden, sondern die Angst vor der Angst ist das Beunruhigendste, was im Bereich unseres Fühlens auftreten kann.«[42]

Einige Lehrer haben die vielfältige Verbindung von Achtsamkeit des Fühlens und Angst untersucht. In der Shambhala-Tradition gibt es eine Redewendung: »Solange du die Natur von Angst nicht kennst, kannst du keine Furchtlosigkeit erleben.«[43] Die gleiche Einsicht findet sich in Präsident Franklin Delano Roosevelts berühmter Äußerung wieder: »Das Einzige, das wir fürchten müssen, ist die Angst selbst.« Wir fürchten uns davor, Angst zu spüren. Wenn wir es stattdessen schaffen, Angst als das Heranbrechen von Weisheit aufzufassen, bietet sie uns einen Weg zu Furchtlosigkeit. Wenn wir bereit sind in sie hinein- und durch sie hindurchzugehen, können wir über die Angst hinausgehen.

Immer wenn Angst aufkommt, ob als plötzlicher Anflug von Panik oder leichte nagende Angst, chronische Unruhe und Sorge oder ein Moment regelrechten Schreckens, geht es bei Achtsamkeit des Fühlens darum, die Angst vollständig zu spüren, sich auf sie zuzubewegen statt vor ihr wegzulaufen. Das Feuer der Angst geht gewöhnlich mit einer Qualmwolke aus Erklärungen und abstrakten Überlegungen einher, die ein Versuch sind, die Angst durch verschiedene Geschichten über die Angst abzuschwächen. Diese Geschichten führen uns vom direkten Fühlen weg.

Der gesündeste Umgang mit Angst ist schlichtweg, die Angst zu sein, statt zu versuchen, sie zu lösen oder aus sicherer Entfernung erfolgreich zu manipulieren. Wenn man sich die Angst auf Abstand hält, ist das, als hätte man sie auf riesigen Essstäbchen; Angst ist am anderen Ende, zehn Meter von uns entfernt, und wir versuchen, die Angst vom Küchentresen zum Esstisch zu tragen und wieder zurück. Kein Wunder, dass dabei immer etwas auf den Boden fällt! Stattdessen könnten wir an unseren Umgang mit Angst auch so herangehen, als wären es mundfertige Häppchen, die wir mit den bloßen Händen nehmen, in den Mund stecken, kauen und hinunterschlucken. Das ähnelt Trungpa Rinpoches kurzer, aber sinnfälliger Beschreibung innerer Prozesse: »Es gibt mehrere Ebenen, um eine Beziehung zu den Emotionen herzustellen: die Stufen des

Sehens, Hörens, Riechens, Tastens und der Umwandlung.«[44] Der Pfad der Achtsamkeit folgt dem kurvenreichen Weg zunehmender Intimität.

## Unbedingtes Wohlbefinden ... und Langeweile

Der Pfad zu grundlegendem Wohlbefinden führt über die Langeweile. Die Feuerprobe der Langeweile zu durchlaufen gehört wesentlich zur Reise von Menschen, die meditieren. Wenn wir nicht bereit sind, Langeweile zu erleben, können wir auch keine unbedingte Freude entdecken, die von äußerer Unterhaltung unabhängig ist.

Langeweile in diesem tieferen Sinn hat mit dem starken Hang zu ständiger innerer Unterhaltung zu tun, dem zwanghaften Abspulen und Wiederholen der Filme über die Vergangenheit und die geplante Zukunft, die im Geist ablaufen. Normalerweise bemerken wir diese inneren Spielplätze nicht, da sie teilweise von äußeren Ereignissen überlagert werden, die zumindest einen Teil unserer Aufmerksamkeit erfordern. Wir mögen beim Autofahren zwar etwas unseren Tagräumen nachhängen, aber die roten Schlussleuchten des Fahrzeugs vor uns oder die ärgerliche Hupe, die hinter uns ertönt, verlangen unsere Aufmerksamkeit.

Stille Sitzmeditation ist das beste Untersuchungslabor, um zu beobachten, wie der Geist sich verhält, wenn er nicht unterbrochen oder zur Ordnung gerufen wird. Wenn Sie still dasitzen, erforschen Sie Ihre Erfahrung: Können Sie Ihr geistiges Multiplex-Kino nach Belieben verlassen? Oder bemerken Sie, wie Sie von einem inneren Film zum nächsten wechseln, drei Sendungen gleichzeitig in einer scheinbar endlosen Folge sehen: Erinnerungen vom letzten Jahr und Phantasien vom nächsten, die Höhen und Tiefen der Liebe, des Arbeitslebens und der Familienumgestaltungen? Ist das wirklich frei gewählt oder eine zwanghafte Gewohnheit, die einen an den Kinositz fesselt?

Meditationsübung gründet in einer einfachen Verpflichtung: der Verpflichtung hier zu sein, in Körper und Geist völlig anwesend zu sein. Nur wenn wir uns an unsere Absicht erinnern, daran, dass wir präsent sein wollen, sind wir in der Lage, Achtsamkeit zu üben und zu festigen. Diese Motivation gibt uns etwas an die Hand, um zurückzukommen, um zum Erleben des sitzenden und atmenden Körpers zurückzukehren. Ohne Klarheit über unsere Absicht surfen wir nur durch die geistigen Programme: Wenn wir von einer Phantasie aufwachen, wechseln wir schnell den Kanal (schalten von »Liebesgeschichte« auf »Arbeitsstress« um) und sind sofort bei einer anderen Reihe von Ablenkungen.

Achtsamkeit kann nur gefestigt werden, wenn wir uns erlauben, diese inneren Phantasien zu durchschauen – und die scheinbar so mächtigen Gefühle, die sie mit Treibstoff versorgen. Verlangen, Rache, Einsamkeit, Wut, Bedauern, Stolz über eine Beförderung, Scham über den Verlust unseres Arbeitsplatzes – es gibt kein DVD-Geschäft mit einer vergleichbaren Auswahl zugkräftiger Titel, deren emotionsgeladene Geschichten völlig kundenorientiert auf unseren augenblicklichen Geschmack zugeschnitten sind. Das Entfalten von Achtsamkeit hängt davon ab, dass wir etwas Raum lassen, zumindest zwischen einer Kopfkinovorstellung und der nächsten.

Gelegentlich entdecken wir, dass die Phantasien für einen Moment verblassen – oder ihr Unterhaltungswert sinkt, sodass die Faszination fast am Nullpunkt angelangt ist. Manchmal sind es Melodramen aus dem Material unserer Kindheit und ein andermal aufregende Träume über die für nächste Woche geplante Reise nach Vancouver. Eines Winters war ich in Colorado eingeschneit, während einer einwöchigen Meditationsklausur. Tagein, tagaus liefen alte Erinnerungen über einen Tyrannen aus Kindertagen ab, mit dem ich in der Grundschule Kämpfe ausgefochten hatte. Wie bei längeren Träumen, die oft auftreten, wenn wir mehr schlafen können, können diese Wachträume überraschend lebendig sein: Wir erinnern uns genau daran, wie die erste Person, in die wir uns verliebten, aussah, ihr Lächeln und wie sie den Kopf neigte. Anfangs wundern wir uns: Warum das? Warum jetzt? Dann schwindet unser Interesse, wir wollen nicht mehr herauszufinden, woher sie kommen, und diese ständig wiederkehrende Erinnerung fängt schlichtweg an, uns zu langweilen. Schließlich, unabhängig vom Inhalt unseres augenblicklichen Lieblingsfilms, wenden wir das gleiche »Verfahren der offenen Tür« an: Alles darf auftauchen, und genauso darf es weiterziehen. Das Erleben von Langeweile ist der innere Schlüssel zu dem Prinzip des Berührens und Weitergehens.

Es ist nicht das Kopfkino, das verwandelt werden oder weggehen müsste. Die Hauptveränderung findet dort statt, wo wir emotional in die inneren Filme investieren. Ohne diese Faszination auf Seiten der Zuschauer (Sie haben es erraten, das sind wir!) kann die Show weitergehen oder nicht – das tut nicht wirklich etwas zur Sache. Unsere Aufmerksamkeit kann trotzdem dem atmenden Körper die Treue halten, viel näher bei ihm bleiben. Emotionale Dramen mögen zwar vorbeiziehen, aber wir springen nicht auf, um eine weitere Berg- und Talfahrt mitzumachen. Mit dem Gefühl »da war ich schon, das habe ich schon gemacht« kommt eine gewisse Bereitschaft auf, auf eine solche Unterhaltung zu verzichten. Wir erlauben unseren Gefühlen zwar mehr Raum, größere Offenheit und Freiheit, doch gleichzeitig sind wir gefestigter, geerdeter.

*Frage:* Das verstehe ich. Ich kann sehen, dass ich beim Meditieren die Wahl habe, entweder mit einer weiteren Phantasie mitzugehen, sobald ich bemerke, dass die Aufmerksamkeit nicht mehr beim Atem ist (wenn sie überhaupt je beim Atem war), oder mich an meine Absicht der Geistesgegenwart zu erinnern, zumindest für diese halbe Stunde am Tag, in der ich mich selbst schule. Und ich kann sehen, dass man auch gewillt sein muss, Langeweile auszuhalten – oder zumindest drohende Langeweile, die Möglichkeit eines Augenblicks im Leben, an dem es kein Drama oder andere Unterhaltung gibt. Aber was hat all das mit der Entdeckung meditativen Wohlbefindens zu tun?

*Antwort:* Für diese Entdeckung muss Langeweile noch tiefer gehen. Eine Klausurteilnehmerin beschrieb es auf folgende Weise. Ich werde sie ausführlich zitieren, da sie Ihr Verhältnis zu gelassener Langeweile so plastisch beschreibt: »In der Sitzung heute Nachmittag bemerkte ich, dass es viel leichter war, bei meinem Atem zu bleiben, als vorher. Manchmal gab es zwar immer noch Gefühlswogen, Überreste davon, dass letzte Woche auf der Arbeit Abgabetermine für den Jahresabschluss anstanden, aber ich kämpfte nicht mehr mit ihnen – sie tauchten auf, dauerten so lange, wie sie dauerten, und zogen dann weiter. Sie brachten mich nicht wirklich vom Atem oder von der Körperachtsamkeit ab – deshalb waren es vermutlich noch nicht einmal Ablenkungen, stimmt's?

Das war eine ziemliche Veränderung im Vergleich zur Klausur vom letzten Jahr, als ich mitten in der Trennung von Jeff steckte. Immer wenn ich mich in diesen turbulenten Zeiten zum Meditieren hinsetzte, war es, als ob eine kleine Bombe nach der anderen hochginge – wumm! ... und dann sagte er ... wumm! Warum habe ich mich je auf jemanden eingelassen, der emotional so verschlossen ist? Dann ein weiterer scharfer, schmerzlicher Stich: Wumm! Warum war immer ich diejenige, die in der Beziehung ihre verletzten Gefühle zeigte? Warum passiert mir so etwas immer wieder?

Aber heute gab es keinen solchen Kampf zwischen starken Gefühlswogen und Geistesgegenwart, rang ich nicht darum, bei meinen Gefühlen zu bleiben und meinen Kopf über Wasser zu halten. Ich saß da, atmete und achtete auf meinen atmenden Körper und die Empfindungen, die damit einhergingen – das war so ziemlich alles. Ich rang etwas mit dem Gefühl, dass nichts passierte, dass es keine große Sache war. Während ich dasaß, schien nichts zu passieren, ich meine nichts Besonderes. Momenteweise verspürte ich Riesenhunger, obwohl ich gut und reichlich zu Mittag gegessen hatte. Normalerweise würde ich in einem Moment wie diesem – einer kleinen Pause im Lebensfluss – nach meinem Handy greifen und an eine meiner Freundinnen lustige Textnachrichten verfassen. Oder ich würde etwas zu mir nehmen – mehr Tee oder ein Stück Obst, ja, eine Orange wäre genau richtig. Oder ich würde zu meinem iPod greifen oder eine E-Mail schreiben oder einer alten Freundin googeln oder bei Facebook hineinschauen.

Stattdessen fuhr ich mit der Sitzmeditation fort, saß einfach, leicht besorgt über die Ungewissheit, was als Nächstes kommt. Was kommt nun? Was? Langeweile. Unruhe. Langeweile wurde mein Meditationsobjekt. Ich überließ mich der Langeweile, dem Gefühl, gelangweilt zu sein, dem Gefühl, dass nichts passierte. Ich war allein und wünschte, dass etwas passieren würde, aber das tat es nicht. Was geschah, war einfach dieses leere Wünschen und die schlichte Minimalerfahrung des Hier-Sitzens.

Dann gab etwas in mir auf und überließ sich ganz dieser leeren, wüstengleichen Qualität des Hier-Sitzens. Ich entspannte und spürte, wie ich anfing die schlichte Einfachheit des Sitzens zu genießen. Es fühlte sich unkompliziert an – und erfrischend. Ich schätzte es, dass nichts Besonderes passierte, statt dagegen anzukämpfen, ständig auf der Lauer nach mehr, wie ein verwöhntes Gör, das noch einen Trickfilm sehen will.

Ich erkannte, dass hinter dem Engpass des Wollens eine große Fülle auf mich wartete.

Es erinnerte mich daran, wie ich einst mit meiner Mutter in den Süden fuhr. Wir hielten bei einer Farm an, um nach der Richtung zu fragen, und sie boten uns Wasser von ihrem Brunnen an. Es war nur einfaches Wasser, in einem schweren Blechbecher serviert, aber es war köstlich. Für einen Augenblick hatte ich das Gefühl, dass mein Durst nach diesem Wasser endlich gelöscht worden war – ein Durst, von dem ich nicht einmal wusste, dass ich ihn hatte.

Sich der Langeweile zu überlassen und die Fülle von etwas zu entdecken, das so einfach ist, fühlte sich genau gleich an. Mir kam noch ein Vergleich: Langeweile ist so, wie wenn man mit hungrigem Magen die Gänge eines riesigen Supermarkts nach etwas Essbarem absuchte. In einem großen Lebensmittelgeschäft gibt es buchstäblich Tausende von Dingen zu essen, aber wir bestehen genau auf diesem speziellen Artikel – sagen wir einer neuen Kekssorte –, den sie nicht haben. Das Gefühl von Langeweile ist, wie wenn wir verhungerten – uns beklagten, dass es »nicht genug« gibt –, während um uns herum alles in Hülle und Fülle vorhanden ist. Langeweile ist unsere Ablehnung dieser Fülle, unser Bestehen auf dem einen Artikel, den es nicht gibt. Unser Wunsch nach Unterhaltung, nach einem dramatischem Futter ist genau so. Wenn er sich entspannt – und der enge, feste Griff des Bestehens auf dem, was nicht da ist, sich löst –, entdecken wir ein tieferes Wohlbefinden, das nicht auf dramatischen Höhen und Tiefen beruht, sondern in gleichem Maße bereit ist, beide da sein zu lassen.«

## Ist es immer so leicht?

*Frage:* Manchmal lassen diese Dharma-Beschreibungen alles so leicht erscheinen, den Umgang mit Gefühlen, das Entwickeln »gelassener Langeweile« durch die Achtsamkeit des Fühlens. Ist es für Sie immer so einfach? Wirklich? Was ist mit schwierigen Gefühlen, die nicht weggehen, wirklich unangenehmen Gefühlen von Verzweiflung oder Groll, Gefühle der Unzulänglichkeit und des Vertrauensverlusts?

*Antwort:* Es ist sicher nicht immer leicht; das muss man offen und ehrlich zugeben. Doch lassen Sie uns die Frage von Leichtigkeit genauer betrachten. Wann ist es leicht, wie könnte es leichter oder einfacher werden? Vielleicht bemerken wir zum Beispiel die versteckte Annahme, dass Meditation in der Lage sein müsste, unangenehme Gefühle wegzumachen, Achtsamkeit als eine Art spiritueller Akt des Verschwindenlassens: »Hier sehen Sie unangenehme Gefühle, und hier sind sie weg.« Wir können uns eine leicht surreale spätabendliche Fernsehwerbung vorstellen: »Fühlten Sie sich kürzlich bei Gedanken an das Ölfördermaximum, die Vogelgrippe oder die globale Erderwärmung unwohl oder waren deshalb in Sorge? Meditieren Sie einfach täglich, und diese Gefühle werden verschwinden! Zweitausendfünfhundert-Jahre-alte-Geld-zurück-Garantie!« Das ist unrealistisch – und geht mehr in die Richtung, Meditation als eine Methode des erfolgreichen Ignorierens von Gefühlen (und der herausfordernden Welt um uns) zu betrachten, als eine, die zu wirklichem Erwachen führt. Wenn wir unsere Wachheit mit gemeinschaftlichem Leben und Arbeiten verbinden wollen, gehört es definitiv auch dazu, dass wir unseren Gefühlen näherkommen.

Wenn wir »aufwachen«, können wir unsere eigenen Gefühle und wo wir wirklich stehen klar sehen. Der Titel von Pema Chödröns Sammelband *Die Weisheit der Ausweglosigkeit* trifft das gut. Es ist nicht so, dass wir es uns bequem machen, indem wir so tun, als gebe es Gewissheit und Sicherheit und als könne man voraussehen, dass von nun an in unserem und im Leben unserer Lieben alles glatt läuft. (Nach dem 11. September 2001 fällt es schwer, sich in solch einer falschen Sicherheit zu wiegen, aber eine mögliche Art, auf wirklich schwierige Gegebenheiten zu reagieren, kann auch sein, sich vorzumachen, es sei weniger schlimm, als es ist, und darin Trost zu finden.) Der Pfad der Meditation besteht nicht darin, sich in falschen Sicherheiten bequem einzurichten.

Veränderung, Bodenlosigkeit und Unsicherheit sind Tatsachen – und unsere Übung hilft uns, den Mut aufzubringen, die Dinge so zu sehen, wie sie sind –, einschließlich Krankheit, Alter und Tod. Wir lassen unsere Tapferkeit wachsen, um leichter mit dem sein zu können, was wirklich ist, einschließlich der Tatsache der Unsicherheit. Auf diesem Pfad entdecken wir, wie wertvoll Wirklichkeit, Wahrheit und Loslassen sind. Zu Meditation gehört es, dass wir lernen, dabeizubleiben, ohne davon auszugehen, dass es leichter werden wird, mit der Zeit alles immer behaglicher wird. Die Idee, dass jeder Tag leichter ist als der vorherige, ist ein falsches Versprechen, das uns unsere Verblendung einflüstert.

Lassen Sie uns also Zeugnis ablegen von der Auflösung einer Illusion: der Idee, dass das Klarwerden über uns selbst und die Tatsachen des Lebens immer leicht wäre, sein könnte oder sein sollte. Die kernige Wirklichkeit von Meditation ist inspirierend: Es ist eine ehrliche menschliche Wahrheit, dass es nicht leicht ist, Gefühle von Trauer und Verzweiflung, Wut und Eifersucht auszuhalten. Diese »negativen« Gefühle zu spüren ist unbequem. Wir könnten diesen Aspekt der Meditationsübung auch ebenso gut »Achtsamkeit auf unbequeme Gefühle« nennen. Ein untrennbarer Teil der Praxis besteht darin, den Empfindungen Aufmerksamkeit zu schenken, die wir lieber nicht hätten, Bewusstheit zu den Gefühlen zu bringen, die wir lieber nicht beachten würden, und dort zu bleiben, so lange sie andauern.

In gewissem Sinn lernen wir, uns selbst auszuhalten, mit den schwierigeren Bergen und Tälern unserer emotionalen Landschaft Geduld zu haben. Wir stärken unsere Fähigkeit, emotionales Unbehagen zu ertragen. Mein Freund Tony erwähnte, dass er, besonders wenn er müde war, schnell ärgerlich wurde und dann oft die Beherrschung verlor. Häufig schlagen wir verbal aus – nach dem langsamen Fahrer vor uns (im Straßenverkehr zu sein, wenn man spät dran ist, ist für manche ein wunder Punkt) oder nach der Person, die an der Kasse ansteht und in ein Gespräch am Handy versunken ist (und überhaupt nicht bemerkt, dass es nun an der Zeit wäre zu zahlen: Hallo?) –, weil wir unseren eigenen Ärger nicht aushalten können. Wir schlagen aus, als ob das einen inneren Druck löste, als ob wir uns besser fühlten, wenn wir mit einer ärgerlichen Bemerkung etwas Dampf ablassen könnten.

Im Grunde ist das Gegenteil der Fall: Das nächste Mal, wenn wir uns ärgern, ist es dann sogar wahrscheinlicher, dass wir ärgerlich um uns schlagen, als ob nun eine tiefere Furche in unser Verhaltensmuster eingegraben wäre. So trainieren wir uns buchstäblich dazu, bei Ärger ausfallend zu werden, und bilden dadurch ein karmisches Muster aus. In der Lage zu sein, unsere »negativen« und unbequemen Gefühle auszuhalten – sie mit liebender Güte zu umarmen –, ist der einzige Weg, den Teufelskreis von Reaktion und Ausagieren, erneuter Verärgerung und weiterer Reaktion zu durchbrechen.

*F:* Also, ich stimme Ihnen zu, dass es schwer ist, bestimmte tiefere Gefühle – der Scham, Schuld, Schande und Unzulänglichkeit – zuzulassen, geschweige denn »sich mit ihnen anzufreunden«. Was ich jedoch verwirrend finde, ist, dass manchmal sogar die sogenannten »positiven« Gefühle wie Liebe oder Freude beängstigend sind. In meinem Versuch, einen ruhigen und ebenmäßigen Kurs zu halten, dämpfe ich letztlich alle Empfindungen, auch die glücklichen Momente. Was ist das?

*A:* Angst vor Intensität, als ob die bloße energetische Wärme von Glück oder Liebe das Netz von Vorstellungen, das wir über alles legen, schmelzen könnte, wir selbst und unsere Lieben eingeschlossen. Wenn ich an manchen Tagen nach der morgendlichen Meditation meine Wohnung verlasse, erscheint mir die Welt frisch, wie von einem Regenschauer rein gewaschen. Das kann auch mit unserer inneren Landschaft geschehen, dass wir uns und unseren Gefühlen weniger gewohnheitsmäßig, mit frischer Direktheit begegnen.

Achtsamkeit bedeutet, wir sind gewillter, Gefühle der Freude oder des Ärgers zu erforschen: Was ist das? Wir reagieren nicht nur reflexartig, indem wir ein Gefühl zu vertreiben oder zu verschönern suchen. Wir lassen unsere grundlegende Neugier die Stimmungen genau betrachten, die wir gewöhnlich begrüßen, wie auch emotional unbequeme Erfahrungen. Wissbegierde ist Tapferkeit. Und Neugier ist in diesem Fall nährend und macht stark!

*F:* Ich habe nun jeden Tag vor der Meditation einige Minuten darauf verwendet, über die Meditationslehren nachzudenken. Ich benutze dafür die Formulierungen, die Sie genannt haben: »Achtsamkeit auf den Körper, Körper aus Achtsamkeit; Achtsamkeit des Fühlens, das Gefühl von Achtsamkeit«.

*A:* Die Worte sind eine hilfreiche Erinnerung, dass Achtsamkeit nicht kalt, abstrakt, rein verstandesmäßig oder hölzern neutral ist. Das Gefühl von Achtsamkeit ist reich, golden, samtig und hat eine spürbare Struktur. Achtsamkeit hat viele Geschmacksrichtungen: Manchmal ist sie wie bittersüße Schokolade und ein andermal sauer wie Zitronen. Achtsamkeit des Fühlens ist dynamisch und geschmeidig, gleicht Wind und Meer.

*F:* Doch frage ich mich ... wie ich das tatsächlich tue? Ich sitze hier, achte mehr oder weniger auf meinen Atem, und Traurigkeit über das Ende einer Beziehung im letzten Jahr kommt hoch. Was tue ich damit?

*A:* Es geht mehr darum, nichts zu tun, als etwas hinzuzufügen. Wenn Sie ein Gefühl der Traurigkeit bemerken, dann ist das genug. Noch einmal: Erinnern Sie sich daran, dass wir uns nicht in Ordnung bringen wollen. Deshalb liegt der Erfolg von Meditation in viel geschicktem Nicht-Tun. Entfernen Sie sich nicht von Ihren Gefühlen, indem Sie versuchen, sich abzulenken. Putzen Sie die Gefühle nicht mit bunter Kleidung heraus, verschiedenen Geschichten der Selbstrechtfertigung oder mit gegen Sie selbst gerichteten Schuldzuweisungen: »Es ist richtig, dass ich so fühle« oder »Was ist falsch an mir, dass es mir (wieder) so geht?« Lassen Sie es sein – und wie der Dichter Wallace Stevens sagt: »Lasst Sein sein das Finale von Schein.«[45]

Dieses Nicht-Tun und Sein-Lassen ist ein grundsätzlich nicht aggressiver Umgang mit unserer Erfahrung. Wenn Wut hochkommt, gehen wir nicht gegen sie an – und ebenso wenig gegen den Wunsch, dass sie weggehen möge. Ermutigen Sie sie weder noch schwelgen Sie in ihr, fügen Sie dem Wutgefühl nichts hinzu, indem Sie bewusst die Szenen der Kränkung und Vergeltung durchspielen. Wenn Verlangen aufsteigt, schüren Sie nicht die Feuer der Leidenschaft, indem Sie sich im Geist die vielen bewundernswerten Eigenschaften der geliebten Person ausmalen. (Später können Sie Liebesgedichte schreiben.) Tun Sie weder das eine noch das andere: weder verdrängen noch nachgeben. Lassen Sie es einfach sein. Gebieten Sie zumindest für den Augenblick der tief verwurzelten Gewohnheit Einhalt, die Ihre Gefühle manipulieren, verändern oder in

Ordnung bringen will – indem Sie sie aufgeben. Wenn es Impulse gibt, Ihren Gefühlen zu entkommen oder sie zu manipulieren, dann nehmen Sie auch diese Impulse wahr. Wenn Sie alles, was hochkommt, begrüßen und der Gedanke »Ich möchte das nicht willkommen heißen« auftaucht, dann begrüßen Sie auch *diesen* Gedanken. Denken Sie daran, es einfach zu halten: Das Ziel ist achtsame Präsenz.

# Gewahrsein des Geistesstroms

Ich liebe die meditative Reise. Als ich das erste Mal nach Colorado zog, um an der Naropa-Universität zu lehren, erzählten mir meine Studenten oft von ihren Lieblingswegen zum Wandern und Joggen. Sie beschrieben plastisch, welch großen Frieden man an einem nahe gelegenen See findet oder welch einen phantastischen Ausblick man von einem bestimmten Hügel auf das darunterliegende Tal hat. Die meditative Reise gleicht dem in vieler Hinsicht. Vielen von uns ist die Route mittlerweile vertraut, wie eine schöne Laufstrecke, die man durch häufige Benutzung gut kennt. Doch innerhalb dieser grundsätzlichen Vertrautheit gibt es immer Überraschendes, Gelegenheiten, etwas Neues zu entdecken. Ein Tier, das wir hier nie zuvor gesehen haben, springt vor uns davon: War das wirklich ein Präriewolf? Gänse, die über unserem Kopf laut ihren saisonal bedingten Abzug ankündigen, erinnern uns an die aktuelle Jahreszeit. Meditation ist ein Prozess, der sich auf natürliche Weise entfaltet.

Die Achtsamkeitsreise in diesem Buch begann damit, dass wir uns zunächst dem Körper widmeten, gefolgt vom Erforschen des Fühlens, um nun noch einen Schritt weiter zu gehen und unser Gewahrsein auf die Aktivität und den Fluss des Geistes auszudehnen. Der Körper ist die Seite unseres Wesens, die für uns und andere sichtbar ist. Obwohl ich Ihre Gestalt sehen kann, wenn Sie den Raum betreten, erhebt niemand den

Anspruch – außer vielleicht Zauberkünstler –, auch Ihre Gedanken sehen zu können. Mit der Achtsamkeit auf den Körper
zu beginnen und von da zum Fühlen und nun zum Geist über-
zugehen ist ein natürliches Fortschreiten, durch das unser Gewahrsein verfeinert wird, indem wir uns von den grobstoff-
licheren Aspekten des Seins zu den feinstofflichen, weniger
greifbaren Dimensionen bewegen. Es ist vom praktischen und
organischen Ablauf her sinnvoll, mit dem offensichtlichsten
Teil unseres Wesens (der körperlichen Gestalt) zu beginnen,
um dann nach und nach die feinstofflicheren Impulse des
Fühlens wie auch der gedanklichen Bewegung willkommen zu
heißen.

Indem wir unsere bloße Aufmerksamkeit trainieren, zu verweilen, entfalten wir unsere natürliche Wachheit. Meditation
ist das allmähliche Reifen des Gewahrseinssamens, unseres
angeborenen Potenzials zum Erwachen. Das, was wir natürlich sind (Körper, Energien, Geist), benutzt die Meditationsdisziplin als solide Basis für die Festigung von Achtsamkeit.

Mein Lehrer nannte diese Einstellung zu Meditation und
dem spirituellen Pfad »die geschickte Art«. Sie nutzt die Fließ-
muster, die in unserem Leben ohnehin auftreten, um weiterzu-
kommen. Bei der ungeschickten Art lehnen wir das, was wir
sind und womit wir umgehen lernen müssen, ab, weil wir
fälschlicherweise glauben, uns verbessern zu müssen: »Darauf
zu achten, was ich jetzt bin, tut nichts zur Sache; ich muss
mich darauf konzentrieren, was ich werden kann!« Das geht
am Eigentlichen vorbei: Nur wertschätzendes Gewahrsein
unserer selbst, wie wir jetzt sind, führt uns zur Freiheit, anders
zu werden. Lassen Sie uns nun anschauen, wie wir das direkt
anwenden können darauf, uns ein »Haus der Meditation« zu
errichten. Zunächst werden wir uns noch einmal ansehen,
was ein geschickter Umgang mit Körper und Gefühlen ist, und
dann zum Geist übergehen.

Von vielen Menschen, die Achtsamkeit üben, habe ich gehört, dass sie nach vielen Jahren der Übung erkannt haben, dass sie versucht haben, ohne Körper zu meditieren. In einer Zeit, in der Millionen von Menschen täglich verschiedene Formen von Hatha-Yoga als Teil ihres spirituellen Pfades üben, mag das überraschen. Doch sind wir Erben einer Kultur, die gewohnheitsmäßig die »höheren Sphären« des Geistigen von den »Niederungen« des Körperlichen trennt. Während einer einwöchigen Klausur drückte eine Teilnehmerin ihre Einsicht in die Hartnäckigkeit dieser Körper-Geist-Spaltung so aus: »Ich erkannte, dass ich versuchte, meinen Körper immer leichter zu machen, als ob ich im Geheimen versuchte, ein Engelchen mit Flügeln zu werden. (In meiner Kindheit habe ich viele Gemälde von Cherubim und Seraphim angeschaut. Davon ist das wohl in meinem Geist hängen geblieben.) Auch wenn mein rationaler Geist solche Bilder als kindlich und sogar albern ablehnt, habe ich mir im Geheimen so einen spirituellen Menschen vorgestellt: ein engelhaftes Wesen, das friedlich über allem schwebt.

Als in den Anweisungen zur Körperachtsamkeit empfohlen wurde, wir sollten als wesentlichen Aspekt zum Stabilisieren des Geistes das Körpergewicht benutzen, das durch die starke Schwerkraft nach unten gezogen wird, war ich zuerst erstaunt: Geht es bei wahrer Spiritualität nicht um das Transzendieren des Körpers, des Irdischen und des Weltlichen? Als ich dann darüber nachdachte, fühlte ich mich plötzlich auf eine fast magische Weise von einer unlösbaren Frage wie von einer Last befreit: Wie soll ich etwas werden, was ich nicht bin? Endlich konnte ich nur Körper sein, den Körper, der ich bin, ausfüllen, mit seinem speziellen Gewicht, seiner konkreten Masse und Form. Und das, was ich schon war, durfte die Grundlage für den Pfad der Meditation sein. Ich spürte Erleichterung – und Dankbarkeit.

Viele von uns schauen eines Tages an sich hinab und entdecken dabei, dass sie so versucht haben zu meditieren, als hätten sie keinen Körper, als wäre Meditation eine rein geistige Übung, ausschließlich eine Sache des Geistes. Wir parken unsere Körper in einer bestimmten Form, der Sitzhaltung, und dann wenden wir uns dem wichtigen Hauptereignis zu, das etwas mit Denken zu tun hat. Auch wenn wir diese falsche Ansicht bewusst korrigieren, bleibt da oft ein unbewusstes Gefühl: Wahre Spiritualität bedeutet, man ist so leicht, dass man fliegen kann, und man befindet sich völlig jenseits von irdischen Kräften und von der Schwerkraft. Nach diesem falschen Verständnis besteht Spiritualität hauptsächlich darin, den Körper zu transzendieren, sich von unserem erdgebundenen Zustand zu befreien.

Doch auf einem der alten überlieferten heiligen Bilder sieht man den Erwachten, wie er mit seiner Hand den Boden berührt, sie auf die Erde legt, als ein Zeugnis grundlegender geistiger Gesundheit. Deshalb lautet die Frage eines irdischen, geerdeten, nicht-unsinnigen Herangehens an das spirituelle Leben: Wenn wir schon einen Körper haben, warum nutzen wir ihn und sein Gewicht nicht, um uns in der Gegenwart zu verankern? Das ist die praktische Weisheit geschickten Herangehens. Statt uns gegen die Tatsachen des Lebens aufzulehnen, würdigen wir, dass die Situationen, in denen wir uns befinden, im Grunde mit Aufwachen verbunden sind. Aus dieser Sicht ist unser Leben als verkörperte Wesen kein Hindernis auf dem Pfad, sondern eine Gelegenheit für anmutige, wache Verkörperung.

Auf die gleiche Weise können wir fragen: Warum nicht Gefühle als Bestandteil des Pfades nutzen, wenn wir sie schon haben? Das dürfte geschickter und ein direkterer Weg sein, als auf die Zeit zu warten, bis wir vollständig von Empfindungen und Gefühlen losgelöst sind. Außer jenen unbewussten Bildern von schwebenden Engeln bringen wir oft noch ein anderes verborgenes Bild in die Meditationsübung mit: das eines in Stein gemeißelten Buddha, der weder Gefühle noch Empfindungen, noch emotionale Höhen und Tiefen erlebt. Wir hören Belehrungen über Gleichmut und stellen uns vor, das sei eine Art lauwarmer, gleichförmiger Zustand, nie aufgeregt oder betrübt. Das vermittelt ein verdrehtes Bild von Erwachen, nämlich als etwas, das in Richtung Gleichförmigkeit geht, dem spirituellen Äquivalent eines steten Freizeichens. Die einzige Zeit jedoch, in der wir in dieser Weise stetig sind, ist die als Leichnam. Mit einer solchen Auffassung wird Meditationsübung zu etwas, womit wir unsere Lebenskraft abtöten. Beim geschickten Herangehen indessen, das Trungpa Rinpoche »Achtsamkeit auf das Leben«[46] nennt, beziehen wir die Gezeiten von angenehmen und unangenehmen Empfindungen und die ganze Lebendigkeit von Angst, Verlangen und Ärger in die Achtsamkeitsmeditation mit ein. Die energiegeladenen Ausbrüche, die unsere Meditation zu unterbrechen scheinen, zeigen alle an, dass wir leben. Eine bekannte Formulierung könnte man so abwandeln: Leben ist das, was uns passiert, während wir weiterhin planen, morgen zu erwachen. Wie mit einem flüchtigen Kuss berührt das Gewahrsein diese lebendigen Empfindungen und heißt sie im Kreis der meditativen Fürsorge willkommen. Auf diese Weise wird Achtsamkeit des Fühlens die Grundlage, die unser Herz des Mitgefühls aufweckt, den »großen Geist«[47], der sich um das Wohl aller Wesen sorgt. Das ist der goldene Faden, der das Üben von Sitzmeditation mit dem Teilen und Füreinander-da-Sein in der Gemeinschaft verbindet.

Nun wenden wir genau diesen geschickten Zugang auf den Umgang mit unserem Geist an, darauf, das blühende Treiben der Geistesaktivität in unsere Meditationsübung einzubeziehen. Noch einmal: Wir heilen damit Spaltungen in unserem Wesen, sowohl potenzielle wie auch bereits existierende. Genau

wie Körperachtsamkeit Körper und Geist verbindet, so vereint
Achtsamkeit auf den Geist nun Gewahrsein mit dem geistigem
Geplapper und dem rauschenden Strom diskursiver Gedanken. Das Ergebnis? Wenn wir Abspaltungen in unserer Erfahrung heilen (den mit dem Körper ringenden Geist; Gefühle,
die sich vom Geist entfernt haben), erleben wir die innere
Stärke elementaren Seins, ein ungeteiltes Haus, das sich als
Ganzes den Herausforderungen des Lebens stellt. Körper und
Gefühle, Geist und Herz sind miteinander im Einklang und
wach, arbeiten harmonisch zusammen und unterstützen sich
gegenseitig.

### 3. Übungseinheit: Achtsamkeit auf den Geist

### Vorbereitung

Bevor wir Achtsamkeit auf den Geist üben, nehmen wir uns
nun einen Moment, um über den allgemeinen Sinn von Achtsamkeit nachzudenken, den Zweck von Meditation insgesamt
und diesen speziellen Zugang des geschickten Verbindens meditativen Trainings mit der ursprünglichen, angeborenen Natur der Wachheit. Wenn wir unser Augenmerk direkt auf die
Übung von Achtsamkeit auf den Geist lenken, geht es hauptsächlich darum, die verschiedenen Geistesverfassungen einzuschließen, die wir während des Sitzens erleben. Das heißt, die
Bewegungen des Geistes, den fortlaufenden Fluss des Denk-
prozesses wahrzunehmen: Ein Gedanke folgt dem anderen,
zieht weiter zu mehr Gedanken und von da zu wieder anderen Gedanken. Zunächst haben wir uns darin geschult, die
Aufmerksamkeit in den Körper zu bringen und dort ruhen
zu lassen. Dann haben wir unser Gewahrsein ausgedehnt, um
das Kommen und Gehen unserer Gefühle einzuschließen. Nun

schulen wir uns in bloßer Aufmerksamkeit auf den denkenden Geist selbst.

Manchmal wird unser »schlafwandelndes« Leben mit einer Krankheit verglichen. Bei diesem Vergleich ist der Meditationslehrer der Arzt, und Meditieren entspricht dem Einnehmen der verordneten Medizin. Wie bei jeder Medizin kann es zu Nebenwirkungen kommen. Weil wir versuchen, den Geist zu schulen, zu verweilen, beim atmenden Körper zu bleiben, betrachten wir diese dauernden Gedankenwellen, die vorbeirauschen, vielleicht manchmal als Bedrohung. Das ist eine mögliche Nebenwirkung der Achtsamkeitsschulung, geistige Aktivität als etwas anzusehen, das Achtsamkeit bedroht.

Wenn ich mich manchmal nach einem besonders arbeitsreichen Tag zum Meditieren hinsetze, sage ich mir: »Hier kommen sie.« Wuchernde Gedanken sind wie Banditen, die in einem alten Wildwestfilm plötzlich am Horizont auftauchen. Zu anderen Zeiten, besonders wenn mir langweilig ist, scheinen Gedanken allgegenwärtig zu sein, Verführungen, die in Ablenkungen und Unterhaltung locken: »He, schau hierher, denke an mich, mich, mich!« Um die Meditationsdisziplin aufrechtzuerhalten, scheint eine gewisse Vorsicht durchaus angebracht. Wie Oscar Wilde sagte: »Ich kann allem widerstehen, außer der Versuchung.« Weil wir den Geist schulen, zur Ruhe zu kommen und im Moment zu bleiben, betrachten wir letzten Endes vielleicht jede Bewegung im Geist als ein schlechtes Zeichen, ein Warnsignal, dass wir vom Weg der Meditation abgekommen sind. Das wäre die Sichtweise einer »Konzentrationsmeditation«, die darauf zielt, jede Bewegung des Geistes auszumerzen, den Geist zum völligen Stillstand zu bringen, dem Zustand bewegungsloser Ruhe. Bitte nehmen Sie aufmerksam zur Kenntnis, dass diese Konzentrationstechnik nicht unser Zugang zu Achtsamkeit auf den Geist ist. Ganz entschieden nicht.

Hier bedeutet das Üben von Achtsamkeit auf den Geist, die Gedanken, die durch den Geist ziehen, wahrzunehmen, ihre Bewegung, ihre Antriebskraft und ihr Tempo. Gibt es Gedanken, die sich langsam bewegen, wie ein gewundener Fluss? Gibt es scheinbar Tausende von Gedanken, die wie ein Springquell hervorsprudeln? Die Gedanken, ihre Bewegung und Geschwindigkeit und die Häufigkeit ihres Auftretens wahrzunehmen, das ist das Wesentliche des Verweilens beim Geist.

Der große tibetische Meditationsmeister Dakpo Rinpoche[48] sagte einmal: »Gedanken sind die Freunde eines Meditierenden.«[49] Die Ansicht, wir müssten unsere Meditation gegen die Angriffe der Ablenkung verteidigen, wird durch diese weise Aussage genau umgekehrt. Wir haben gesehen, dass, wenn wir die »Medizin« der Achtsamkeits- und Gewahrseinsübung energisch anwenden, eine mögliche Nebenwirkung davon ist, dass uns unsere Gedanken manchmal wie verführerische oder feindliche Kräfte vorkommen, die unsere mühsam erarbeitete spirituelle Disziplin zu unterminieren suchen. Dakpopa (Gampopa) schlägt indessen vor, Gedanken als Verbündete unserer Praxis anzusehen, als Weggefährten. Genau genommen können wir ohne die Anwesenheit von Gedanken auch keine Achtsamkeit auf die Geistesaktivität üben; sie sind der Brennstoff für das Feuer der Achtsamkeit. Ganz gleich, was wir benutzen, ob Öl, Gas oder Holz: Wie wollen wir die Achtsamkeitsflamme entzünden, wenn wir nichts zum Brennen haben?

*Übung: Achtsamkeit auf den Geist*

1) Nehmen Sie eine Meditationshaltung im Sitzen ein. Bringen Sie zunächst Ihre Aufmerksamkeit zum Körper, spüren Sie die Füße auf dem Boden, die Beine, das flach gedrückte Gesäß auf dem Stuhl oder Kissen, den Rumpf, die Schultern, Arme, Hände, Nacken, Kopf und Gesicht. Nehmen Sie sich die Zeit, die Sie brauchen, um jede Anspannung zu lösen, auf die Sie dabei stoßen. Spüren Sie dann den Körper im Ganzen und halten Sie Ihre Achtsamkeit beim gesamten sitzenden Körper. Dann, als eine direkte Erweiterung dieser Körperachtsamkeit, schließen Sie die Atemempfindungen ein, wie der Körper einatmet und ausatmet, ein und aus. Lassen Sie die Aufmerksamkeit auf dem sanften, beruhigenden Ein und Aus des Atemrhythmus ruhen.

Wenn Ihre Aufmerksamkeit vom Atem zu den Geräuschen der Autohupen und des Verkehrs auf der Straße abwandert oder dem Anblick einer gelben Rose in Ihrem Esszimmer, nehmen Sie diese Bewegung bewusst wahr und bringen Sie die Aufmerksamkeit dann sanft zum atmenden Körper zurück. Achtsamkeitsmeditation wird manchmal auch »Übung des Erinnerns«[50] genannt. Diese Bezeichnung macht deutlich: Es liegt Kraft darin, sich daran zu erinnern, beim Atem zu bleiben und zu ihm zurückzukehren.

2) Dann, während Sie dasitzen, atmen und auf den Atem achten, nehmen Sie auch bewusst Ihre Gedanken wahr. Sorgen Sie dafür, dass Ihre Achtsamkeit ein gewisses Gewahrsein Ihres Denkens einschließt. Gibt es nur ein paar Gedanken, die hier und da angeschossen kommen? Oder gibt es so viele Gedanken, die so üppig wuchern, dass es unmöglich wäre, sie zu zählen, wie die Sterne am klaren Nachthimmel? Nehmen Sie dies wahr.

Achten Sie besonders auf die Bewegung der Gedanken: Ist sie schnell, mittelmäßig oder langsam? Nach einem traditionellen Bild kann der Geist wie ein steiler Gebirgswasserfall mit vielen tosenden Gedanken angefüllt sein. Nach einem anderen Bild können Gedanken langsam dahinfließen, wie ein ruhig und stetig dahinströmender Fluss. Es ist nicht so, dass eines besser ist als das andere; bei Achtsamkeit auf den Geist geht es darum, die Bewegung der Geistesaktivität so wahrzunehmen, wie sie ist, ob schnell, langsam oder aber zwischen beiden hin- und herpendelnd. Die Hauptanweisung lautet, ein waches Gewahrsein für den sich bewegenden Geist zu wecken. Auf die gleiche Weise, wie wir anfangs versuchten, unsere Achtsamkeit beim Essen einer Apfelsine zu halten, bringen wir nun bloße Aufmerksamkeit zum diskursiven Denken.

Setzen Sie Ihre Meditationsübung für ein paar Minuten fort, indem Sie darauf achten, alle auftauchenden Empfindungen und Gedanken einzuschließen, während Sie weiterhin den Hauptteil Ihrer Achtsamkeit dadurch an Ruhe und Festigkeit gewinnen lassen, dass er beim Atem bleibt. Die Achtsamkeit auf den Atem ist wie eine glänzende silberne Kordel, die sich durch den ganzen Irrgarten zieht. Schlichte Langeweile oder erstaunliche Dinge, alle Arten von Höhen und Tiefen können vorkommen, aber alles, was passiert, findet auf der festen, breiten Unterlage der im atmenden Körper geerdeten Achtsamkeit seinen Platz.

## Übung: Achtsamkeit und Gewahrsein

Meditation über Achtsamkeit auf den Geist wird manchmal auch Achtsamkeits- und Gewahrseinsübung genannt. Wir schulen uns darin, unsere Achtsamkeit zu festigen. Das vergrößert unsere Fähigkeit, in unserem restlichen Leben mit anhaltender Sammlung zuzuhören und zu arbeiten. Die folgende einfache Übung wird unser Gewahrsein für unsere Geistesverfassung schärfen.

1) Sitzen Sie wie gewöhnlich und fragen Sie sich, nachdem Sie sich für einige Minuten stabilisiert haben: »Wie ist der Geist, wenn er beim Atem ist?« Diese Frage fordert uns auf, aufmerksam hinzuschauen und das, was wir sehen, zu beschreiben. Dieses Hinschauen ist eher eine Sache bloßer Aufmerksamkeit als ein Nachdenken über die Eigenschaften des Geistes. Das ist ein sehr wichtiger Unterschied: Wie zuvor besteht das Ziel darin, die Qualitäten des ruhenden Geistes so unvermittelt, wie Sie können, *wahrzunehmen*, ohne Zusätze oder Filter. Ist er wie ein ruhiges Gewässer? Ist er wie ein bewölkter Himmel? Wie ist er?

Beachten Sie auch, dass es nicht darum geht, den relativen Wert oder die Wertlosigkeit, die Güte oder Missgünstigkeit eines bestimmten Zustands zu beurteilen. Die Frage, die den Fokus unseres wissenden Gewahrseins schärft, lautet: Wie ist der Geist, wenn er mehr oder weniger still ist? Die Frage lautet nicht: Ist er ein guter oder ein schlechter Geist? Fragen Sie sich stattdessen, welche Qualitäten und Kennzeichen der ruhende Geist hat. Statt Selbstgespräche über diese Qualitäten zu führen – woher sie kommen und wie lange sie wohl bleiben –, schauen Sie so direkt wie möglich hin, um die Beschaffenheit und das Wesen des ruhenden Geistes zu erkennen: Ist er neblig, klumpig, glatt, trüb oder stabil wie ein Berg?

2) Dann werden Sie auch des Geistes gewahr, wenn er nicht beim Atem ist. Fragen Sie sich: »Wie ist der Geist, wenn er sich bewegt, wenn er nicht beim Atem verweilt?« Und wieder, schauen Sie hin, um die Antwort zu finden. Beachten Sie, dass man zum Ausführen dieses Übungsteils eine Zeitspanne braucht, in der sich der Geist vom

Meditationsobjekt wegbewegt hat, das heißt, wenn er nicht beim Atem ist. Gewöhnlich sind zwei bis drei Minuten mehr als ausreichend, um die Bewegung des Geistes zu untersuchen, aber wenn Sie länger brauchen, um ein Gespür für den wandernden Geist zu bekommen, nehmen Sie sich so viel Zeit, wie Sie brauchen. Und wieder nehmen Sie – auf die gleiche nicht wertende, aber erforschende Art wie zuvor – die Qualitäten des Geistes wahr, wenn er nicht beim Atem ist.

Hier wäre es sehr leicht in weitere Ablenkungen abzugleiten, Selbstgespräche über unsere inneren Dialoge zu führen. In der Meditation findet man sich oft in einem inneren Gespräch über die eigenen Geistesverfassungen wieder. »Wieso ist mein Geist heute so unruhig? Warum beschäftigt mich das immer noch? Ich dachte, ich wäre über ihn hinweg! Wieso kümmert mich auch noch, was sie getan hat? Was stimmt heute nicht mit mir?« Dieser innere Kritiker oder die urteilende Stimme kommentiert unaufhörlich unsere verschiedenen Einstellungen und Geistesverfassungen: »Das ist gut, nun bist du wirklich achtsam. Richtig gut. Vielleicht, vielleicht könntest du es jetzt noch einmal probieren. Nee, das war schrecklich! Das war völlig daneben, du Doofkopp. Du bist eine Niete in diesem Meditationskram.« Die Übung der Achtsamkeit auf den Geist fordert uns hingegen auf, die Qualitäten des umherschweifenden Geistes ohne weiteren Kommentar wahrzunehmen. Wie ist ein hektischer Geist? Wie ist ein lethargischer Geist? So, wie es ist, so ist es. Den Geist zu erleben, wie er ist, ganz gleich ob er bewegt oder ruhig ist, darum geht es in dieser Übung.

## Übung: Innere Geistesverfassungen

> Für eine letzte Übung der Achtsamkeit auf den Geist bauen
> Sie zunächst mit Hilfe des Atems Körperachtsamkeit auf.
> Dann geben Sie den Atem als Meditationsobjekt auf und
> legen Ihre ganze Aufmerksamkeit direkt auf die Aktivität
> des Geistes. Traleg Kyabgon beschreibt diese Methode so:
> »Nachdem wir uns daran gewöhnt haben, den Atem als
> Hilfsmittel zu benutzen, um Achtsamkeit aufzubauen, kön-
> nen wir nun einen Schritt weitergehen und unsere Aufmerk-
> samkeit auf die inneren Geistesverfassungen lenken und sie
> zum Fokus der Meditation machen.«[51] Lösen Sie sich völlig
> von der Vorstellung, dass Gedanken und Gefühle von der
> Meditation ablenken, und richten Sie Ihre Achtsamkeit nun
> hauptsächlich auf die Gedanken, die gerade auftauchen.
> Bringen Sie bloße Aufmerksamkeit zur Aktivität Ihres Geis-
> tes und verweilen Sie bei dem, was gerade aufsteigt. Wenn
> nichts auftaucht, ruhen Sie einfach. Immer wenn etwas
> auftaucht – Gedanken über Leidenschaft, Wut oder Eifer-
> sucht –, nehmen Sie das wahr. Was immer im Reich des
> Geistes passiert, nehmen Sie es einfach wahr und lassen Sie
> es so sein, wie es gerade ist, ohne zu versuchen, daraus
> mehr oder weniger zu machen.

## Rückschau

Achtsamkeit auf den Geist ist sowohl eine spezifische meditative Disziplin als auch ein natürliches Ergebnis unserer Praxis.
Zuvor haben wir von Meditation als etwas gesprochen, das
sich entfaltet, von einem organischen Prozess, der allmählich
immer mehr von dem, was wir sind, unter den großen Schirm
des Gewahrseins holt – zuerst unseren Körper, dann Gefühle,

Gedanken und Empfindungen. Schritt für Schritt gelangen wir zu einer anhaltenden, entspannten Geistesgegenwart, einem erwachten Gespür und Feingefühl für unser körperliches und geistiges Wesen.

Als wir uns den üblichen »Schlafwandel«-Zustand angeschaut haben, stellten wir fest, dass dieser eine gewisse Schubkraft besitzt, die geballte Macht der Gewohnheit. Wir fanden heraus, dass wir gut in Gier und Ablenkung ausgebildet sind – fast schon zu gut. Nun, nachdem wir uns dem »Gegentraining« in achtsamer Präsenz und achtsamem Wohlbefinden unterzogen haben, können wir auch deutlich eine Schubkraft des Gewahrseins feststellen und sie begrüßen. Dzogchen Ponlop sagt: »Wenn die Disziplin der Achtsamkeit einmal ausgebildet ist, ist Gewahrsein einfach die Fortsetzung jener Achtsamkeit.«[52]

Die Fortsetzung dieser Geistesgegenwart ist sowohl das Ergebnis unserer Schulung – wir kultivieren eine geerdete Aufmerksamkeit, die sich allmählich ausdehnt – als auch ein natürlicher Zustand. Wir entdecken, dass wir uns nicht extra bemühen und »etwas tun« müssen, um bewusster zu werden, sondern dass wir einfach für das, was mit uns in unserem Körper und Geist passiert, ganz natürlich geistesgegenwärtig und wach sind. Achtsamkeit auf den Geist ist also sowohl das organische Ergebnis, die Frucht unserer bisherigen Achtsamkeitsschulung, als auch der strahlende Ausdruck der uns innewohnenden wachen Natur. Trungpa Rinpoche beschreibt die allmähliche Entwicklung von Meditation so: »Durch Körperachtsamkeit entfaltet sich ein weites, offenes Gewahrsein, ein Gefühl des In-sich-Ruhens, und deshalb können wir es uns erlauben, uns für das Außen zu öffnen.«[53] Mit Achtsamkeit auf den Geist würdigen wir die Früchte unserer Disziplin und feiern gleichzeitig die spontane Wachheit. Richtige Meditation ist sehr schmackhaft, und dieser Geschmacksreichtum kommt direkt aus der Küche der Bewusstheit, eine freudige Einheit von Bemühung und Feiern.

Der neunte Karmapa*, ein herausragender tibetischer Meditationsmeister aus dem 16. Jahrhundert, schrieb über eine »umgekehrte Meditation«[54], in der wir Gedanken erkennen, wie sie auftreten, und als Freunde betrachten. Das ist eine »Umkehrung« der Neigung, Gedanken als Ablenkungen vom Hauptfokus zu betrachten. Die Übung der Achtsamkeit auf den Geist ist also ein weiterer Schritt auf dem Weg, mit sich selbst Freundschaft zu schließen. Dies ist das Herz der Gewahrseinsübung: mit unserem ganzen Wesen Freundschaft zu schließen als ein Meilenstein auf dem Weg, die Welt zu umarmen. Die Offenheit, die wir in der formalen Sitzmeditation uns selbst entgegenbringen, zeigt sich auch in unserem Leben jenseits des Kissens. Es geht darum, anderen mit diesem gleichen Geist entgegenzutreten, einem Geist, der geerdet ist und willkommen heißt. Die Übung von Sitzmeditation verdeutlicht uns erneut die Tatsache, dass wir mit anderen eine grundlegende geistige Gesundheit teilen.

# Hinter Hoffnung und Furcht blicken

*Gespräche über Achtsamkeit auf den Geist*

Das Folgende sind Auszüge aus Gesprächen, die ich mit Menschen während unserer gemeinsamen Meditationsklausuren führte.

*Frage:* Ich habe darüber nachgedacht, zu was für einer unausweichlichen Frustration es führt, wenn man versucht, »ohne Körper zu meditieren«. Doch wird in der buddhistischen Überlieferung in Bezug auf Meditation sehr die maßgebliche Wichtigkeit des Geistes betont – und die Achtsamkeit auf den Geist scheint ein Teil davon zu sein. Warum wird dem Geist so viel Bedeutung beigemessen?

*Antwort:* Sie haben völlig recht, von den frühesten Lehrreden des Buddha bis zum heutigen Tag betonen alle Meditationsmeister, dass unsere Geistesverfassung der Schlüssel dazu ist, wie man das Leben erfährt. Wenn unsere Geistesverfassung einem schweren Panzer ähnelt – um eins von Trungpa Rinpoches frühen Lieblingsbeispielen zu benutzen –, dann werden wir durch das Leben rollen und die »Panzertechnik« anwenden, viel von dem, was um uns gesagt oder getan wird, ignorieren und gedankenlos unsere Anliegen vorantreiben. Ganz gleich, was jemand anders vorschlägt oder einwendet, die Panzer (das heißt wir) rollen weiter voran. Wenn indes unsere Geistesverfassung offener, empfänglicher, weiter und wertschätzender wird, entdecken wir erneut den Reichtum, die Intelligenz und Weisheit des Lebens und derer, die uns umgeben.

Mein Freund Tony sagt manchmal, er könne es nicht glauben, dass sein Leben jetzt genauso sei wie vor zwei Jahren. Von außen betrachtet ist es sicherlich dasselbe: Er hat denselben Arbeitsplatz, dieselbe Beziehung und wohnt im selben Haus. Doch vor zwei Jahren kam es ihm vor, als sei er »scheinbar auf ewig« in einem schrecklichen Gefängnis gefangen. (Diese emotional begründete Übertreibung des Zeitempfindens [ewig?] verdeutlicht, dass der Geist schlichtweg übertreibt, das heißt das Negative betont und die Erinnerung verdreht, wie lange diese spezielle Frustration schon andauert oder noch gehen wird.) Jetzt ist er seiner Partnerin, seinen Kollegen und sogar seinem Chef oft dankbar.

Was könnte eine solche Veränderung veranlasst haben? Könnte es wirklich sein, dass alles *Äußere* sich in nur etwas mehr als zwanzig Monaten so sehr gewandelt hat? Oder liegt es daran, dass seine Geisteshaltung sich verändert und entspannt hat, weiter geworden ist, sodass er mit sich und seiner Umgebung nicht mehr so viel kämpft, in der verzweifelten Bemühung, es im Leben endlich »gut zu haben«? Zu seiner Überraschung stellte er fest, dass sein Leben eigentlich schon »ganz gut« ist. Der Geist war der Schlüssel zu dieser Veränderung.

Wenn wir mit etwas unzufrieden sind und die enttäuschenden Erfahrungen, die wir jetzt durchmachen, verstehen wollen, können wir uns zunächst unsere eigene Geistesverfassung ansehen. Wie ist unsere Haltung, unsere Sicht auf unser Leben, und welche versteckten Annahmen sind im Verborgenen die Antriebsfeder für unsere Geistesverfassung? Achtsamkeit auf den Geist öffnet die Tür zu dieser tieferen Selbsterkenntnis.

Im klassischen Buddhismus ist der Geist auch die Wurzel all unseres Verhaltens. Aus Gedanken und Haltungen resultiert unsere Rede, und dem, was wir sagen, folgen Handlungen in der Welt. Deshalb sollten wir, wie der indische Meditationsmeister aus dem achten Jahrhundert, Shantideva[55], wiederholt dringend rät, sorgsam auf unsere Geistesverfassungen achten. Ebenso wie wir in unsere Augen nichts Schmutziges oder Ver- unreinigtes bringen (weil wir wissen, dass das leicht zu einer Infektion führen kann), sollten wir auch auf die grundlegende Gesundheit unseres Geistes achten; der Geist kann genauso verunreinigt werden, indem alte Ressentiments an ihm nagen oder unstillbares Verlangen ihn fiebrig macht. Unheilsame Handlungen – eine scharfe Bemerkung, die einen guten Freund entmutigt, oder eine ärgerliche E-Mail, die wir in einer ge- dankenloser Gefühlsaufwallung abgefeuert haben und bald darauf bedauern – entspringen alle einem wirren, chaotischen und reaktiven Geist. Unser Leben um der Nachhaltigkeit willen zu vereinfachen, überall Harmonie und Eleganz zu ent- decken, beginnt damit, unseren Geist zu vereinfachen.

### Das geistige Gerümpel entsorgen

Es ist, als wäre unser E-Mail-Posteingang jahrelang unbeauf- sichtigt gewesen und nun bis zum Rand voll mit Spam, Nach- richten von Familienmitgliedern und geliebten Menschen, von Stellenangeboten und Traueranzeigen von alten Freunden. Es fällt schwer, klar zu erkennen, welche dieser Nachrichten es wirklich noch lohnt zu beantworten. Was davon ist wirklich für uns von Belang? Ist irgendetwas davon wichtig? Wenn man sich zum Beispiel um einen schönen Blumengarten einige Som- mer lang nicht kümmert, ist es kein Wunder, dass er zuwuchert und dann an seinem eigenen Wachstum fast erstickt. Achtsam- keitsmeditation ermöglicht uns, allmählich etwas geistiges Gerümpel und wucherndes Unkraut zu entsorgen, schlichtweg indem wir das strahlende Licht des Gewahrseins auf unser eigenes Bewusstsein scheinen lassen und unseren inneren Gar- ten pflegen.

*Frage:* Ich verstehe in etwa, was Sie über den geschickten Zugang gesagt haben; dass man das benutzt, was man bereits hat, was die eigene Grundlage ist, statt immer hinter einer anderen, besseren Grundlage her zu sein, immer irgendwo und irgendwann anders. Ich kann damit auch arbeiten, teilweise mit dem Körper (mit meinem Körper habe ich ohnehin keine besonderen Probleme) und teilweise mit den Körperempfindungen (gewöhnlich keine so große Sache). Aber der Geist! Manchmal fühlt es sich so an, als ob ich von Gedanken überwältigt würde. Was dann?

*Antwort:* Ja, gut. Es klingt, als ob Sie eindeutig den »Wasserfall« begrifflichen Denkens entdeckt hätten.

*F:* Ja, auch damit kann ich etwas anfangen, außer dass es sich manchmal so anfühlt, als ob ich ganz nass werde. Wissen Sie, was ich meine?

*A:* Ja, und was nimmt die Lautstärke und Intensität Ihrer Gedanken wahr?

*F:* Gewahrsein?

*A:* Ja. Achtsamkeit auf den Geist bedeutet, dass Sie den sintflutartigen Gedankenregen wahrnehmen, sich seiner bewusst sind. Ist es immer so?

*F:* Nein, natürlich nicht. Aber wie kann ich es stoppen, wenn es so ist?

*A:* Warum möchten Sie es stoppen?

*F [lacht]:* Damit ich achtsamer sein kann?

*A:* Es kommt vor, dass auf einer Meditationsklausur jemand zu mir sagt: »Ich bin mir nicht sicher, ob diese Meditation richtig für mich ist; ich habe so viele Gedanken!« Aber gerade diejenigen mit einem unbändigen und abgelenkten Geist haben Achtsamkeitsschulung am meisten nötig. Wenn der Geist bereits ruhig verweilte, wozu bräuchten wir dann eine Meditationsdisziplin, um ihn zu zähmen? Immer wenn wir die Wildheit des Geistes bemerken – oder im anderen Fall seine Trägheit –, haben wir zwei Möglichkeiten. Wenn wir unsere Gedankenflut bemerken, kann uns das entmutigen, sodass wir entweder in Hinsicht auf die Methode oder auf uns selbst als Übende verzagen: »Schau dir all die (negativen) Gedanken an, die ich immer noch habe.« Oder wir können den Augenblick bloßer Aufmerksamkeit als Gelegenheit nutzen, die Tatsache zu würdigen, dass wir unsere Geistesverfassung bemerkt haben, ob sie nun hektisch, schwerfällig, aufgeregt oder gelangweilt war. Wir können die Entdeckung des Juwels des Bemerkens feiern.

*F:* Hier ist meine Geschichte. Bei mir ist es nicht so sehr, dass ich meiner Gedanken oder meiner selbst als denkend, denkend und nochmal denkend gewahr geworden bin. Mir ist vielmehr aufgefallen, wie oft ich unwirsch mit mir rede. Ich bin mir sicher, wenn jemand von außen sähe, wie ich in meinem Innern mit mir umgehe, würde er oder sie sagen: »He! Werde lockerer, sei nicht so streng mit dir!«

*A:* Ja, Pema Chödrön erwähnt, dass Trungpa Rinpoche ihr die Anweisung gab, auf den Ton ihrer Stimme zu achten, wenn sie »denken« sagt.[56] Ist es ein negativer Schlag – »denken!« –, wie jemand, der ärgerlich eine Fliege totschlägt? Ist es ein träger Faulpelz – »... denken ...« –, wie »oh, du bist es wieder«? Es ist fast unmöglich, Achtsamkeit auf den Geist zu üben, ohne auch liebende Güte gegenüber sich selbst zu entfalten – gegenüber den guten und den schlechten Gedanken, den doofen und den erhabenen. So ist das Bemerken der Gewohnheit von Härte der Anfang des Pfades zu Sanftheit.

*F:* Ja, aber was, wenn die innere miese Ader nicht weggeht?

*A:* Einen strengen inneren Kritiker zu haben ist ein bisschen so, wie wenn man sich einen reißenden Tiger als Haustier zulegt. Die Grundanweisung ist dieselbe: Nicht darin schwelgen, aber auch nicht dagegen ankämpfen. Es macht uns eindeutig

nur härter, wenn wir Aggression weitere Aggression hinzufügen. Die empfohlenen Leitlinien sind also: Füttere ihn nicht
jedes Mal, wenn er faucht (die Futterrechnung würde riesig
werden, und er würde nur mehr wollen, wenn er dicker und
arrogant werden würde), aber unterdrücke ihn auch nicht
(dann wird er nur in eine noch garstigere Stimmung geraten
und uns von Zeit zu Zeit mit einem Blick ansehen, der sagt:
»Du sprichst mit mir? Du versuchst mich loszuwerden? Denk
besser noch einmal darüber nach, mein Freund.«)

*F:* Gut, heißt das, ich habe die Zügel zu fest in der Hand?
Ich meine im Sinn der Anwendung der Methode und Anweisung des Buddha von »nicht zu fest und nicht zu locker«. Bin
ich so ein Mensch, der daraus automatisch »nicht zu locker,
nicht zu locker« macht?

*A:* Wahrscheinlich kennen Sie sich viel besser, als ich das
tue. Hier ist jedoch Vorsicht geboten. Gegen sich hart zu sein
ist nicht dasselbe wie die Methode konsequenter anzuwenden,
was heißt, mehr auf die Details zu achten und präzise zu sein.
Wenn Sie bemerken, dass Sie sich in der Meditationshaltung
einfach mit Tagräumen die Zeit vertreiben und das »Meditation« nennen, dann steht eindeutig »stärkeres Anziehen« an.
Damit tut man sich etwas Gutes. Genauso gibt es Zeiten, in
denen »stärkeres Lockerlassen« angebracht ist. Wenn wir in
unsere ursprünglich wache Natur Vertrauen haben, erkennen
wir, dass wir uns nicht übermäßig anzustrengen brauchen,
nicht wie ungeduldige Amerikaner das manchmal im Ausland
tun, indem sie schreien, um sich verständlich zu machen. Das
verbessert die Kommunikation nicht.

*F:* Ich habe immer das Gefühl, dass meiner Meditation etwas
fehlt. Irgendetwas ist einfach nicht da. Wenn ich all die Geschichten über die großen Meditationsmeister der Vergangenheit lese, Frauen und Männer, die Erleuchtung in einem Leben

erlangt haben, bin ich wahrhaft inspiriert. Aber wenn ich mich meiner eigenen Praxis zuwende, mich für eine weitere Sitzung mit Körper, Atem und Geist auf mein abgenutztes Kissen setze, finde ich es deprimierend. Es ist, wie wenn man sich schale Wiederholungen ansieht, ohne Saft und Kraft.

*A:* Und das Gefühl, dass etwas fehlt, etwas Wesentliches nicht da ist, kennen Sie dieses Gefühl, oder kam es erst mit der Meditation auf?

*F:* Machen Sie Witze? Ich habe mich fast mein ganzes Leben lang so gefühlt, irgendwie hat nie etwas ganz genügt. Egal, was passiert, in welcher Situation ich auch bin, es ist nie wirklich gut genug, befriedigt einfach nicht wirklich.

*A:* Das klingt, als ob es an der Zeit wäre, sich auch mit diesem Muster anzufreunden, denken Sie nicht auch? Andernfalls weisen Sie es als unbefriedigend zurück und bleiben weiter auf der Suche, begehren und sehnen sich weiter. Achtsamkeit besitzt eine stille Würde, die sogar an der Körperhaltung abzulesen ist. Wir lassen uns nicht einfach auf unser Kissen plumpsen, um eine weitere langweilige Runde innerer Wiederholungen hinter uns zu bringen, unsere eigene private Version altbekannter Filme. Allein die Meditationshaltung einzunehmen, aufrecht zu sitzen weckt Energie und Vertrauen. Das ist eine Geste der Tapferkeit, eine schweigende Verkündung von Furchtlosigkeit: Wir verpflichten uns, uns jeder Geistesverfassung, die auftaucht, zu stellen – Traurigkeit und Aufregung, Langeweile und Freude, Angst und Verlangen. Sie sind alle willkommen, grundsätzlich willkommen.

*F:* Sie erwähnten das Wahrnehmen unserer Gedanken im Hinblick auf ihre Bewegung und Geschwindigkeit, aber was ist mit unseren psychischen Mustern? Tara Bennett-Goleman schreibt über die Hartnäckigkeit geistiger »Schemata«[57], mit denen man sich selbst das Leben schwer macht, und Ken

McLeod analysiert viele »reaktive Muster«[58]. Gehörte zu Achtsamkeit auf den Geist nicht auch, auf die speziellen Gewohnheiten meines Geistes zu achten?

*A:* Ja, sicher. Bloße Aufmerksamkeit auf unsere Gedanken
führt direkt dazu, unsere Muster zu bemerken: unsere stets
wiederkehrende Eifersucht oder aufgeblähte Dünkelhaftig-
keit, bedürftige Unsicherheit oder chronische Opferhaltung.
Achtsamkeit bedeutet, das Baumaterial, mit dem wir täglich
unsere inneren Gefängnisse errichten, die Geistesverfassungen,
die uns zu Gefangenen machen, allmählich immer besser kennenzulernen. Als Trungpa Rinpoche über die traditionellen
buddhistischen Daseinsbereiche – Hungergeister, eifersüchtige
Götter usw. – lehrte, nannte er sie die »sechs Arten von Gefangenschaft«[59]. Wenn wir damit vertraut werden, auf welche
Weise wir uns gewohnheitsmäßig zu unseren eigenen Gefangenen machen, ist das ein erster Schritt auf dem Weg, diese
inneren Gefängnisse niederzureißen. Achtsamkeit und Einsicht
sind unsere Hauptwerkzeuge, um uns zu befreien. Danach
drängen unsere angeborene Weisheit und unser Mitgefühl uns
dazu, auch anderen zur Befreiung zu verhelfen. Natürliche
Wachheit wird zu einer starken Antriebskraft, die uns an-
spornt, anderen zu helfen.

*F:* Etwa im Sinne von »Meditierende der ganzen Welt, ver-
einigt euch! Ihr müsst nur eure Ketten sprengen«?

*A:* Sie sagen es.

*F:* Ich bemerke, dass sich viele meiner Gedanken oft hauptsächlich um mich drehen!

*A:* Ja, Sakyong Mipham hat ausgiebig über unsere Fixierung auf das »Ich!-Projekt«[60] gelehrt. Wenn wir anfangen, das
zu begreifen, was »Ichlosigkeit« genannt wird – das Nicht-
Vorhandensein eines dauerhaften, unabhängigen Selbst –, werden wir uns gleichzeitig unseres Selbst bewusster. »Ich, mir,
mich«, was bedeuten diese Worte wirklich?

*F:* Das Auffallende ist, dass die meisten meiner Gedanken sich darum drehen, wie andere mich sehen. Halten sie mich für hübsch? Bin ich klug genug oder behandelt man mich als »dumme Blondine«? Achten, bewundern und lieben sie mich? Es ist wie eine Litanei: »sie, sie, sie; mich, mich, mich«. Viele meiner Gedanken sind Versuche, mich auf irgendeine Art aufzuplustern, damit ich bei anderen gut dastehe.

*A:* Ja, auf der Basis von Achtsamkeit auf den Geist können wir genau untersuchen, was wir als Ich wahrnehmen und auch wie sehr wir um unser Selbstbild besorgt sind. Beachten Sie die Häufigkeit von Gedanken nach dem Muster: »Wie nehmen andere mich wahr?« Da ist eine grundlegende Unsicherheit am Werk: Ich bin davon abhängig, dass andere mich bestätigen und mir meine Echtheit bescheinigen, als ob ich im Geheimen befürchtete, ohne sie wäre ich nichts. Möglicherweise verbirgt sich hinter dieser Furcht eine recht aufschlussreiche Einsicht. Sie kennen sicher die Redewendung »Furcht ist der Anfang von Weisheit«?

*F:* So etwas in der Art. Es ist, als fände mein Leben vor einem imaginären Publikum statt, das immer da ist, auch wenn ich allein bin. Sogar wenn ich auf dem Kissen sitze, spreche ich innerlich zu diesem Publikum und sage Dinge, wie: »Es läuft ganz gut jetzt, nicht?« Und so geht das ständig. Es ist, als schaute ich dauernd in den Spiegel der Meinungen anderer über mich und gäbe dabei über mich und das, was ich tue, wie ich meditiere oder was auch immer, fortwährend Kommentare ab.

*A:* Ja, das ist eine Form des sogenannten »Beobachters«. Wir beobachten uns – was etwas gänzlich anderes als Achtsamkeit ist! – und sind ängstlich darauf bedacht, unsere Handlungen zu *kommentieren*: »Das ist gut, das ist besser, das war schrecklich, oh, das war sogar noch schlechter, jetzt, fast, jetzt, jetzt, das ist klasse! Mach's noch einmal.« Besonders während der Meditation kann uns klar werden, dass diese ständige innere Kommentierung unseres Tuns unnötig ist. Wir müssen uns nicht damit tyrannisieren, unserem Geist zu sagen, er soll achtsam sein. An einem bestimmten Punkt haben wir einfach die Zuversicht, dass wir achtsam sind. Wir vertrauen darauf, dass wir selbst Achtsamkeit sind, ohne Trennung zwischen Tun und Sein. Der Weg zu diesem »wortlosen Vertrauen« ist dann vorhanden, wenn wir uns daran erinnern, dass Achtsamkeit auf den Geist einfach bloße Aufmerksamkeit ist, ohne irgendwelche Kommentare über den Geist, die Gefühle oder den atmenden Körper hinzuzufügen.

*F:* Und wenn ich bemerke, dass diese unnötige innere Stimme weiterhin kommentiert, was gerade geschieht und wie's läuft?

*A:* Dann nehmen Sie das einfach wahr, bringen ohne weiteren Kommentar die bloße Aufmerksamkeit zum urteilenden oder kommentierenden Geist, dem Beobachter. Können Sie damit etwas anfangen?

*F:* Also, bislang verstehe ich, dass wir durch Achtsamkeit auf den Geist unsere Geistesverfassungen wahrnehmen können, ob glücklich, traurig, besorgt, aufgeregt oder was auch immer.

*A:* Ja, das stimmt.

*F:* Das ist alles gut und schön, doch kürzlich habe ich erkannt, dass ich nie besonders darauf aus war, meinen Geist wahrzunehmen. Aus diesem Grund hatte ich auch immer so viel zu tun, war so damit beschäftigt etwas zu erledigen oder zu reden. Auch als ich zum Meditieren kam, ging es mir um einen Weg, meinen Geist zu verändern, und eben gerade nicht darum, ihn kennenzulernen, wie er ist.

*A:* Und was glauben Sie, woran das liegt?

*F:* Hmmm ... Angst. Da ist so eine Angst, mit meinem eigenen Geist allein zu sein. So wie ich als Kind immer Angst vor der Stille hatte und deshalb gewöhnlich etwas Geplapper am Laufen hielt, auch wenn ich allein war, mit mir sprach. Das hängt irgendwie damit zusammen, mit dieser Angst, auf den Geist zu achten.

*A:* Es ist gut, dass Sie das als Angst erkennen. Manchmal halten wir uns selbst zum Narren, schieben die Schuld für das, was im Innern abläuft, auf die äußere Situation, oder wir verwechseln ängstliche Vermeidung mit Leidenschaft, meinen, dass wir lebendiger sind und mehr geliebt werden, wenn wir etwas Wirbel machen. Die treibende Kraft hinter diesem Impuls ist oft die schlichte Unfähigkeit, mit uns, mit unserem Körper, unserer Rede und unserem Geist stillzusitzen. So könnte eine der Geistesverfassungen, deren wir während der Übung von Achtsamkeit auf den Geist gewahr werden, Angst sein – vielleicht nehmen wir ein Angstgefühl in unserem Körper wahr, oder wir bemerken die leicht panischen Gedanken, die durch den Geist rasen. Die Bereitschaft, das zu erleben, ist auch ein Ausdruck der Tapferkeit der Übung von Sitzmeditation. Wenn wir uns Gefühlen der Angst direkt stellen, stärken wir unseren Mut und unsere Fähigkeit, bei uns und unserer Erfahrung zu bleiben, auch wenn sie unbequem ist.

## Aus unseren geistigen Fenstern schauen

*Frage:* In gewissem Sinn sind die verschiedenen Geistesverfassungen – ob wütend, ängstlich oder romantisch – wie Fenster, durch die man schaut. Das Leben sieht etwas rosiger, fast golden aus, wenn wir verliebt sind. Wenn wir andererseits mutlos sind, ist »die Welt hässlich und sind die Menschen traurig«[61], heißt es in einem trostlosen Gedicht. Unsere verschiedenen Verfassungen gleichen dem Einnehmen eines bestimmten Standpunkts oder Blickwinkels, aus dem entweder

nur goldene Glanzlichter zu sehen sind oder ausschließlich
Fehler und Mängel.

*Antwort:* Ja. Man könnte sagen, dass ein wichtiger Aspekt
von Achtsamkeit auf den Geist darin besteht, dass sie uns ermöglicht, unsere geistigen Fenster anzuschauen und nicht nur
durch sie hindurchzuschauen. Ken McLeod sagt: »Wenn wir
durch getöntes Glas schauen, vergessen wir leicht, dass es teilweise am Blickwinkel des Betrachters liegt (und nicht so sehr
daran, was da draußen ist), in welchem Licht die Dinge erscheinen. Achtsamkeit auf den Geist macht uns potenziell frei,
sogar dieselben altbekannten Menschen und Orte auf eine
frische, neue Weise zu erleben. Das ist eine mächtige Veränderung.

*F:* Ich beginne die Disziplin der Achtsamkeit auf den Geist zu
schätzen – es erfordert Bemühung, dabei zu bleiben, wenn ich
eigentlich lieber weglaufen möchte. Ich habe das Gefühl, dass
ich endlich entdecke, was es eigentlich heißt, mit dem »Innern
zu arbeiten«. Doch vorhin sprachen Sie auch darüber, dass
diese Achtsamkeit ebenso natürlich daraus resultieren kann,
dass man die Übung einfach macht, dass es eine Art von orga-
nischem Reifen sein kann, dessen Früchte man plötzlich ern-
tet, zuweilen zu unserem eigenen Erstaunen. Das klingt nicht,
als ob es nur harte Arbeit wäre. Was hat es damit auf sich?

*A:* Das hat mit der Entdeckung zu tun, dass es eine angeborene, natürliche Geistesgegenwart gibt. Die gilt es zu erkennen
und zu würdigen. Dabei offenbart sich Ihnen eine Klarheit,
eine wissende Qualität des Geistes, die Sie eindeutig nicht erzeugt haben.

## Was ist es, das weiß?

Manchmal bemerken wir unser Gewahrsein in Form von Ablenkung. Sagen wir, es ist Winter, doch wir träumen vom Sommer auf dem Land – der warmen Luft, der hellen Sonne und den Schäfchenwolken. Plötzlich erinnern wir uns: »Meditation! Ach ja, Achtsamkeit, zurück zum Atem!« Doch übersehen wir hier häufig ein Juwel: Was ist es, das weiß, dass wir über den Sommer und die Wärme phantasiert haben, statt uns einen Skiausflug im Schnee und klirrend kalte Luft vorzustellen? Irgendwie wissen wir, sind des »abgelenkten Geistes« gewahr – da ist nicht nur eine leere Stelle auf dem Tonband unserer Erinnerung. Auf irgendeine Weise findet also spontan Achtsamkeit auf unseren Geist statt, ohne irgendwelche Bemühung unsererseits. Nachdem wir uns in unserer Übung angestrengt haben, können wir uns nun entspannen und eine mühelose Qualität des Meditierens entdecken. Das ist es wert erforscht zu werden, statt es auf Grund eines unangebrachten spirituellen Arbeitsethos als wertlos oder nutzlos abzutun, als ob es hieße: »Wenn ich mich dafür nicht abrackere, ist es nichts wert!« Erwägen Sie die Weisheit, die in der Redewendung steckt: »Einige der besten Dinge im Leben gibt's umsonst.«

*Frage:* Sogar in einer abendlichen Meditationssitzung, wenn ich am meisten abgelenkt bin, wenn mein Geist nur so hin und her zu huschen scheint – von der Erinnerung an die grauen Haare einer Lehrerin in der dritten Klasse bis zur Musik bei der Beerdigung meines Vater am Ende der Sitzung –, könnte ich, wenn Sie mich fragten, wo mein Geist gewesen war, sagen: im Kunstunterricht der dritten Klasse, bei dem Versuch, Mrs. Lillys welliges Haar zu zeichnen. Oder: Ich erinnerte mich gerade an den langen Weg zum Friedhof. Es ist nicht so, dass ich überhaupt nicht weiß, was passiert, oder dass ich denke, ich hätte mir Pizza vorgestellt, wenn es eigentlich Pesto war. Meinen Sie das, wenn Sie vom Gewahrsein sprechen, das Ablenkung kennt? Dass es da doch eine gewisse Art von »Präsenz« zu geben scheint, auch wenn wir »abwesend« sind?

*Antwort:* Ja, so etwas in der Art. Es ist schwierig, darüber zu sprechen. Es scheint Zeiten zu geben, in denen wir uns völlig in einer Phantasie verloren haben; wir wissen nicht mehr, dass Winter ist, oder wo wir sind oder was wir tun. Aus einem solch lebendigen Tagtraum zu erwachen, kann wie ein kleiner Schlag sein: Oh! Plötzlich sind wir wieder zurück. Doch gibt es auch Momente, in denen wir gewahr sind, dass Erinnerungen aufsteigen – und wir wissen, dass es Erinnerungen sind –, und wir bemerken, dass sie wieder gehen. Danach tauchen andere Gedanken und Phantasien auf – und wir wissen, dass es Gedanken und Phantasien sind –, verabschieden sich wieder und weg sind sie. In einem Text heißt es, dass das Kommen und Gehen von Gedanken wie das Schreiben auf Wasser ist. So viel zu unserer gewöhnlichen Vorstellung über eine lange Reihe von abschweifenden Gedanken!

Es gibt etwas Raumhaftes und bereitwillig Aufnehmendes, das zulässt, dass das, was kommt, kommen darf und das, was geht, gehen darf. Diese natürliche Geistesgegenwart ist viel anhaltender als die einfache bloße Aufmerksamkeit auf den atmenden Körper, die mal da ist und mal nicht. Erstere heißt alles, was aufsteigt, willkommen und wird deshalb manchmal »unterschiedsloses Gewahrsein« genannt. Sakyong Mipham sagt von unserer grundlegenden Natur: »Dieses grundlegende Gutsein ist eine Qualität vollkommenen Ganzseins. Sie schließt alles mit ein.«[62]

# Die Tore der Wahrnehmung öffnen

## *Achtsamkeit auf die Sinne*

Bisher ähnelte unser Zugang zum natürlichen Meditationstraining einem Umweltschutzslogan »Recycling für Nachhaltigkeit«. Statt auf eine spirituelle Einkaufstour zu gehen, nach neuen Hochglanzprodukten Ausschau zu halten, die speziell dafür konzipiert sind, unsere meditative Stabilität zu erhöhen, haben wir bei unseren Übungen damit begonnen, das zu nutzen, was wir bereits haben. Wir haben und sind Körper, wir haben Gefühle, und in unserem Geist tummeln sich Gedanken – und Wahrnehmungen. Trungpa Rinpoche merkt an: »In manchen religiösen Traditionen gelten Sinneswahrnehmungen als problematisch, weil sie weltliche Begierden wecken.«[63] Bei unserer Schulung in natürlicher Wachheit ist unsere Einstellung den Sinnen gegenüber indes annehmend; wir betrachten sie als Einladungen zu weiterer Achtsamkeit, als offene Tore zu einem größeren, auch die Umgebung umfassenden Gewahrsein.

Dieser im Grunde gesunde Ansatz im Umgang mit uns ist so alt wie der Buddha selbst. Wenn wir uns an seine berühmte Lebensgeschichte erinnern, hat der Buddha Shakyamuni* nach Zeiten ausgiebiger Sinnesfreuden im Palast und einem harten Leben als Wanderasket einen mittleren Weg entdeckt und verkündet. Wir folgen nun dieser ehrwürdigen Tradition und beziehen Sinneswahrnehmungen in unsere Übung mit ein – ohne zu sehr in ihnen zu schwelgen und von weiterer Erfüllung

zu phantasieren oder sie ängstlich zu vermeiden und zu verdrängen. Wir üben Achtsamkeit auf die Sinne als einen mittleren Weg.

Wir sehen, hören, riechen, schmecken und berühren tagtäglich. Die Sinne sind ein Teil unserer natürlichen Situation,
unseres ganz normalen Zustands. Warum sollten wir dieses
grundlegende menschliche Erbe ablehnen, wenn wir uns dem
spirituellen Pfad zuwenden? Noch einmal sei betont, dass
wahre Spiritualität dazu einlädt, die grundlegende Situation
unseres Seins tiefer wertzuschätzen. Sehen, Hören, Schmecken
und der Rest gehören wesenhaft zum Reichtum des Menschseins dazu.

Der Schlüssel zum Üben von Achtsamkeit auf die Sinne besteht darin, eine Haltung zu entwickeln, die weder annimmt
noch ablehnt. Es gibt eine bekannte Geschichte über den indischen buddhistischen Heiligen Tilopa, wie er seinen berühm-
testen Schüler Naropa unterweist: »O Naropa, nicht die Welt
der Sinne nimmt uns gefangen, es ist unsere Anhaftung an
sie, die uns die Ketten anlegt.« Wie kommt das? Anhaftung ist
Greifen nach Sinnesfreuden: Wenn es nur mehr gäbe, ein bisschen mehr, noch einmal mehr, wann kann ich mehr, mehr
und noch mehr haben? Noch einen Bissen, einen weiteren so
wunderschönen Anblick, mehr von diesen wohlklingenden
Geräuschen. Auf der Suche nach mehr sinnlicher Erfüllung
wandern wir im nebligen Tal der Hoffnung umher. Unser Verhältnis zu romantischen Phantasien, Essen und dem Kitzel
aufregender Sportarten kann man treffend mit der traditionellen Formulierung »Greifen und Fixiert«[64] und dem zeitgenös-
sischen Beispiel von Sucht beschreiben. Unser greifender Geist
hat angebissen, hängt daran fest. Wenn dieses Greifen unver-
meidbar fehlschlägt (denn auch wenn es für einen kurzen Moment gestillt ist, wenden wir uns in der Erwartung des nächsten Vergnügens bald ab), willigen wir enttäuscht und verletzt

freiwillig in eine persönliche »Verbotszeit« ein: »Ich schwöre ......... für eine Weile ab. Es ist ohnehin zwecklos und vergebens, nicht wahr?« Wir lehnen die Farbtöne und Geschmacksrichtungen der Welt ab, weil wir Angst haben. Wir befürchten, sind besorgt, dass wir (wieder) von Sinnesfreuden verführt und (wieder) enttäuscht werden. An die drei folgenden Übungen geht man am besten ohne Hoffnungen (für die Zukunft) und Angst (vor der Vergangenheit) heran. Das Wesen von Achtsamkeit ist das Jetzt: dieser Anblick hier; dieses Klingeln; der Geschmack dieser Erdbeere. Hier bedeutet Achtsamkeit Aufmerksamkeit auf die Sinnesempfindungen des Augenblicks.

## Übung A:
### Achtsamkeit auf die Sinne – einen Gegenstand anschauen

1) Legen Sie eine Blume, einen glatten Stein oder ein Stück Holz (nach Ihrer Wahl) vor Ihren Meditationssitz. Beginnen Sie wie zuvor, indem Sie zunächst durch Körperachtsamkeit den Boden für Ihre Übung bereiten. Richten Sie dann Ihre Aufmerksamkeit auf den vor Ihnen liegenden Gegenstand. Nehmen Sie seine Form und Farbe wahr. Wenn Ihr Geist abwandert, bringen Sie ihn sanft zu dem Gegenstand zurück. Tun Sie das mindestens fünf Minuten lang.

2) Beenden Sie diese Übung, indem Sie sich ein paar Momente nehmen, um sich im Zimmer umzuschauen, mit derselben achtsamen Neugier, die Sie dem Stein entgegengebracht haben. Betrachten Sie die Formen und Farben der Gegenstände in Ihrem Zimmer – der Stühle, Tische, Türknäufe, Lampen, Regale. Nehmen Sie beides wahr, sowohl die Worte, die Sie sich über die Gegenstände sagen (»Das ist meine Lieblingslampe«), als auch die wortlose, bloße Aufmerksamkeit auf die Gegenstände selbst. Nehmen Sie wahr.

*Übung B:*
*Achtsamkeit auf die Sinne – etwas bewusst hören*

Wiederholen Sie die vorherige Übung, indem Sie nun Klang als Gegenstand Ihrer Aufmerksamkeit benutzen. Wenn Sie einen kleinen Gong haben, können Sie mit ihm einen Ton erzeugen. Sie können aber auch sacht mit etwas an eine Tasse oder ein Wasserglas anschlagen. Nehmen Sie den Klang wahr, indem Sie ganz gerichtet auf ihn achten. Wenn Ihr Geist wandert, kehren Sie wie zuvor zurück. Und beenden Sie diese Übung wieder mit einem weiteren Fokus, indem Sie einfach hören. Hören Sie die vorbeifahrenden Autos, Busse und Motorräder, die singenden Vögel und die Stimmen im Haus oder draußen auf der Straße. Hören Sie bewusst alle Geräusche Ihrer Umgebung und ruhen Sie in den stillen Momenten, die dazwischen auftauchen. Heißen Sie die Geräusche willkommen und lassen Sie sie ziehen, ohne irgendeinen Kommentar (»Ich hasse dieses Geräusch, wenn nur mehr Vögel sängen«). Wenn es innere Dialoge über die Geräusche gibt, dann hören Sie auch ihnen zu. Kehren Sie immer wieder dazu zurück, alle auftauchenden Geräusche willkommen zu heißen und wahrzunehmen.

*Übung C:*
*Achtsamkeit auf die Sinne – die Hände waschen*

Diese letzte Übung umfasst achtsames Sehen, Hören und Berühren. Achten Sie jedes Mal, wenn Sie während des Tages Ihre Hände waschen – vom Aufstehen bis zum Schlafengehen –, auf den Klang des Wassers, das auf Ihre Hände plätschert, auf das Aussehen der Seife und wie sie sich anfühlt, auf die Temperatur der Flüssigkeit, die über Ihre Hände läuft. Lassen Sie während des Händewaschens alle vorherigen Beschäftigungen ziehen – ein Treffen oder ein Gespräch, aus dem Sie gerade kamen, ein Anruf oder die E-Mails, die an Ihrem Schreibtisch auf Sie warten. Seien Sie bei der simplen Tätigkeit des Händewaschens gegenwärtig, bei den vielfältigen Anblicken, Geräuschen und Oberflächenbeschaffenheiten, die hier mit im Spiel sind.

## Gespräche über Achtsamkeit auf die Sinne

Nach dem Ausführen der vorherigen Übungen haben Sie vielleicht einige Fragen, die den im Folgenden angeführten ähneln.

*Frage:* Ich habe die Übungen zur Achtsamkeit auf die Sinne nun einige Male durchgeführt und kann nicht erkennen, was daran so besonders sein soll. Ich wasche also achtsam meine Hände; ich habe meine Hände schon tausendmal gewaschen in meinem Leben. Ja und?

*Antwort:* Es ist keine große Sache. Suzuki Roshi sagte oft, es gibt eine Qualität des »nichts Besonderen«[65]. Wir halten nicht nach etwas Außergewöhnlichem oder einer Spitzenerfahrung Ausschau. Achtsamkeit ist gewöhnlich.

*F:* Warum es dann tun? Was bringt es? Was soll ich davon haben?

*A:* Lassen Sie uns damit beginnen, was Sie davon *gehabt* haben. Was haben Sie erlebt, als Sie Achtsamkeit auf die Sinneswahrnehmungen beim Händewaschen übten?

*F:* Mein Erleben? Also, zuerst habe ich den Hahn aufgedreht und dann ...

*A:* Hallo! Was haben Sie währenddessen wahrgenommen?

*F:* Äh, ich spürte beim Aufdrehen des Hahns das kühle, harte Metall an meiner rechten Hand.

*A:* Gut, viel besser. Und was dann? In konkreten Einzelheiten. Erinnern Sie sich an die Redewendung »Der Teufel steckt im Detail«? Achtsamkeit ist genaues Achtgeben auf die Details.

*F:* Während ich darauf wartete, dass das Wasser warm wurde, gingen mir viele ungeduldige Gedanken durch den Kopf, wie: »Los, mach schon!« Ich nahm auch das Rauschen des Wassers wahr, eine Art anhaltender »Wuuusch-sch-sch«-Laut. Dann sah ich die limonengrüne Seife und spürte, wie glitschig sie sich anfühlte, als ich sie in der Hand hielt.

*A:* Ausgezeichnet. Bitte fahren Sie fort.

*F:* Und dann – genau, wie ich es tausendmal zuvor getan habe –, seifte ich meine Hände ein, legte die Seife weg, hielt die Hände unter das Wasser und wusch die Seife ab. Oh, ich erinnere mich auch an den zarten Duft der parfümierten Seife. Aber vor allem dachte ich: »Was soll ich davon haben?« Ich machte die Übung morgens vor der Arbeit und dann in der Toilette auf der Arbeit, wo ich sie bereits ziemlich langweilig fand.

*A:* Gut, gut. Viele interessante Details. Sinneswahrnehmungen sind immer ganz konkret. Es ist kein abstrakter, allgemeiner Klang oder Anblick, sondern ein »Wuuusch-sch-sch« in diesem Moment, ein Limonengrün in diesem Augenblick. Und Langeweile ist hier ein entscheidender Türöffner.

*F:* Türöffner? Für was?

*A:* Für das Erspüren des tatsächlichen Geschehens, der augenblicklichen Erfahrung des Händewaschens, des Apfelessens, des Die-Straße-Überquerens.

*F:* Ja, aber es ist immer noch dieselbe alte Welt.

*A:* Ja, Sie haben recht; es ist nicht plötzlich und auf magische Weise ein anderes Waschbecken oder eine andere Arbeit oder Straße. Pine Street ist immer noch Pine Street. Und doch ist es eine andere Erfahrung dieser selben alten Welt. Trungpa Rinpoche hat es oft damit verglichen, eine »neue alte Welt« zu erleben. Solange wir nicht bereit sind zu spüren, dass uns die

Phantasien, von irgendetwas Besonderem unterhalten zu werden, langweilen und solange sich unsere Erwartungen nicht ein bisschen abnutzen, bleibt die Tür zu dieser »neuen alten Welt« fest verschlossen. Manchmal gehen wir durch eine Wüste heißer Langeweile, die sich in eine Oase kühler Langeweile verwandelt, und halten dabei bereitwillig der meditativen Reise die Treue. Wenn wir das Haus der Meditation betreten, lassen wir uns nieder und öffnen uns. Alle Türen sind weit geöffnet, und durch die Fenster kommt eine kühle, frische Brise herein.

*F:* Toll! Ich für meinen Teil mag diese Achtsamkeit auf die Sinne. Wie wir früher immer sagten: Das ist stark. Warum machen wir das nicht von Anfang an? Es macht viel mehr Spaß, als bloß dazusitzen und dem Atem zu folgen. Warum nicht so beginnen?

*A:* Erinnern Sie sich daran, dass unser Zugang zu Meditation dem mittleren Weg folgt? Ein Extrem wäre, die Augen vor der Heiligkeit der uns umgebenden Farben und Formen zu verschließen: blau, schwarz, rot, gelb, grün. Der Begeisterung in Ihrer Frage entnehme ich, dass Sie sich darum nicht sonderlich sorgen müssen. Das andere Extrem besteht darin, Sinneswahrnehmung zur Unterhaltung zu nutzen, als Film des Lebens, als gesteigerte Gipfelerfahrung. Wir beginnen jedes Mal mit Körperachtsamkeit, um zunächst eine stabile Ausgangsbasis zu schaffen, zu der wir immer wieder zurückkehren können. Damit bewegen wir uns dann durch die Langeweile, die wir aufgrund unserer umherschweifenden Gedanken und Träumereien empfinden, und lassen die gewohnheitsmäßige Faszination für emotionale Dramen wie »Er tat WAS? Sie zieht WOHIN?« sich etwas abnutzen. Ohne diese Erdung und Langeweile ist das Meditieren über unsere Sinneswahrnehmungen nur eine weitere Art, uns zu unterhalten, die ultimative DVD.

Wir wollen die Sinne zwar einbeziehen, aber nicht in ihnen schwelgen. Das ist ein anderes Beispiel für »nicht zu fest und nicht zu locker«.

## Klang, Geruch und Empfindung einer höheren Ordnung

Im letzten Sommer ging eine kleine Gruppe von uns in die Berge im Norden von Colorado, um dort zusammen achtsam die Sinneswahrnehmungen zu erforschen. Die Natur war in ihrer vollen Blüte, ein Wasserfall aus Farben stürzte über uns herein: Blau, Grün, Weiß, Gelb, Rot. Es war eine inspirierende und freudige Erfahrung, voller Überraschungen, wie wenn man einen verborgenen Reichtum entdeckt, von dem man nicht wusste, dass man ihn hat. Maria erzählte uns von einem spanischen Ausdruck des Entzückens, »que rico!«, der wörtlich übersetzt »wie reich!« bedeutet. Der Reichtum der Sinnenwelt ist keine Frage des Geldes oder des Umfangs der Wertpapieranlagen. Er steht zur freien Verfügung – ist frei gegeben und nur in weiträumiger Freiheit zu empfangen.

Während dieser Klausur las jemand laut die provozierende Passage aus dem *Buch vom meditativen Leben* vor, wo Trungpa Rinpoche sagt: »Die Sinne eröffnen uns die Möglichkeit einer tieferen Wahrnehmung. Es gibt in uns Wahrnehmungsbereiche einer höheren Ordnung von Klang, Geruch und Empfindung, die jedoch nur durch meditative Praxis erfahrbar werden. Durch diese Praxis klärt sich alles Wirre und Verschwommene, die Wahrnehmung nimmt eine nie gekannte Präzision, Schärfe und Tiefe an – die Jetztheit der Welt tritt hervor.«[66]

Nach einem Augenblick der Stille, in dem wir darüber nachsannen, meldete sich jemand voller Wertschätzung zu

Wort: »Das ist gut ausgedrückt und auf sehr schöne Weise.« Jemand anders stimmte dem zu, fragte aber auch: »Ja, sicher, aber was heißt das, Klang und Anblick einer höheren Ordnung? Klingt irgendwie psychedelisch.«

Trungpa Rinpoche erläutert, dass wir normalerweise die Bedeutung unserer Wahrnehmung einengen. Limonengrüne Seife erinnert uns an den Abwasch heute Morgen, und rote Ampeln bedeuten Anhalten; das ist alles. Was wir sehen, hören und so weiter, wird auf die fassbare Bedeutung beschränkt. Aber es liegt so viel mehr in dem Erleben von Rot und Grün als »Anhalten« und »Losfahren«. Wieder sind wir wie die Pawlow'schen Hunde, für die das Geräusch der Glocke wegen ihrer Konditionierung nur Futter bedeutet. Trungpa Rinpoche sagt weiter: »Was immer wir sehen, pressen wir in eine vertraute Schablone.«[67] Diese Sinne einer höheren Ordnung, von denen er spricht, sind wie befreite Wahrnehmungsbereiche, die nicht mehr in den engen Käfigen unserer Vorstellung stecken. Er beschließt seine Ausführungen: »Es ist möglich, persönliche Interpretationen zu überwinden und die Weite der Welt durch das Medium der Wahrnehmung in unser Herz zu lassen.«[68]

In unserem Leben streichen wir oft nur flüchtig über die stumpfe Oberfläche der Dinge. Achtsamkeit auf die Sinne ermöglicht eine tiefere und reichere Verbindung mit dem Leben und der Welt, die uns umgibt. Eine tiefere Erfahrung von Licht und Farbe, Rhythmus und Klang wird oft in den Künsten zelebriert. Ist das nicht zum Teil der Grund, warum wir Musik, Gemälde und Tanz lieben? Aus dieser Sicht ist die Kunst der Meditation mit allen Künsten tief verwandt. Genau wie die Künste feiert auch Meditation Lebendigkeit.

# Aus dem Albtraum des Materialismus erwachen

*Die materialistische Einstellung herrscht überall vor.*

Vidyadhara Chögyam Trungpa Rinpoche

Der hier präsentierte Zugang zum spirituellen Pfad betont, dass Erwachen etwas Natürliches ist. Wenn wir uns mit offenem Herzen und Geist in verkörperter Präsenz schulen, fördert das auf sanfte Weise die Entfaltung des uns innewohnenden Potenzials. Nun wollen wir uns den Albtraum des Materialismus direkt ansehen, aus dem wir erwachen – und auch auf welche Weise Wachheit sich in einer starken Verbindung zu anderen ausdrücken kann.

Seit Jahren leite ich Meditationsklausuren in Nordamerika, für ein Wochenende, für eine Woche oder auch für mehrere Wochen. Sooft ich kann, praktiziere ich auch in Meditationsklausuren für mich allein. Während einer solchen entstand die Idee zu einem Buch über »natürliche Wachheit« – eine Formulierung meines ersten Meditationslehrers – und den Albtraum des Materialismus. Wenn ich mit Freunden in meiner Meditationsgemeinschaft von dieser Idee sprach, fragten sie manchmal: »Was meinst du mit ›Albtraum des Materialismus‹? Meinst du einfach ›Bekommen und Ausgeben‹[69], das allgegenwärtige zügellose Konsumverhalten?«

Wörterbücher betonen gewöhnlich das herkömmliche Verständnis von Materialismus, »eine Haltung, bei der es fast ausschließlich um Wohlstand und materiellen Besitz geht«. Auf diese Wortbedeutung beziehen wir uns, wenn wir manchmal sagen: »Hast du bemerkt, dass Harry in letzter Zeit richtig

materialistisch geworden ist? Vielleicht sind es seine neuen
Arbeitskollegen. Er redet nur noch von seinem Flachbildfern-
seher und seinem neuen Auto.« In diesem engeren Sinn wird
Materialismus oft einem ethischen oder spirituellen Anliegen gegenübergestellt, der Auffassung, dass es »höhere« Werte
gibt, die mehr zählen als »weltliche« Dinge. Davon spricht
auch ein Autoaufkleber: »Die besten Dinge im Leben sind
keine Dinge.«

Hier geht es jedoch um ein allgemeineres Verständnis von
Materialismus, das viel weiter reicht, spirituelle Ideen und
Praktiken einschließt und möglicherweise sogar Meditation.
Wie können diese Dinge ein Teil von Materialismus sein? Wie
kann es gehen, dass sogar Meditation und Spiritualität auf
materialistische Weise geübt werden können? Dazu müssen
wir drei Kernfragen untersuchen. Zuerst, worin die materialistische *Einstellung* besteht. Dann sehen wir uns an, wie
Materialismus *in der Praxis* aussieht, auf welche Weise er sich
konkret in unseren täglichen Handlungen niederschlägt. Zum
Schluss schauen wir uns an, welche *Folgen* diese weiter ge-
fasste Form des Materialismus auf unser Zusammenleben und
unsere Lebenseinstellung heutzutage hat.

Materialismus in diesem weiteren Sinn begleitet uns die
ganze Zeit, auch auf unserer meditativen Reise. Er ist kein
neues Thema. In der Kontemplationsphase der Achtsamkeits-
und Gewahrseinsmeditation haben wir zunächst unsere wertvollen natürlichen Ressourcen gewürdigt, Körper, Gefühle und
Geist. Ebenso haben wir die gewohnheitsmäßige Neigung bemerkt, nach unserem Körper, unseren Gefühlen, Gedanken
und Sinneswahrnehmungen zu greifen und uns auf sie zu fixieren. Dieses Greifen und Fixieren ist das Werk des Materialismus.

## Das Gefühl, dass etwas fehlt

Materialismus wurzelt in dem Gefühl, dass wir irgendwie von Grund auf unzulänglich sind. Im Geheimen meinen wir, dass uns etwas Grundlegendes fehlt. Irgendetwas ist von Anfang an falsch mit uns. Und die offensichtliche Lösung für diesen inneren Mangel besteht darin, dieses innere Loch mit etwas von außen – einer Sache oder einer Person – zu stopfen. Deshalb ist es nötig zu erforschen, in welchem Maß unser Gefühl, »in Ordnung« zu sein, damit zusammenhängt, was oder wen wir von außen bekommen. Häufig entdecke ich ein darunterliegendes Gefühl: »Ich bin in Ordnung, weil es das da draußen gibt; weil es dies gibt, ist jenes okay.« Lassen Sie uns langsam vorgehen und diese Gewohnheit untersuchen, die den Blick nach außen richtet, um inneres Wohlbefinden zu erreichen

Erinnern Sie sich auch daran, dass nichts auf dieser Reise einfach akzeptiert und geglaubt werden muss. Bei den Übungen in diesem Buch verfolgten wir den Ansatz, diese Lehren zu nehmen und sie auf ihren Wahrheitsgehalt zu prüfen. Wie? Indem wir uns die Wahrheit unserer eigenen Erfahrung genauer anschauen. Unsere Meditationspraxis war bereits ein solcher Prüfstein.

Wie können wir nun prüfen, ob wir uns in unserer Haut wirklich wohl fühlen, in einer Verfassung des Wohlbefindens ruhen, die nicht von etwas Äußerem abhängt? Ganz einfach, indem wir etwas Zeit, vielleicht sogar nur ein paar Augenblicke ohne jegliche Unterhaltung oder Verstärkung von außen verbringen. Das heißt: Nehmen Sie sich fünf Minuten, legen Sie dieses Buch zur Seite, schalten Sie das Handy und den MP3-Player aus und verlassen Sie die Blogs. »Schalten« Sie für diese Testperiode auch das Meditationsprojekt »ab«; mit anderen Worten, meditieren Sie nicht! Sitzen Sie einfach für ein paar Momente ruhig da und achten Sie auf Ihr Erleben. Viele verspüren bald einen Drang, mit jemandem zu sprechen (ich frage mich, was Mary dieser Tage treibt), eine E-Mail zu schreiben (warum hat er noch nicht geantwortet?) oder sogar sich wieder an die Arbeit zu machen (ich will dieses Projekt abschließen). Eine solche Unruhe und Unbehaglichkeit sind konkrete Anzeichen für dieses innere Gefühl des Mangels, des Nicht-Genügens.

Viele Verhaltensabhängigkeiten[70] sind verräterische Anzeichen für diese grundlegende Angst: zu viel essen, Fernsehen bis in die Nacht, Stunden im Internet oder mit Versandhauskatalogen verschwenden. Probieren Sie als Experiment Folgendes aus: Verzichten Sie nur für eine Stunde oder einen Nachmittag lang auf eine Ihrer üblichen Lieblingsarten der Zerstreuung und bemerken Sie die Entzugssymptome.

Wovon lenken wir uns ab? Davon, uns selbst zu erfahren, rein und bloß, so, wie wir ohne Zugaben sind. Trungpa Rinpoche schrieb: »Wir müssen uns eingestehen, dass Angst überall lauert, ständig und in allem, was wir tun.«[71] Überprüfen Sie das: Ist es wahr? Verspüren Sie tief im Innern ein Gefühl von Scham oder Mangel, von Verlust und Leere? Einige spirituelle Psychologen sagen, dass es so ist, als gäbe es innere Löcher, die wir ständig mit Dingen von außen zu stopfen versuchen.[72]

Wie fing diese Gewohnheit des Sich-Ablenkens an? Wieder mit Training. Wir wurden in der Einstellung und den Praktiken des Materialismus ausgebildet, sehr gut ausgebildet, fast von Geburt an. Schauen Sie sich an, dass immer jüngere Kinder, ja eigentlich Kleinkinder, in die Konsumententretmühle hineingezogen werden. Viele Kinder hören täglich Tausende von Botschaften, die sie anstacheln, diese Puppe zu kaufen, mit jenem Videospiel zu spielen, sich schnellstmöglich dieses neue elektronische Spielzeug zu besorgen. Damit wachsen sie auf. Kürzlich war ich mit Freunden und ihren kleinen Kindern in einem Einkaufszentrum essen, und es fiel mir auf, wie häufig um uns zu hören war: »Mami, Daddy, kauf mir dies, kauf mir das!«

Ich erzählte diese Geschichte bei einem Shambhala-Ausbildungslehrgang in Boulder, Colorado. Jemand hob die Hand und fragte: »Was ist falsch daran? Warum sollten wir uns nicht an den neuesten technischen Spielzeugen erfreuen? Liebe und Kameradschaft gehören doch sicherlich zu den größten Freuden im Leben, oder?« Das führt uns zu einem Kernpunkt, der absolut zentral ist. Nicht die Dinge an sich sind das Problem. Das Schädliche daran ist, dass wir uns für unser Wohlbefinden auf etwas außerhalb unserer selbst fixieren. Und diese Fixierung ist die Quelle von Gier, Aggression, Angst, Eifersucht, Lügen und Enttäuschung. Was muss ich tun, um es zu bekommen? Wenn ich das Objekt meiner romantischen Suche verliere, drehe ich am Rad, bin ich verloren. Wenn ich die nächste goldene Karotte, die vor meiner Nase baumelt, nicht bekomme, verfalle ich in Selbsthass. Dann beginnen wir, uns dahinterzuklemmen und Ernst zu machen: Wenn irgendjemand uns bei dem Versuch zu bekommen, was oder wen wir wollen (und von dem wir meinen, dass unser Glück davon abhängt), in die Quere kommt, kann er was erleben! Die Auswirkungen reichen von häuslichem Missbrauch bis zu Kriegen. Genau wie uns der Autoaufkleber fragt: »Wie kam unser Öl unter ihren Sand?«

## Die drei Herren des Materialismus

In den frühen 1970er Jahren hat Trungpa Rinpoche mit seiner üblichen durchdringenden Brillanz drei Hauptbereiche benannt, in denen wir die materialistische Haltung anwenden. Als er über diese Reiche sprach, bezog er traditionelle tibetische Bilder mit ein und nannte sie Herr der Form, Herr der

Rede und Herr des Geistes. Bei der Betrachtung von Achtsamkeit bemerkten wir schon unsere Fixierung auf Vorstellungen
über den Körper, unsere vielen Konzepte über Gefühle und die
vielfältigen Theorien über den Geist und seine Aktivitäten, die
wir vertreten. Nun wenden wir uns größeren kulturellen Mustern der Verfestigung zu.

### Der Herr der Form

Der Herr der Form umfasst die Beziehung zu unserem Körper
wie auch zum »Körper« oder der Form der uns umgebenden
Welt. Trungpa Rinpoche erläutert: »Der Herr der Form steht
in Zusammenhang mit der neurotischen Suche nach physi-
scher Bequemlichkeit, Sicherheit und Vergnügen. ... mit unserer Vorliebe, uns durch die Manipulation unserer physischen
Umwelt zu schützen.«[73] Geben Sie hier Acht: Es liegt nicht an
der physischen Welt, dass Dinge so leicht schiefgehen, fest-
gefahren sind oder sich plötzlich als schlecht herausstellen,
sondern an unserem psychologischen Festhalten. Diese klam-
mernde Haltung treibt uns an und bringt uns dazu, zu versuchen, die natürliche Welt zu kontrollieren.

Trungpa Rinpoche gibt auch einige Beispiele: »Automatische Fahrstühle, fertig abgepacktes Fleisch, Klimaanlagen,
Toiletten mit Spülung, Begräbniskulte, Altersvorsorgeprogram-
me, Massenproduktion, Wettersatelliten, Bulldozer, Leucht-
reklame, Achtstundentag, Fernsehen – alles dies sind Versuche,
sich eine beherrschbare, sichere, voraussagbare und angenehme Welt zu erschaffen.« Und wieder sind hier nicht einige
der von unserer Zivilisation hervorgebrachten Behaglichkeiten
das Problem (obgleich die Frage der Nachhaltigkeit immer
mehr an Dringlichkeit zunimmt). Seine Betonung liegt auf dem
»neurotischen Hang, der uns diese hervorbringen lässt, und
auf dem Versuch, die Natur beherrschen zu wollen«. Die uns

am nächsten stehende »Natur« ist natürlich unser eigener Körper. All die Versuche, unseren Körper völlig unter unsere Kontrolle zu bringen – durch körperliche Fitness, Naturheilmittel und kosmetische Behandlungen –, sind Anzeichen für diese grundlegende Angst in Bezug auf unsere physische Form.

Es gibt auch eine gute Nachricht. Nämlich, dass es möglich ist, unseren Körper und die physische Welt zu genießen, und zwar ohne dieses Greifen und Fixieren, das uns oft zu Gefangenen von Sorge und Angst macht. Im Grunde könnten wir die natürliche Welt der Form und der Körper nicht nur mehr auskosten, sondern uns auch viel besser um sie kümmern, trügen wir keine solchen Brillengläser der Angst, die unsere Sicht verzerren. Denn wenn wir uns vor etwas fürchten, können wir es nur schwer klar sehen. Der Einfluss des Materialismus lässt unsere ganze Beziehung zu Form auf Panik gründen, als ob wir an die physische Welt und unsere Körper ständig mit einer einzigen ängstlichen Frage herantreten würden: »Bist du für oder gegen mich?« Was für eine Art von Freundschaft ist das?

### Der Herr der Rede

Ebenso bezieht sich der Herr der Rede nicht auf all die Ideen und Kategorien, die wir benutzen, um unser Leben zu begreifen und auf die »Rede«, die wir zur Verständigung verwenden. Wieder ist damit vielmehr der neurotische »Gebrauch begrifflicher Konzepte als Filter« gemeint, »die uns von einer direkten Wahrnehmung abschirmen sollen«, so Trungpa Rinpoche. Wir benutzen verschiedene Vorstellungen und Ideologien, um unser Empfinden einer festen persönlichen Identität zu stärken. Als ich diese Belehrungen zum ersten Mal gelesen habe, war ich überrascht, dass Trungpa Rinpoche auch »Nationalismus, Christentum und Buddhismus« dazu zählt. Nun sollen wir auch noch unser Lieblingsglaubenssystem mit auf die Liste setzen, alle Vorstellungen, an denen wir festhalten.

Auch die aus der Psychologie kommenden Ideen darüber, wer wir wirklich sind und welche Gründe es dafür gibt, gehören dazu. Wir wiederholen uns diese psychotherapeutischen Geschichten immer wieder, nehmen diese Konzepte über die Kindheitserfahrungen in unserer Herkunftsfamilie immer ernster: »Ich bin diese Art von Mensch mit dieser Art von Problem, weil meine Eltern dies und jenes getan oder nicht getan haben.« Was einmal eine frische und lebendige Einsicht war, verfestigt sich zu lebloser und trockener Theorie.

Ebenso verfestigen wir Ideen aus dem politischen Bereich, über Lösungen für lokale und globale Probleme und darüber, wer die wirkliche Bedrohung ist und wer uns eigentlich hilft. Wenn wir diese Art von Materialismus genau betrachten, sehen wir auch, wie sehr wir an all unseren Lieblingstheorien festhalten: Individualismus, Sozialismus, Schamanismus, »Technologismus«. Und das Ergebnis dieser Fixierung? »Ich bin so ein Mensch! Ich hasse jene anderen mit ihren dummen, bösen Ideen.« Das innere Gefühl eines gewissen Mangels wird durch solide Mauern der Abgrenzung ersetzt: » Bitte, nimm diese Ideen in meinem Haus nicht einmal in den Mund! Wie könnte ich mit jemandem befreundet sein, der so denkt?!«

### Der Herr des Geistes

Mit dem Herrn des Geistes wird die Neigung umschrieben, sich zur Bestätigung des eigenen Selbstwerts an besonderen, höheren oder veränderten Bewusstseinsverfassungen festzuhalten. Um Dinge kümmere ich mich nicht, davon habe ich genug, oder auch um Ideen – was ich wirklich möchte, ist Erleuchtung, ein mitfühlenderes Herz, Erwachen. »Drogen, Yoga, Gebet, Meditation, Trancezustände, verschiedene Formen der

Psychotherapie – sie alle können zu diesem Zweck eingesetzt werden«, schreibt Trungpa Rinpoche.

Warum werden sie die drei »Herren« genannt? Das ist ein Bild für die Regenten der Königreiche des Materialismus. Manchmal werden sie auch die drei »barbarischen Könige« genannt. Der Hauptpunkt ist: Solange unser Leben unter ihrer Herrschaft steht, kann es keinen Frieden geben. Sie begünstigen ständigen Krieg, Aggression, spirituelle und psychologische Gefangenschaft. Einen spirituellen Weg einzuschlagen ist eine Art, sich und andere von ihrer korrupten und entwürdigenden Herrschaft zu befreien.

Der Albtraum des Materialismus hat also mit dem Konsumgeist zu tun. Bei wie vielen unserer Einkäufe geht es um ein tatsächliches Bedürfnis? In welchem Maß ist es der verzweifelte Versuch, unserem Selbstgefühl mehr Festigkeit zu geben und eine innere Leere zu füllen, der uns dazu bewegt, mehr zu kaufen und zu erwerben? Konsumhaltung ist ein spirituelles Thema.

Wenn wir den Blick auf das spirituelle Einkaufen richten, stellen wir fest, dass wir oft für alle drei Herren, nicht nur für den Herrn des Geistes, Überstunden machen: »Rückzug in die Natur, Abkapselung, Umgang mit einfachen, ruhigen, hochstehenden Menschen – alle diese Möglichkeiten, sich vor den Widrigkeiten des Lebens zu schützen, können Ausdruck des Herrn der Form sein«, sagt Trungpa Rinpoche. »Wenn wir einem geistigen Weg folgen, werden wir vielleicht unsere früheren Glaubensvorstellungen durch eine neue religiöse Ideologie ersetzen, doch mit dieser weiterhin auf die alte neurotische Art und Weise verfahren ... um unser Ego zu erhalten.« In unserem 21. Jahrhundert des Terrors wächst der spirituelle Supermarkt explosionsartig.

Die entscheidende Verbindung ist hier: Der Konsumgeist beruht auf demselben Gefühl eines grundlegenden Mangels.

Die Werbung sagt nie: »Du bist im Grunde gut so, wie du bist – und deshalb solltest du das kaufen.« Die Verkaufsstrategie hat es mit einem kräftigen, verdeckten Angelhaken gewöhnlich auf irgendein verborgenes Unsicherheits- oder Unzulänglichkeitsgefühl abgesehen: »Wenn Sie dieses Auto, diesen Wein, diese Kosmetik, diese Armbanduhr oder diesen Dienst kaufen, werden Sie geliebt werden.« Die verdeckte Botschaft lautet: Ohne dieses Ding, wenn es Ihnen nicht gelingt, es zu erwerben, werden Sie ein armseliger Verlierer sein, für den Rest Ihrer traurigen, einsamen Tage menschlicher Kameradschaft beraubt. Wenn Sie andererseits das Deodorant dieser speziellen Marke kaufen, gibt es Ihnen den Körper und den Geist, den Sie sich wünschen, den Körper und den Geist, die auf ewig für andere begehrens- und liebenswert sind. All diese Verkaufsstrategien beruhen auf der Entwertung dessen, was wir sind. Was bereits ist – sogar das Produkt, das wir letztes Jahr gekauft haben –, ist so viel weniger, als wir durch diese glänzende Neuerwerbung haben und sein könnten.

Dann gibt es Werbung, die auf ein gewisses Überlegenheitsgefühl abzielt: Wenn Sie intelligenter sind, fahren Sie diese Art Wagen. In diesem Fall lautet die Botschaft nicht so sehr, dass Sie »unten durch« sind, sondern dass Ihnen geholfen wird, »obenauf« zu sein – das heißt, eigentlich sind Sie schon »obenauf« und »verdienen« die Dinge, die das auch zeigen. Es gibt viele Variationen dieses Themas. Immer eine Nasenlänge voraus sein zu wollen ist eine endlose Jagd. Sogar in spirituellen Kreisen ist das anzutreffen: »Meine Praxis, mein Lehrer und meine Linie stehen höher als deine. Bei uns gibt's viel mehr Ichlosigkeit!« Der Hauptpunkt bei all diesen Beispielen ist der darunterliegende schauerliche Irrglaube, dass an uns irgendetwas grundlegend falsch sei, dass wir einen Zusatz, eine Verbesserung bräuchten, etwas, das Körper, Gefühle und Geist in Ordnung bringt. Wenn wir dem Albtraum des Materialismus

Glauben schenken, schätzen wir uns selbst, andere und die Welt, die uns umgibt, gering, weil wir ohne Unterlass auf der Suche nach mehr Sicherheit und mehr Dingen sind, einfach immer mehr, mehr und noch mehr wollen.

## Gibt es irgendeinen anderen Weg?

Ich liebe es, diese Themen im Kreis von Meditierenden zu besprechen. Kürzlich berichtete jemand von einer Aussage eines Antikonsum-Aktivisten, die sie gelesen hatte: »Die meisten Leute arbeiten vierzig und mehr Stunden die Woche in Jobs, die sie nicht mögen, um Dinge zu kaufen, die sie nicht brauchen.« In verzagten Augenblicken mögen wir uns fragen: »Ist es nicht einfach so, wie es ist? Gibt es denn irgendeinen anderen Weg, wenn alle das so tun?«

Meditation ist ein Weg, um aus dem Albtraum des Materialismus zu erwachen. Allein indem wir Achtsamkeit und Gewahrsein zu unseren eingefleischten Gewohnheitsmustern des Greifens bringen, unterbrechen wir das automatische Schlafwandeln etwas: »Plötzlich wachte ich auf und fand mich mit einer Kreditkarte in jeder Hand an der Kasse eines weiteren Einkaufszentrums wieder.«

Die Albtraumqualität ist der wiederkehrende schlechte Traum, dass wir nie genug sind, andere nie so sind, wie sie sein sollten, und es auch in der Welt diesen traurigen Mangel gibt. Achtsamkeits- und Gewahrseinsmeditation erlaubt uns diese vorherrschende Idee, diesen Gedanken, mit dem zu vergleichen, was wir tatsächlich in diesem Moment sind: Sie ermöglicht uns zu erkennen, was tatsächlich abläuft, im Gegensatz zu den Stimmen in unserem Kopf, die behaupten zu wissen, was wahr ist. Das ist ein kleiner Schritt in Richtung Demontage des Albtraummechanismus, in Richtung Erwachen aus seiner Täuschung und Erkennen der Fülle dessen, was tatsächlich ist: unser Körper und der Körper der uns umgebenden Welt.

Die Atmosphäre, die Meditation umgibt, ist grundsätzlich warm und einladend. Wir kultivieren Wertschätzung, Freundlichkeit und ein Gefühl der Dankbarkeit für das, was wir schon haben und sind. Das unterhöhlt die Schnelligkeit und Unruhe des Materialismus. Wir schulen uns in einer grundlegenden Wertschätzung. Die Gedanken, die auftauchen, die Gefühle, die am Werk sind, und die Körperempfindungen sind alle ein Ausdruck der ursprünglichen Gutheit. Achtsamkeit schließt alle Aspekte unseres Wesens ein und sieht sie als Teil unseres Reichtums, der Heiligkeit des Lebens und der Welt.

## Natürliche Meditation

Dieses Buch betont durchweg, dass Meditation etwas Natürliches ist. Indem wir Übung und Schulung als einen Ausdruck unserer grundlegenden Natur betrachten, wirken wir dem entgegen, Meditation nur als eine weitere Form von spirituellem Materialismus aufzufassen. Im ersten Kapitel erwähnte ich die Bemerkung eines berühmten tibetischen Meditationsmeisters: »Zu glauben, man müsse Buddha-Weisheit herstellen, ist äußerster Materialismus.« Wenn man an irgendeine spirituelle Übungsform – Achtsamkeit, Chanten, Zazen, Visualisation oder Mantra-Rezitation – mit der Haltung herangeht, dadurch Gutheit zu *erzeugen*, etwas zu bekommen, das man nicht hat, verfehlt man das Eigentliche. In einem früheren Kapitel sprach ich davon, dass Suzuki Roshi betonte, wie wichtig es sei, Meditation mit einer Idee des »Nicht-Erreichens« zu üben. Damit ist das Gleiche gemeint wie mit dem Wertschätzen des Reichtums dessen, was bereits ist.

## Eine Kultur der Täuschung

Heutzutage wird der globalen Erderwärmung viel Aufmerksamkeit geschenkt. Und die Suche nach Wegen, wie man einige der ungesunden Auswirkungen des in unserer Gesellschaft außer Kontrolle geratenen Materialismus verringern kann, scheint wichtiger denn je. Manchmal erscheint die Menschheit wie ein süchtiges, zügelloses Ich, das nur sein Vergnügen im Sinn hat, auch wenn es dadurch das Leben des Planeten zerstört. Trungpa Rinpoche hat die materialistische Lebenseinstellung »Sonnenuntergangswelt«[74] genannt, eine Formulierung, die passender denn je erscheint.

Durch die Herrschaft des Materialismus ist es mittlerweile in unserem Leben ungeheuer wichtig geworden, für unsere Bestätigung etwas oder jemanden von außen zu bekommen. Das führt zu der Versuchung, ein »falsches Selbst«[75] anzunehmen, wie es einige Psychologen nennen. Da ist ein Gefühl, dass da drinnen etwas fehlt – oder schlimmer. Das muss ich möglichst verbergen und eine »vollständige« gefälschte Version meiner selbst präsentieren, damit andere, da draußen, mich mögen und zulassen, dass ich bekomme, was ich möchte.

Dieses falsche Selbst kann immer ein Lächeln zur Schau tragen – wenn wir glauben, dadurch emotionale Bestätigung zu erlangen. Oder wir mögen vorgeben, wir seien robust, hart und unversöhnlich, obgleich wir uns darunter eigentlich auch zart fühlen. Es ist, als ob wir durch die Welt gingen und eine riesige, hohle Maske vor uns hertrügen, die andere sehen, billigen und loben. Wenn diese Maske Bestätigung erfährt – so eine gute, liebe, tapfere, intelligente Person! –, verstärkt das bloß das innere Gefühl der Leere, da wir im Innern nur zu gut wissen, dass die Bestätigung, Zuwendung und Liebe, die wir von außen erhalten, eigentlich dem falschen Selbst gelten. (»Ich bezweifle, dass irgendjemand mich lieben würde, wenn sie wüssten, wie ich im Innern wirklich bin.«) Mag das ein Grund für den leeren, zerbrechlichen Selbstwert so vieler zeitgenössischer Berühmtheiten sein?

Diese Belohnungen des falschen Selbst verstärken wiederum den Griff, in dem uns der innere Mangel hat – und so nimmt die Versuchung der Täuschung zu. Die Auswirkung solcher persönlichen Muster breiten sich wellenartig aus. Menschen, deren Beziehung zu sich und anderen auf solchen Mustern gründet, schaffen eine entfremdete Gesellschaft, in der Gruppen von Masken mit Masken reden. Das Ergebnis ist ein kultureller Nährboden, auf dem Täuschung belohnt und hinter jeder Echtheit nur eine weitere manipulative Strategie vermutet wird. Vertrauen erscheint naiv, wenn nicht unmöglich in diesem Spiegelkabinett. Indem man die Präsentation der Lügen perfektioniert, vergrößert sich die eigene Macht. Trungpa Rinpoche bemerkt dazu: »Täuschung ist die Magie der untergehenden Sonne.«

Hier sind drei Kommentare aus jüngsten Gesprächen über Meditation und die Kultur der Täuschung.

*Frage:* Klar gebe ich zu, manchmal dieses Spiel zu spielen. Ich kann mich zum Beispiel daran erinnern, dass ich bei einem ersten Rendezvous bewusst alle Seiten verborgen habe, in denen ich mich von ihm unterschied. Das Traurige ist, dass diese Gewohnheiten des Täuschens – des Zurückhaltens, wie ich tatsächlich bin – manchmal erst Jahre später zum Tragen kommen, wenn sie schon zur gesamten Beziehungsgrundlage geworden sind. Da beginne ich mich zu fragen, was für eine Art von Nähe das dann sein kann.

*F:* Ja, es ist wie der erste Tag an einem neuen Arbeitsplatz. Man will einen guten Eindruck machen. (Meine Mutter hat immer gemahnt, dass der erste Eindruck viel zählt.) Aber nun sind Jahre vergangen, und ich fülle immer noch alle Lücken in den Kaffeepausen mit einer lustigen Geschichte oder einem Witz, den ich irgendwo gehört habe. Ich bin immer noch damit beschäftigt, Eindruck zu schinden. Und eigentlich hätte ich gern echte Freundschaft mit ein paar meiner Kollegen.

*F:* Und dann gibt es noch die ganze Sache mit den Geschlechterrollen. Soll ich vorgeben, fürsorglicher zu sein, weil das als angemessen »weiblich« betrachtet wird? Was, wenn ich mich im Augenblick nicht besonders fürsorglich fühle? Ich kann wirklich sehen, wie Geschlechterrollen und -erwartungen echtem Bezogensein im Weg stehen können. Ich sehe Männer, die zu zeigen versuchen, dass sie beides sind, sensibel und »männlich«, Söhne von echten Männern. Was passiert, wenn wirkliche Verbindungen zustande kommen, wenn wir nicht versuchen, irgendjemandem irgendetwas zu beweisen?

Durch diese Kommentare zieht sich ein roter Faden der Einsicht: Wir möchten wirkliche, auf Echtheit gegründete Nähe, und gleichzeitig fürchten wir sie. In Trungpa Rinpoches Erläuterungen zu unserer Dienstverpflichtung gegenüber den drei Herren merkt er an, dass wir oft Formen, Worte und Geistesverfassungen benutzen, um uns vor den »Widrigkeiten des Lebens«[76] zu schützen. Das Hören dieser Kommentare und das Nachdenken darüber verdeutlichte mir unsere grundlegende menschliche Verletzlichkeit. Diejenigen, die wir lieben und an deren Wohl uns liegt, berühren unser Herz. Diese grundlegende Offenheit wird dann auf unterschiedliche Weise zugedeckt: aus Angst, auf Grund des schaurigen Irrglaubens über unseren inneren Mangel. Doch im Grunde sehnen wir uns nach Verbundenheit. Wir möchten, dass unser Miteinander bedeutsam und wirklich unterstützend ist. Diese Gespräche führen uns zu einer abschließenden Betrachtung: natürliche Wachheit als Grundlage echter Gemeinschaft.

# Beherzte Gemeinschaften

## *Der gute Boden*
## *des erwachten Herzens*

Der hier vorgestellte spirituelle Pfad führt über steile Berge, durch langweilige Wiesen und in üppig bewachsene Täler – all dies ist ein Teil der Reise von Meditierenden. Für diesen sich entfaltenden Pfad ist es von Anfang an entscheidend, dass wir den »guten Boden« unserer Reise wertschätzen. Dieser Boden ist die »grundlegende Gutheit«, die unserer ursprünglichen Natur innewohnende mitfühlende Wachheit. Suzuki Roshi erinnert daran, dass Buddha-Natur »nur eine andere Bezeichnung für die menschliche Natur«[77] ist. Diese grundlegende Wachheit – die Essenz aller Erwachten – mag durch individuelle Meditationsübung enthüllt und gestärkt werden, aber sie erblüht erst in Form gesunder und mitfühlender menschlicher Gemeinschaften vollständig und in ihrer ganzen Schönheit.

Unsere Sehnsucht nach echter Gemeinschaft spiegelt das eigentliche Wesen des Menschseins wider. Neugeborene brauchen sehr lange, bis sie überhaupt einmal ihre Selbstversorgung in Angriff nehmen. Diesbezüglich sind wir als Gattung einzigartig. Andere Arten – von Enten bis zu Bären – gelangen viel schneller zu vollständiger Reife. Wir Menschen hingegen hängen jahrelang von anderen Menschen ab, damit sie uns in die menschliche Familie einführen, uns die urtypische Art des Menschseins zeigen. Wild aufgewachsene Kinder – Kinder, die von Tieren gestohlen wurden, wie der Junge, den François

Truffaut in seinem Film *L'Enfant Sauvage* (*Der Wolfsjunge*) porträtiert – haben gewöhnlich große Schwierigkeiten, wieder Eingang in die menschliche Gemeinschaft zu finden, sprechen zu lernen oder aufrecht zu gehen. Andere Menschen um sich zu haben, sie reden oder lachen zu hören und ihre freundlichen Gesichter zu sehen, die uns liebevoll anstrahlen, wirkt sich physiologisch auf die Entwicklung und Reifung unseres Nervensystems aus. Es ist eine einfache, wissenschaftlich erwiesene Tatsache: Um vollständig menschlich zu werden, ist die Gegenwart anderer Menschen absolut unerlässlich.

Unsere grundlegende, von Herzen kommende Menschlichkeit existiert also sowohl als angeborenes Potenzial (unsere Natur als Mensch) als auch als eine Qualität, die durch sanfte Kultivierung sorgfältig geschult werden muss. Suzuki Roshi pflegte durch die Reihen seiner Schüler zu blicken und zu witzeln: »So wie ihr seid, seid ihr vollkommen – und ihr könntet etwas Verbesserung vertragen.«[78] Im Zusammenhang der Menschwerdung nennt man diese Sozialisation »kulturelle Anpassung« – die Art, wie unser inneres Potenzial wächst, sich entfaltet und zur Reife gelangt. Jemand zeigt uns, wie man sich die Schuhe bindet, wie man einen Witz erzählt, wie man sich richtig entschuldigt. Uns allen werden grundlegende kulturelle Gepflogenheiten vermittelt. Wir könnten es den allgemeinen Pflichtkurs in den Grundlagen des Menschseins nennen: »So trauern wir um unsere Toten; so gibt man einen Gute-Nacht-Kuss; so sagt man ›Guten Morgen‹ (*buenos días, ohayo gozaimasu, bonjour*).« Jemand bringt uns bei: So geht man zur Geburtstagsfeier eines guten Freundes; so bläst man die Kerzen aus; so hilft man danach beim Aufräumen. All diese Handlungen sind erlernt – nicht genetisch kodiert –, und zwar von anderen Menschen, die weitergeben, was an sie weitergegeben wurde: ein Lieblingsfamilienrezept für eine köstliche Bratensoße oder für pikante Dips; eine Liebe zu Bäumen, zum Jazz oder zum Meer; eine Leidenschaft für Filme, Sport oder soziale Gerechtigkeit. So spielt man Akkorde auf einer Gitarre, so singt man ein Lied, so schießt man ein Tor, so schreibt man seinen Namen in den Sand und so tanzt man. Unsere ersten Lehrer waren diejenigen, die uns in die elementaren menschlichen Verhaltensweisen eingeführt haben. Sie vermittelten uns die Kunst des Menschseins.

So vermengt unser Pfad des Erwachens erneut Schulung und Natur. Wie wir bei der Meditation gesehen haben: Ohne Samen werden all unsere Bemühungen in der Welt fruchtlos bleiben. Der Urahn Tilopa hat die Einsicht übermittelt, dass das emsige Pressen von Sand mit Stößel und Mörser nie Sesamöl hervorbringen wird – ganz gleich, wie fest und lange wir pressen. Ohne etwas Bemühung hingegen schlummern auch die besten Samen weiter und bleiben ohne Ausdruck. Dieses Kapitel erforscht unsere Natur der liebenden Güte, die vielen Arten, wie sie verdeckt wird, und den Weg zur Enthüllung dieser Verletzlichkeit als wahre Stärke. Wir schauen uns das Leben mit anderen sowohl als direkten *Pfad* an, der das Herz aufweckt, als auch als angestrebte kollektive *Verwirklichung*: eine mitfühlende Art des Zusammenlebens und des Schaffens einer erleuchteten Kultur.

In unserer heutigen Zeit von zunehmender Gewalt, häuslichem Missbrauch und Krieg lohnt es sich besonders, darüber nachzudenken. Einer der größten Lehrer von grundlegender, von Herzen kommender Menschlichkeit lebte im alten China. Der im Westen als Konfuzius bekannte Meister Kung lebte in einer Zeit, die Gelehrte die Zeit der streitenden Reiche nennen. Er lehrte einen kontemplativen Pfad, wie man die Verbindung zu seinem menschlichen Herzen wiederfinden kann – und zu der grundsätzlichen Menschlichkeit, die auch in unseren bedrohlichsten Feinden wohnt. Er lehrte einen Weg des Friedens, der das Kultivieren menschlicher Güte und gegenseitigen

Respekts betonte. Alle – auch jene, die uns schaden – hatten
eine Mutter, jemand, der sich um ihr Wohl sorgte, um deren
Wohl sie sich sorgten und den sie liebten. Wie es in den Lehren
des Mahayana*-Buddhismus heißt, besitzen auch die wildes-
ten Tiere etwas Zärtlichkeit für ihre Jungen. Auch jene, die
gewalttätig werden, besitzen eine grundlegende Sanftmut, die
dick von Gewohnheiten der Gier und Aggression überlagert
ist. Einsicht zeigt uns, dass die Arroganten und Ichbezoge-
nen unter uns unter vielen Schichten der Verwirrung leiden.
Ihre verwirrten Handlungen rühren von einer elementaren
Unkenntnis, einem grundlegenden Verkennen der Natur der
menschlichen Verletzlichkeit. Wir besitzen von Natur aus Ein-
fühlungsvermögen und Zartheit. Wir spüren die Traurigkeit
und die Freude anderer und sprechen darauf an. Wir schwin-
gen mit – genau, wie eine Gitarrensaite vibriert, wenn eine
Nachbarsaite gezupft wird. Doch wenn wir die Verbindung
mit dieser grundlegenden, von Herzen kommenden Menschlichkeit verlieren, sind wir Menschen zu enormer Zerstörungs-
wut fähig, wie das Schlachthaus der Menschheitsgeschichte im
Übermaß zeigt.

Über diese elementare menschliche Herzensqualität nachzusinnen und sie zu berühren ist eine der besten Arten, sie zu
entfalten und zu stärken, um schließlich völliges Vertrauen in
diese ursprüngliche Natur der Gutheit zu erlangen. Wir können den inneren Impuls zu wohlwollender Rede und Hand-
lung dadurch beschleunigen, dass wir über einen einfachen
Satz wie »Mögen alle Wesen glücklich sein« nachsinnen. Je tiefer wir einen solchen Impuls in uns verwurzeln, desto häufiger
wird unsere erste Reaktion auf andere Menschen (ob zuhause
oder am Arbeitsplatz) Freundlichkeit und liebende Güte sein.

Im ersten Kapitel gaben wir zu bedenken, dass sich alle von
jeder Form von Mitgefühlsschulung, so gut es geht, fern halten
würden, wenn ihnen solch ein Impuls der menschlichen Natur

nicht zutiefst zu eigen wäre (ein Teil dessen, was Trungpa Rinpoche unsere »erleuchteten Gene« nennt). Als ich in Nordkalifornien lebte, brannten wir zur Insektenabwehr abends auf der Veranda nach Zitronengras duftende Kerzen ab. Wenn wir nicht bereits von Natur aus zu Herzensgüte neigten, würden wir alle allein die Worte »Mitgefühl« oder »Liebe« meiden, als wären sie beißende Abwehrmittel: »Tut mir leid, dieses Güte-Zeug ist eindeutig nichts für mich. Nein, nein! Ich bin nur daran interessiert, immer obenauf zu sein. Deshalb möchte ich lernen, egoistischer zu werden und die Welt besser manipulieren zu können. Andere? Wen kümmern die?«

Traleg Kyabgon zeigt in seinen inspirierenden Belehrungen über das Kultivieren eines erwachten Herzens[79] auf, dass wir wahre Einsicht besitzen, wenn wir erkennen, dass solche Selbstbezogenheit im Grunde schwächt, dass ein offener Geist und ein fürsorgliches Herz wahrhaft stark machen und unser Leben sowie das anderer bereichern.

Unsere grundlegende Sehnsucht nach Gemeinschaft ist hier die Hauptzutat. Den Pfad der natürlichen Wachheit zu gehen bedeutet, zu erkennen, dass wir nicht nur an unserem eigenen Körper und Geist interessiert sind, sondern auch am Wohl anderer: dem Wohl unserer Familie, unserer Freunde, Nachbarn, Kollegen, Kunden, Patienten, Klienten, Klassenkameraden, Bandmitglieder, Teams, Online-Kontakte, von religiösen Vereinigungen und spirituellen Gemeinschaften wie auch von Mitbürgern unseres Landes und von Bewohnern unseres Kontinents und unseres Planeten. Willkommen in der Familie des großen Mitgefühls.

## Der Pfad mitfühlenden Heldenmuts

An der Kultivierung eines mitfühlenden Herzens sind sowohl
unsere innere Haltung als auch unsere Handlungen beteiligt.
Zunächst stärken wir innerlich eine Haltung der Fürsorge und
den dazu gehörenden Mut. Wenn wir nach Indien fahren wollen, denken wir erst einmal über die Gründe nach, warum wir
das wollen, über unsere Motivation. Ist es das wirklich wert?
Wie viel wird es kosten und wie schwer ist es, jetzt zu fahren?
Welchen Nutzen wird es für uns und andere haben? Der große
indische Mahayana-Meister Shantideva (Göttlicher Friede)
schrieb, dass die Mühen des Pfades zum Erwachen winzig erscheinen, wenn man sie mit dem enormen Nutzen vergleicht,
den das Wecken von Mitgefühl bringt. Der erste Schritt besteht darin, den Wunsch, das Streben, das Verlangen zu festigen, vollständig aufzuwachen und ein starkes, sanftmütiges
Wesen zu sein. Aber die Stärkung unserer Absicht, anderen
materiell, psychologisch und spirituell von Nutzen zu sein und
zu helfen, ist nur die Vorbereitung auf die tatsächliche Umset-
zung. An einem bestimmten Punkt gilt der Spruch: »Sitz nicht
hier herum, tue etwas!« Lassen Sie uns nun einige Arten ansehen, wie man eine erleuchtete Haltung kultiviert, und danach
zu der Herausforderung übergehen, diese Absicht in unserem
Leben umzusetzen.

## Über Mitgefühl kontemplieren

Die jahrhundertealte Tradition des kontemplativen Mahayana
ist tiefgründig und riesengroß. Sie birgt vielfältige und geschickte Arten, das Herz zu erwecken. Da gibt es zum Beispiel
die kontemplative Übungsform des *Tonglen*, des »Aussendens
und Aufnehmens«, bei der man Güte aussendet und das Leid

anderer auf sich nimmt. Diese weithin gelehrte Übungsform ist selbst Teil eines ganzen Sets durch und durch praktischer Lehren, die auf Tibetisch *Lojong* heißen, was wörtlich »den Geist schulen« bedeutet.

Die hier vorgestellten speziellen Unterweisungen in kontemplativer Meditation gründen auf den Methoden, die mein Lehrer Sakyong Mipham weitergab. Bei dieser Kontemplationsart verbindet man seine Aufmerksamkeit in Form von Worten, eines Satzes oder einer Losung mit einem Gedanken oder einer Absicht. Wie traditionell üblich können wir über grenzenloses Mitgefühl kontemplieren, indem wir den Satz benutzen: »Mögen alle Wesen frei sein von Leiden.« Wenn der Geist abschweift, kehren wir zu diesen Worten als unserem Anker zurück. Wir benutzen die Worte, um die tiefere Bedeutung von Mitgefühl auszuloten und ein tatsächliches Gespür dafür zu bekommen.

Wie geht das? Es ist, als ob wir auf den Boden eines klaren, blauen Sees tauchen wollten; vielleicht halten wir uns an einem schweren Stein fest, der uns mit in die Tiefe zieht. Hier sind diese Worte (»Mögen alle Wesen frei sein von Leiden«) unser Stein – und wir wiederholen sie still für uns und denken über ihre Bedeutung nach. Das Aussprechen der Worte regt an, dass Bilder verschiedener Arten von Leid in unserem Geist auftauchen, verschiedene Formen von physischem Leid, Seelenpein, Angst und das Wurzelleid der spirituellen Fixierung. Sie alle berühren unser Herz und entfachen die Wärme des Mitgefühls. Während Bilder des Leids aufsteigen, wecken und stärken wir den Wunsch, dass alle Wesen befreit werden, die im Ozean des Leidens ertrinken. Wenn etwas Mitgefühl – hier als der Wunsch verstanden, dass Wesen nicht leiden – spürbar wird, können wir die Worte ziehen lassen und einfach in diesem starken Herzenswunsch selbst ruhen. Wenn der Geist wie üblich abschweift (»Habe ich diese Mail von Ted schon

beantwortet?«), kehren wir zu dem Satz zurück, der Gegenstand unserer Betrachtung ist, und verfahren wie zuvor, indem
wir unseren mitfühlenden Entschluss, die Wesen von Leid zu
befreien, weiter vertiefen und festigen.

Viele Hindernisse, die bei dieser Übung auftauchen, sind
uns von der Achtsamkeitsmeditation bekannt. Der Geist wird
in Spielwiesen der Ablenkung abwandern (»Was für eine neue
DVD wollte ich ausleihen?«) und sogar zu sinnvollen Gedanken an die Arbeit (»Ich sollte sie wegen der Terminpanne wirklich bald zurückrufen.«). Unser vorheriges Training im Zähmen des Geistes wird uns dabei nützen, Herz und Geist weiter
zu schulen, sich zu öffnen. Auch durch die Kontemplations-
übung setzen wir die Zähmung unseres Geistes fort: »Bleib
hier, bleib hier, denke über die Bedeutung der Worte nach [ge-
folgt von einer Periode des Umherwanderns]; komm wieder
zurück; bleib hier ..., bleib hier ...«, und so weiter. Für erfahrene Meditierende ist diese kontemplative Reise sowohl vertrautes Terrain als auch Neuland: Nun setzen wir in unserem
Prozess des Erwachens unsere *Gedanken* und unsere *Vorstel-
lungskraft* auf geschickte Weise ein.

Wir mögen während der Kontemplation auch einige derselben gewohnten Muster und emotionalen Konflikte bemerken,
die sich während der Achtsamkeits- und Gewahrseinsübung
zeigten. Wenn Eifersucht unsere bevorzugte Neigung ist, wird
vielleicht schon die bloße Idee von Mitgefühl unseren Widerwillen und sogar Widerstand auf den Plan rufen, sodass uns
das am Ende davon abhält, von ganzem Herzen zu wünschen,
dass Jay nicht leidet – schließlich hatte er es so leicht, dass er
ein paar Knüppel zwischen die Beinen verdient, nicht wahr?
Das ist ganz klar ein Hindernis zur Entfaltung vollkommenen
Mitgefühls. Wenn wir Pam ihre berufliche Beförderung miss-
gönnen (»Warum habe ich nicht diese Stelle bekommen?«),
werden wir vielleicht bemerken, dass unsere Betrachtung dann

genau in dem Augenblick abdriftet, in dem wir uns an ihr Gesicht erinnern. Es kann sein, dass Sie sich während der Kontemplationssitzungen oft beim Einnicken ertappen, auch wenn Sie reichlich Schlaf hatten und gut ausgeruht sind. Auch hier gilt wieder, die allgemeinen Richtlinien des Anspannens und Lockerlassens anzuwenden und das Auge der Erkenntnis für wiederkehrende Gewohnheitsmuster und reaktive emotionale Spurrillen zu schärfen.

Während dieser Kontemplation tauchen vermutlich dieselben Muster der Reaktivität auf wie in unserer Achtsamkeitsübung: Abwehrhaltung, Rachephantasien und ausgeklügelte Pläne, wie man ein Vergnügen nach dem anderen bekommen könnte. Da es bei diesen Betrachtungen um andere geht, kann es gut sein, dass widerstreitende Gefühle auftreten – einschließlich der Gefühle des Verzagens und der Entmutigung in Bezug auf den ganzen Prozess.

In Gruppenklausuren weist oft irgendjemand darauf hin, dass es nicht sehr wahrscheinlich ist, dass alle Wesen irgendwann in näherer Zukunft glücklich – oder frei von Leiden – sein werden: »Warum tut man das dann?« Bei dieser Betrachtung geht es nicht um die Wahrscheinlichkeit, ob Wesen Glück oder die Ursache von Glück, sagen wir, bis nächsten Donnerstag erfahren. Genauso wenig hält man sie für eine der »besten Übungsformen«, um dieses sehnlichst erwünschte Resultat sobald wie möglich hervorzubringen. Diese Kontemplation geht sozusagen gegen den Strom solch pragmatischer Erwägungen und Voraussagen. (Zu jeder anderen Zeit ist es sicherlich sinnvoll, die Wirksamkeit verschiedener Arten der Hilfe zu durchdenken; das wäre indes eine andere kontemplative Erforschung, nämlich der Angemessenheit der Mittel, *Upaya*[80].) Der Hauptzweck dieser Kontemplation ist das Stärken unseres Wunsches, dass es anderen gut gehen möge. Im Augenblick arbeiten wir daran, unseren Herzenswunsch zu festigen: »Möge das Leid aller Wesen gelindert werden; mögen sie aus dem Gefängnis der Verwirrung befreit werden.«

Warum tut man das? Weil, zumindest anfänglich, auch unser Wünschen instabil und »wischiwaschi« ist. An manchen Tagen stehen wir auf und wünschen wahrhaftig, dass es anderen gut geht – und diese einfache Herzensgüte mag fast den ganzen Tag andauern. An anderen Tagen sind wir indes auch gegenüber unseren Lieblingskollegen auf der Arbeit argwöhnisch und unbeherrscht, kleinlich und engherzig – in Gedanken, beim Reden und Handeln. Wenn wir bereits stets in grenzenloser liebender Güte und Mitgefühl verweilten, dann bräuchten wir diese Kontemplationen nicht zu üben. Da das für die meisten von uns nicht der Fall ist, gilt nach wie vor Dr. Buddhas weise Verordnung: »Nimm die Medizin der Übung regelmäßig ein, bei Bedarf morgens und abends.«

Obgleich diese Praxis des Kultivierens von liebender Güte (*Metta, Maitri*) und von Mitgefühl (*Karuna*) zu einer traditionellen Sequenz von Betrachtungen, den »vier Grenzenlosen«[81] gehört, entdecken viele von uns während des Übens die offensichtlichen Grenzen der Strahlkraft ihres Herzens. Im Moment fällt es mir noch etwas schwer, dem Politiker, den ich am wenigsten mag, Glück zu wünschen. Wie immer ist es wichtig, ehrlich zu sein – und sich nicht über sich selbst zu ärgern, weil man noch keine unbegrenzte Freundlichkeit verwirklicht hat. Wir fangen dort an, wo wir sind, wie eine berühmte amerikanische buddhistische Nonne uns erinnert, und schließen als Grundlage für das Ausdehnen von Herzensgüte auf andere mit uns, so wie wir sind, Freundschaft.

Kontemplationspraktiken halten einen hellen, klaren Spiegel hoch, der die Verfassung unseres Geistes und Herzens genau reflektiert. Es kann ernüchternd sein, plötzlich mitzubekommen, wie tief verwurzelt unsere eigennützigen Neigungen sind. Sakyong Mipham sagt: »Viele von uns sind Sklaven ihres

Geistes. Unser eigener Geist ist unser ärgster Feind. Wir wollen uns konzentrieren, aber unser Geist schweift ab. Wir versuchen den Stress gering zu halten, aber Angst hält uns in der Nacht wach. Wir würden gern gut zu den Menschen sein, die wir lieben, aber dann vergessen wir das und kümmern uns lieber zuerst um uns selbst.«[82] Diese »vergessliche« Selbstbezogenheit ist nicht wirklich ein Versehen; wir entdecken damit tief sitzende Gewohnheiten unseres Herzens. Wenn wir erkennen, wie sehr das Ich die treibende Kraft ist, haben wir einen ersten Schritt getan, um diese Neigungen durch Harmonie stiftende Gewohnheiten zu ersetzen, die mehr mit unserer mitfühlenden Natur im Einklang sind.

## Wahrhaft fortgeschrittenes Üben im Alltag

*Die tagtägliche Übung besteht schlichtweg darin,*
*vollständige Annahme und Offenheit*
*gegenüber allen Situationen und Gefühlen*
*zu entwickeln.*
Trungpa Rinpoche[83]

Nachdem wir in Herz und Geist Fürsorge für andere geweckt haben, gehen wir mit dieser Motivation, dem starken Wunsch, anderen von Nutzen zu sein, in den Alltag. So wie uns ein mächtiger Fluss mit sich reißen kann, so trägt uns dieser innere Strom zum Handeln: materielle Unterstützung und Ermutigung zu geben, Geduld zu üben, die eigenen Grenzen zu erweitern, um anderen ihre Last zu erleichtern – und sie dann noch ein Stück zu erweitern. Für die meisten von uns ist es nicht abzusehen, dass es irgendwann an Gelegenheiten mangeln wird, mit dem Kummer, dem Leid und der Verzweiflung um uns herum zu arbeiten.

Es ist hilfreich, wenn man die täglichen Herausforderungen in der Familie und in Arbeitsbeziehungen als Möglichkeiten nutzen kann, sein Herz aufzuwecken, sozusagen als Schritte auf dem Pfad des Mitgefühls. All unsere Interaktionen mit anderen enthalten eine Botschaft, angefangen bei den kleinsten Ärgernissen zuhause (»Verdammt, wer hat denn die Kühlschranktür wieder offen gelassen?«) bis zur Zunahme von rüdem Benehmen in der Öffentlichkeit (aggressives Fahrverhalten, weil es uns nicht schnell genug geht). Die Art, wie wir morgens zur Arbeit fahren, wie wir sprechen, wie wir jemandem einen Ordner reichen: Entweder drückt sie Zerstreutheit, Achtlosigkeit und Eile aus oder achtsame Rücksichtnahme auf andere und Achtung vor ihnen.

Menschen sind empfänglich für das, was um sie herum geschieht. Manche Arbeitsplätze sind erfüllt von Lästereien und spitzen Bemerkungen, unterschwelligem, kaum verborgenem Groll und Eifersucht. An solche Orte kehren wir nur sehr ungern zurück, nicht wegen der Arbeitslast (die in solchen Umgebungen oft beängstigend groß erscheint, größer, als sie es tatsächlich ist), sondern weil wir die Atmosphäre hassen: Sie strahlt Entmutigung und stille Hoffnungslosigkeit aus.

Wenn wir uns daranmachen, unser Herz aufzuwecken, versuchen wir jede Umgebung mit einer starken Motivation von Fürsorge und Wertschätzung zu betreten. Wenn wir mit unserem eigenen Herzen verbunden sind, ist unsere Art zu sein für andere auf natürliche Weise ermutigend, fördert ihre Unerschrockenheit und Echtheit. Das französische Wort *cœur* bedeutet »Herz«. Es ist der Ursprung des englischen Worts »*courage*« (Mut). Dem tibetischen Lehrer Patrul Rinpoche wird nachgesagt, dass er Menschen nicht mit der Frage »Wie ist es dir ergangen?« begrüßt hat, sondern mit: »Ist dein Herz gütig gewesen?« Es wäre lohnend, am Ende eines Tages unsere Handlungen innerlich durchzugehen und uns zu fragen, ob das, was wir getan oder gesagt haben, entmutigend oder ermutigend für die Menschen unserer Umgebung gewesen ist. Diese Selbstreflexion ist keine Sache von Lob oder Tadel, eines Sternchens oder eines inneren Verweises. Es geht dabei darum, tagtäglich auf unsere innere Verfassung und ihren Ausdruck zu achten. Wir werden nicht nur in eine bestimmte Umgebung hinein geboren; wir erschaffen auch die Umgebung, in der wir leben und arbeiten. Der Titel eines Gedichtbands drückt das so aus: »Das Leben, das du bestellt hast, ist eingetroffen.«[84] Eine solche tägliche Kontemplation stellt uns einfach die Frage: Welche Art von Leben bestellst und erschaffst du für dich und andere?

Nun sind wir bereits vom Stärken unseres Geschicks im mitfühlenden Wünschen zur Betrachtung übergegangen, wie wir dies konkret in soziales Engagement »übertragen« können. Die Frage lautet hier: Was tun wir und wie tun wir es? Beachten Sie jedoch, dass wir – ob in einem Streit auf der Arbeit über die Einhaltung eines Termins für ein Projekt oder in einem Familienrat über die steigenden monatlichen Ausgaben – immer wertvolle Rückmeldungen über unsere Geistesverfassung erhalten: Sind wir stolz und dominieren andere? Kein Wunder, dass sie unserer neuesten brillanten Idee so viel Widerstand entgegensetzen! Sind wir möglicherweise einfach feige und schwach – geben um des Friedens willen vor mitzuziehen, während sich die ganze Zeit in uns Unmut anstaut, der sich irgendwann in irgendeiner messerscharfen Bemerkung Luft machen wird? Das ist auch Achtsamkeit auf den Geist – nicht bloß das stille Sitzen auf einem Stuhl oder Kissen. Genau der Moment, in dem man ungeduldig wird – »Warum braucht er so lange, um sich zu entschuldigen?« –, ist die ideale Gelegenheit, um uns in Geduld zu üben und den gegenwärtigen Augenblick jenseits von Hoffnung und Furcht zu erkennen.

Es begegnen uns zahllose Herausforderungen, um unsere mitfühlende Absicht auszuleben: Deshalb spricht man vom Pfad des Heldenmuts. Wir entdecken, dass es viel leichter ist, still in einer ruhigen Meditationshalle zu verweilen als sich in überfüllten, geschäftigen Büros, auf verkehrsreichen Straßen oder Autobahnen, in U-Bahnen oder Bussen aufzuhalten. »Übertragen« bedeutet, dass wir anfangen, Geschick im Umgang mit anderen zu erwerben. Es reicht nicht aus, bloß zu wünschen, dass es anderen gut gehen möge. Unser Leben lehrt uns, dass diese Tat hier und jenes Wort dort einfach nicht hilfreich waren. Das ist kein geheimnisvoller Prozess. Man sagt uns: »Schon gut. Höre auf zu versuchen, so hilfreich zu sein; das macht es nur schlimmer!« Das ist eine eindeutige Rückmeldung. Wir können unser Vorgehen dementsprechend ändern: Nicht jedes Problem muss gelöst werden; manchmal ist es mehr als genug, einfach da zu sein. Zu anderen Zeiten müssen wir uns aktiv einbringen – mit Essen, Geld, Dingen, tatkräftiger Hilfe, damit jemand die Dienstleistungen bekommt, die er und seine Kinder dringend benötigen. In solch einem Augenblick reicht es nicht aus nur *Tonglen* zu üben. (»Tut mir leid, ich sehe, dass du blutest, aber ich muss erst mehr meditieren, bevor ich wirklich helfen kann.«) Bei der *Tonglen*-Übung geht es darum, unsere Motivation auf erwachtes Handeln vorzubereiten. Wenn der Augenblick, der unsere Aufmerksamkeit erfordert, gekommen ist, wäre Zögern ein Verstoß gegen unsere eigene Verpflichtung zum wachen Dienst am Nächsten.

Den Einsatz angemessener Mittel lernen wir also gewissermaßen beim Tun selbst. Es gibt keinen anderen Weg. Es ist zwangsläufig ein Prozess des Ausprobierens, ein Pfad, auf dem wir bereit sind Fehler zu machen und aus ihnen zu lernen. Wir können uns mitfühlendes Geschick im Einsatz der angemessenen Mittel nicht aneignen, indem wir in Klausur bleiben oder den Konflikten des Lebens aus dem Weg gehen. Wir können uns »Geschick im Einsatz der Mittel« nicht theoretisch im Voraus aneignen; das wäre, als ob man versuchte, argentinischen Tango tanzen zu lernen, indem man sich das ruhig vor einem Computerbildschirm sitzend ansieht. Wenn wir schwimmen lernen wollen, müssen wir irgendwann ins Wasser.

Das turbulente Auf und Ab des Lebens – einschließlich »Arbeit, Sex und Geld«, wie Trungpa Rinpoche es formulierte – sind wahre Übungsfelder für Heldenmut und Kriegerschaft. Die Herausforderungen unseres Lebens sind ideale Situationen, um aufzuwachen und um andere zu ermutigen; und diese Herausforderungen gilt es in diesem konkreten Leben anzunehmen, dem Leben, das wir in diesem Augenblick führen, nicht in irgendeinem Phantasieleben: mit den zwischenmenschlichen Beziehungen, dem Arbeitsplatz und der Nachbarschaft, die wir haben, der Stadt und dem Land, wo wir leben. In *Das Buch vom meditativen Leben* drückt Trungpa Rinpoche das unmissverständlich aus: »Unsere Verbindung zu anderen Menschen und unsere Sorge um ihr Wohlergehen ... darf nicht bloße Theorie bleiben. Der konkreteste Ausgangspunkt für ein mitfühlendes Miteinander und den Einsatz für das Wohlergehen anderer ist unsere eigene häusliche Situation und von da aus können wir weiter nach außen gehen. Ein wichtiger Schritt auf dem Weg zum Krieger ist, sich auf seine familiären Verpflichtungen einzulassen und sich dieser Aufgabe voller Achtung und Hingabe zu widmen, um das Bestmögliche daraus zu machen.«[85]

## Der natürliche Pfad zur Erweckung des Herzens

Wir haben betont, dass man sich auf dem Weg achtsamen sozialen Engagements bemühen muss. Es erfordert Disziplin und Bemühung, unsere Geistesverfassung zu bemerken, über unsere eigenen Interessen hinauszugehen, uns anderen zuzuwenden und dabei zu bleiben. Indes sind viele Möglichkeiten in unser Leben bereits direkt eingebaut, um unsere Gutheit aufzudecken und reifen zu lassen – ein weiteres Zeichen dafür, dass der Pfad einer von Herzen kommenden Menschlichkeit völlig natürlich für uns ist und vielleicht sogar universell. Es ist ein tiefes und mächtiges inneres Verlangen, zu einem liebevollen und beherzten Zusammenleben mit anderen zu erwachen. Indem wir aufwachen und anderen helfen, gehen wir mit dem Strich unserer Natur.

Nehmen wir das Beispiel von Elternschaft als Pfad. Dazu gehört Zärtlichkeit und Liebe, die spontan da zu sein scheinen. Ebenso erfordert sie Integrität und die Fähigkeit, ein fürsorgliches, aber festes Nein verlauten zu lassen. Auch durch die Liebe und Fürsorge für unsere eigenen Eltern bilden wir mitfühlende Herzensqualitäten aus, die im Verlauf der Zeit immer mehr reifen. Auf ähnliche Weise fördert jede Kunstform, mit der wir uns beschäftigen, das kreative Spiel mit Form, Farbe, Klang und körperlicher Bewegung – ein Fest der Gutheit unserer Sinne und der Welt der Erscheinungen. Die Heilkünste gehen in eine ähnliche Richtung, und die Kampfkünste sind dafür berühmt, »Himmel und Erde zu verbinden«. An manchen Tagen fühlt sich die Anstrengung bei der Arbeit erhebend und inspirierend an, weil wir uns daran freuen, anderen zu helfen – das ist Arbeit als spirituelle Praxis. In Zeiten der Trauer ein guter Freund sein – all das sind Pfade der natürlichen Entfaltung der Fülle des menschlichen Herzens.

## Hindernisse beim Aufbau erwachter Gemeinschaften

Wenn also das Aufwachen zum Wohl anderer ein so starker, allgemein vorhandener, anhaltender Drang ist – wie ein großer unterirdischer Strom, der immer wieder zur Oberfläche aufsteigt –, warum finden sich die meisten von uns in Nachbarschaften, Gemeinden, Städten und Ländern wieder, die man bestenfalls als »unerleuchtete Gesellschaften« charakterisieren könnte? Wenden wir uns also noch einmal dem zu, was uns im Weg steht, nun nicht in unserem individuellen Körper und Geist, sondern in der Gesellschaft im Allgemeinen. Wir müssen uns auch die kollektiven Hindernisse für Mitgefühl ansehen, die fast dämonischen Kräfte der materialistischen Einstellung und Praxis, den großen Zerstörer des Geistes von erwachter Gemeinschaft.

Im Jahr 2000 hat der Harvard-Professor Robert Putnam seine große Studie über die neuesten Veränderungen im gesellschaftlichen Leben der Vereinigten Staaten veröffentlicht, *Bowling Alone: The Collapse and Revival of American Community*[86]. Putnam erklärt: »Das vorherrschende Thema ist einfach: In den ersten beiden Dritteln des zwanzigsten Jahrhunderts gab es in Amerika eine mächtige Welle zunehmenden Engagements für das gemeinschaftliche Leben. Doch vor ein paar Jahrzehnten hat sich diese Welle – ganz still und ohne Vorwarnung – gedreht, und wir wurden von einer heimtückischen Rückströmung überrascht. Ohne dass es zunächst auffiel, entfernten sich die Menschen im letzten Drittel des Jahrhunderts immer mehr voneinander und von ihren Gemeinschaftszusammenhängen.«[87] Putnams Studie betrachtet den Rückgang der »Verbindungen am Arbeitsplatz« und bei der Beteiligung am religiösen, gesellschaftlichen und politischen Leben. Er zieht verschiedene Gründe für diese Veränderungen in Betracht – und misstraut Erklärungen, die sie auf eine

einzelne Ursache zurückführen: »Es ist verführerisch anzunehmen, dass eine große Wirkung (wie der Rückgang des sozialen
Engagements) eine große Ursache hat (wie, dass beide Eheleu-
te ihrer Karriere nachgehen oder der Materialismus oder das
Fernsehen), aber das ist gewöhnlich ein Trugschluss. Ein gesell-
schaftlicher Trend, der so weit reichend ist wie derjenige, den
wir untersuchen, hat wahrscheinlich vielfältige Ursachen.«[88]

Aus dem Spektrum der möglichen Ursachen wählte ich hier
den steigenden Trend des Materialismus – nicht als Einzelfak-
tor-Erklärung, aber als den Faktor, dessen Mitwirkung an der
gegenwärtigen Krankheit unserer Gesellschaft aus spiritueller
Sicht am relevantesten ist. Rufen Sie sich erneut ins Gedächtnis, dass der Kern der materialistischen Einstellung ein Gefühl
der persönlichen Unzulänglichkeit ist, das Empfinden, dass
»ich im Innern einfach nicht genüge«. »Um mich wirklich lieben und achten zu können, muss ich vorgeben, anders zu sein,
als ich bin; ich muss mehr sein und haben.« Dieser Mangel an
Selbstachtung ist dann der Antrieb für das zunehmend verzweifelte Streben, Dinge zu erwerben und anzuhäufen und zu
versuchen, dieses innere Gefühl der Leere, der Bodenlosigkeit
und des Nie-gut-genug-Seins zu kompensieren. Nach den Lehren von Trungpa Rinpoche lassen wir uns immer wieder von
den drei Herren des Materialismus verführen, weil sie uns das
falsche Versprechen größerer Solidität geben. Dieser spirituelle
Hintergrund macht einige der Trends und Untersuchungs-
ergebnisse verständlicher, die Putnam anführt: »Als die Roper-
Meinungsforscher 1975 fragten, was zu einem ›guten Leben‹
gehört, sagten 38 Prozent aller Erwachsenen ›viel Geld‹, und
ebenso viele wählten ›eine Arbeit, die zum Wohl der Gesellschaft beiträgt‹. Die gleiche Frage wurde alle drei Jahre erneut gestellt, und bis 1996 war die Zahl derjenigen, die etwas
zur Gesellschaft beitragen wollten, auf 32 Prozent gesunken,
während die Zahl derjenigen, die nach viel Geld strebten, auf

63 Prozent angesprungen war.«[89] Wir wenden uns voneinander ab, weil wir Angst haben. Wenn das Einzige, was Sicherheit verspricht, das Ansammeln von Dingen ist, scheint Großzügigkeit gegenüber anderen ein törichter Luxus zu sein. Die zunehmende Verführbarkeit durch das Erreichen materieller Sicherheit entspricht der allmählichen Zersetzung des Gemeinwohls. Diese allgemeine kulturelle Misere hat spürbare Auswirkungen auf das Individuum. Putnam erwähnt, dass Epidemiologen des öffentlichen Gesundheitswesens eine Zunahme der Selbstmord- und Depressionsraten über mehrere Generationen hinweg befürchten. Er zitiert den Psychologen Martin Seligman: »Die Depressionsrate hat sich in den letzten beiden Generationen grob verzehnfacht.«

Unter einer solchen kollektiven Traurigkeit und Hoffnungslosigkeit liegt eine Angst, die direkt damit zusammenhängt, dass wir anderen weniger vertrauen. Putnam dazu: »Der Anteil der Highschool-Abgänger, die zustimmten, dass ›man den meisten Menschen trauen kann‹, war 1995 bei den späten Jahrgängen der Generation X genau halb so hoch (23 Prozent) wie 1976 bei den späten geburtenstarken Jahrgängen (von denen 46 Prozent vertrauten).«[90] Hier ist eine schmerzliche Ironie von unbeabsichtigten Folgen am Werk: Die materialistische Strategie zum Erreichen eines »guten Lebens« legt nahe, dass jeder sich ganz eng auf das konzentriert, was er für sich erwerben kann, wodurch wenig Zeit oder Energie übrig bleibt, das Wohlergehen anderer zu erwägen. Wenn sich alle in diese Richtung bewegen, werden wir tatsächlich weniger vertrauenswürdig – und selbstbezogener und gleichgültiger gegenüber dem Wohl der Gemeinschaften, in denen wir uns bewegen. Materialismus ist eine Prophezeiung, die sich selbst erfüllt: Wenn wir unser ganzes Vertrauen in Dinge stecken, verlassen wir uns schließlich irgendwann nur noch auf Dinge. Ist das eine Welt mit Zukunft?

»In solchen Zeiten wenden wir uns spirituellen Lehren zu.«[91] Die einleitenden Worte von Sakyong Miphams Meditationsführer *Wie der weite Raum* sind Betrachtungen darüber, in welch unguten Zeiten wir leben. Den Pfad zu spirituellem Erwachen trennt man allzu oft von den aktuellen politischen Turbulenzen und dem enormen lokalen wie globalen Leid unseres Zeitalters. Man könnte denken, die tiefsinnigen spirituellen Anleitungen, die uns sorgfältig überliefert wurden, seien primär dazu da, um unsere eigene Angst zu lindern – die Lehren als spirituelle Antidepressiva. Gleichzeitig scheinen manche zeitgenössische gesellschaftliche und politische Bewegungen ungeachtet ihrer wertvollen Ziele von der Tiefe innerer Erfahrung abgeschnitten zu sein, dem Bereich, aus dem Sanftmut und Freude hervorgehen. Dieses Buch folgt einer Tradition, in der die Übung von Gewahrsein ein Sprungbrett für radikalen gesellschaftlichen Wandel ist, der Art von Wandel, die nötig ist, um die Erde wahrhaft zu schützen. Indem wir durch richtige Meditation den Geist stärken, kehren wir zum Mut unseres eigenen Herzen zurück, einem Ort, von dem aus wir uns gesunde Gesellschaften ausmalen können, Gemeinschaften des Vertrauens und Mitgefühls.

## Gemeinschaften der geistigen Gesundheit, Großzügigkeit und der geteilten Freude

Dieses Buch endet mit einer Vision gemeinschaftlichen Lebens als einer mächtigen Praxis, um die einem meditativen Pfad innewohnende Gutheit offen zu legen und auszubilden. Gemeinschaftliches Leben ist ein Übungsfeld und gleichzeitig das organische Ergebnis der Kultivierung von natürlicher Wachheit. In dem Sinn, in dem wir es hier benutzen, umfasst »Gemeinschaft« viele alte und neue Formen sozialer Zusammenkünfte – Nachbarschaftsgruppen, Umweltverbände, Treffen von Eltern-Lehrer-Vereinigungen[92], Parteiausschüsse zur Wahlvorbereitung, virtuelle Online-Gemeinschaften wie Facebook und Campact, die Menschen, mit denen wir nach dem Yogaunterricht noch Zeit verbringen. Ebenso gibt es traditionelle spirituelle Familien, die sich um Kirchen, Synagogen, Moscheen, Ashrams und buddhistische Sanghas* sammeln.

Ich habe nun seit 35 Jahren in einer solchen Gemeinschaft geübt. Was ich hier schreibe, basiert auf dieser gemeinsamen Reise, die stets Überraschungen bereithält und bei der meine eigene und die Feigheit anderer entmutigt wurde und unser Heldenmut uns gegenseitig inspirierte. Es war eine Erfahrung von »trauriger Freude«. (Das englische Wort »*sad*« – »traurig« – ist verwandt mit »*sated*« – »gesättigt« – und »*satisfied*« – »befriedigend«. *Sad* bedeutete ursprünglich die Erfahrung eines vollen Herzens.) Im Gemeinschaftsleben gibt es Gelegenheiten für Freude – die Geburt von Kindern, Ausbildungsabschlüsse, Hochzeiten und Geburtstagsfeiern –, die scheinbar alle von betrüblichen Anlässen nicht zu trennen sind, von dem, was – wie die Chinesen es nennen – »bitter schmeckt«, den Erfahrungen von Verlust und Trauer über den Tod von geliebten Menschen – Freunden aus Kindheitstagen, Kollegen, Partnern, verehrten Lehrern, alten Gegnern und jungen Weggefährten.

Die Gemeinschaften, die wir zusammen schaffen wollen, sollten durch geistige Gesundheit, Großzügigkeit und Freude gekennzeichnet sein. Trungpa Rinpoche sprach oft vom Kultivieren »grundlegender geistiger Gesundheit«. Das englische Wort »*sane*« (das wir hier mit »geistig gesund« ins Deutsche übersetzen) ist mit Worten für Sauberkeit verwandt: »Hygiene« (*sanitation*) und »sanitär«. Geistig gesunde Gemeinschaften fördern elementare Autarkie und Ordnung; man bringt seine psychische Verwirrung selbst in Ordnung, stützt sich nicht auf andere, die das für uns tun sollen. Diese Art gegenseitiger

Förderung durch die Gruppe ist das Ideal der buddhistischen Vision der *Sangha*, einer wahrhaft »rechtschaffenen Zusammenkunft in Gutheit«. Wir werden in unserer Übung des achtsamen Gewahrseins immer wieder ermutigt, damit wir unbedingtes, meditatives Wohlergehen entdecken, das uns erlaubt in Freiheit aufrecht zu stehen. Diese Form des Miteinander ist etwas ganz anderes als eine Gemeinschaft, die auf »Idiotenmitgefühl« beruht, in der wir verwöhnt und verhätschelt werden und uns gesagt wird, dass alles, was wir tun oder sagen, in Ordnung sei. Die soziale Geistesgegenwart der erst genannten Art von Gemeinschaft inspiriert uns dazu, achtsam zu gehen und anständig zu leben – mit Genügsamkeit und der Freude der Einfachheit.

Gemeinschaften der Großzügigkeit gründen in einem Gefühl grundlegenden Reichtums, einem Wohlstand, der nicht von außen erworben werden kann. Das ist eine Erweiterung der meditativen Entdeckung von Wohlbefinden; es ist die Vision des Mahayana-Buddhismus von unerschütterlichem Wohlstand. Den Pfad des Heldenmuts und des Mitgefühls zu gehen bedeutet daher, das Gefühl von Mangel zu überwinden, diese albtraumhafte Wahrnehmung, dass grundsätzlich etwas fehlt, die Triebfeder für so viel Greifen und Aggression ist. Es gibt eine weise Redewendung aus einem Sutra: »Großzügigkeit ist die Tugend, die Frieden schafft.« Wenn Geben unser erster Impuls ist, schaffen wir eine Atmosphäre, die frei von Begehren ist und von den feigen, trügerischen Handlungen, mit denen wir die Befriedigung dieses Begehrens herbeiführen wollen. Großzügigkeit ermutigt uns, den Mut aufzubringen, echt zu sein – auf unseren eigenen Füßen zu stehen, während wir beständig anderen geben. Wie das Mondlicht von hundert Wasserschalen gleichzeitig reflektiert wird, ist solches Geben spontan und – so heißt es – frei von der Erwartung etwas zurückzubekommen.

Gemeinschaften der geteilten Freude beschwören die Lust am menschlichen Miteinander und sonnen sich dann darin. Mit unseren Schwestern und Brüdern teilen wir eine gemeinsame Grundlage, und diese Grundlage ist ein Raum für Musik und Tanz, für Feste und rituelle Zusammenkünfte. Gemeinsame Feiern sind die Praxis großer Freude: Wir schauen in den Himmelsraum hoch, auf die irdischen, praktischen Dinge des Lebens hinunter, und auf gleicher Ebene schauen wir einander, die Familie der grundlegenden Gutheit, an. Durch die Übung von meditativem Gewahrsein im Handeln erblüht natürliche Wachheit in Form einer erleuchteten Gesellschaft.

# Anmerkungen

1 Die gewaltfreie, revolutionäre, soziale Vision von Martin Luther King Jr. wird genauer untersucht in: Kenneth L. Smith und Ira G. Zepp, *Search for the Beloved Community: The Thinking of Martin Luther King, Jr.* (Valley Forge, Pa.: Judson Press 1974).

2 Dieser Begriff hat in der buddhistischen Überlieferung vielfältige Bedeutungen. Zunächst verkündete Buddha Shakyamuni in der *Lehrrede von der ersten Drehung des Dharma-Rades* die Entdeckung eines mittleren Weges (*Madhyama Pratipad*) zwischen Askese und Genuss. Später lehrte Arya Nagarjuna einen mittleren Weg (*Madhyamaka*) zwischen Eternalismus (Ewigkeitsglaube) und Nihilismus.

3 Diese beiden Prinzipien gehen auf Kommentare der tibetisch-buddhistischen Überlieferung zu den Sanskrit-Silben *e* und *vam* zurück. Siehe Band 4, S. 122f von *Collected Works of Chögyam Trungpa* (Boston: Shambhala 2004).

4 Manche Leser haben den Lehr- (und Lern-) Stil in Form von Fragen und Antworten als »sokratisch« bezeichnet. Andere haben angemerkt, dass viele Sutras* in Dialogform überliefert sind, bei der sich Stimmen der Verwirrung mit Stimmen der Einsicht abwechseln.

5 Gemeint ist Ebenezer Scrooge, der alte Geizhals aus Charles Dickens' Erzählung »Eine Weihnachtsgeschichte« (Anm.d. Ü.)

6 Dieser Ausspruch wird Jamgön Kongtrul Lodrö Thaye zugeschrieben, der auch als Jamgön Kongtrul der Große (1813–1899) bekannt ist. Siehe Chögyam Trungpas *Erziehung des Herzens: buddhistisches Geistestraining als Weg zu Liebe und Mitgefühl*

(Freiamt: Arbor 2000), ein Buch, das auf Kongtruls Kommentar zu einem grundlegenden Kadampa-Text basiert, den Trungpa Rinpoche als *Der Wurzeltext der Sieben Punkte der Geisteserziehung* übersetzt hat.

7 Chögyam Trungpa, *Aktive Meditation: Lebenssituationen klar erkennen und geschickt mit ihnen umgehen* (Aitrang: Windpferd 2006), S. 118.

8 Angabe eines Phantasie-Radiosenders, da die Namen der meisten amerikanischen Sender mit »W« beginnen; WCAT steht entsprechend für einen Radiosender mit dem Namen »*Confusion All the Time*« (Anm. d. Ü.)

9 Shunryu Suzuki, *Zen-Geist, Anfänger-Geist*, Berlin: Theseus 2000, S. 21.

10 Die wahre oder ursprüngliche Natur ist die Grundlage der Soto-Zen-Meditation, wie sie Shunryu Suzuki Roshi in *Zen-Geist, Anfänger-Geist* präsentiert (S. 54 f, 57, 113). Grundlegende Gutheit ist die Basis der Shambhala-Lehren, wie sie Chögyam Trungpa in *Das Buch vom meditativen Leben* (Reinbek: Rowohlt 1996) auf Seite 35 ff. darlegt.

11 Dem dritten Karmapa, Rangjung Dorje, zugeschrieben, in: Chögyam Trungpa und Herbert V. Günther, *The Dawn of Tantra* (Boston: Shambhala 1975), S. 9.

12 Tilopa (988–1069) war ein erleuchteter buddhistischer Heiliger, einer der berühmten vierundachtzig *Maha-Siddhas*. Eine Übersetzung seines Sesamsamen-*Dohas* (Lied der Verwirklichung) ins Englische findet sich in *The Rain of Wisdom: The Essence of the Ocean of True Meaning* des Nalanda Translation Committee (Boston: Shambhala 1999), S. 126.

13 Shunryu Suzuki, *Zen-Geist, Anfänger-Geist*, 2000, S. 57.

14 Diese Lehre ist im ersten Kapitel von Chögyam Trungpas *Glimpses of Mahayana* (Halifax, Nova Scotia: Vajradhatu Publications 2001), S. 1–8, dargestellt.

15 Ellen J. Langer, *Fit im Kopf: Aktives Denken oder wie wir geistig auf der Höhe bleiben* (Reinbek bei Hamburg: Rowohlt 1996).

16 Chögyam Trungpa, *Spirituellen Materialismus durchschneiden*. Bielefeld: Theseus 1989/2009, S. 176.

17 Im Org: »Sitting Bull«, wahrscheinlich mit Bezug zu dem bekannten Stammeshäuptling der Lakota-Sioux, 1831–1890 (Anm. d. Ü.)

18 Chögyam Trungpa, *Spirituellen Materialismus durchschneiden*, 1999, S. 115.

19 Dzigar Kongtrül, *Dein Leben liegt in deiner Hand: Die Praxis der Selbst-Erkenntnis auf dem buddhistischen Weg*, Freiamt: Arbor 2006.

20 Chögyam Trungpa, *The Heart of the Buddha*, edited by Judith L. Lief. Boston: Shambhala 1991, S. 31 (Dt.: *Das Herz des Buddha: Buddhistische Lebenspraxis im modernen Alltagsleben*, Bern/München/Wien: Barth 1993).

21 Chögyam Trungpa, *Das Buch vom meditativen Leben*, 1996, S. 41.

22 Chögyam Trungpa, *Das Buch vom meditativen Leben*, 1996, S. 53f.

23 Eine deutsche Übersetzung des Suttas über die vier Grundlagen der Achtsamkeit (*Sati-patthana-Sutta*), Majjhima-Nikaya I, 10, gibt es im Internet (www.palikanon.com) oder in neuerer Übersetzung von Kay Zumwinkel in *Die Lehrreden des Buddha aus der Mittleren Sammlung* (Uttenbühl: Jhana 2001); die Langfassung dieses Suttas ist in Nyanaponika, *Geistestraining durch Achtsamkeit* (Stammbach: Beyerlein & Steinschulte 2000) abgedruckt. (Anm. d. Ü.)
   Der Autor ist Chögyam Trungpas Darstellung der Tradition der mündlichen Unterweisungen über diese vier in *The Heart of the Buddha* (1991; *Das Herz des Buddha*, 1993) tief verpflichtet.

24 Chögyam Trungpa, *The Heart of the Buddha*, 1991, S. 32.

25 Chögyam Trungpa, *Aktive Meditation*, 2006, S. 41.

26 Chögyam Trungpa, *Aktive Meditation*, 2006, S. 104.

27 Sakyong Mipham, *Wie der weite Raum: Die Kraft der Meditation*. München: dtv 2003, S. 35 f.

28 Ebd., S. 36.

29 Shunryu Suzuki, *Zen-Geist, Anfänger-Geist*, 2000, S. 57.

30 »The Song of Lodrö Thaye« (Das Lied von Lodrö Thaye), in *The Rain of Wisdom: The Essence of the Ocean of True Meaning*, 1999, S. 84.

31 Shunryu Suzuki, *Zen-Geist, Anfänger-Geist*, 2000, S. 66 ff.

32 »Reise ohne Ziel«, »*Journey without Goal*« (Org., S. 180), lautet
   der englische Titel des Buches von Trungpa Rinpoches *Feuer trin-*
   *ken, Erde atmen: die Magie des Tantra* (Reinbek: Rowohlt 1989).

33 Chögyam Trungpa, *Aktive Meditation*, 2006, S. 104.

34 Dies ist direkte Übersetzung des englischen Originals *The Wis-*
   *dom of No Escape*; der deutsche Titel dieses Buches lautet allerdings »*Liebende Zuwendung – Freude im Herzen*«. (Anm. d. Ü)

35 Chögyam Trungpa, *Spirituellen Materialismus durchschneiden*,
   1999, S. 20.

36 »Out Beyond Ideas«, in *The Essential Rumi*, übersetzt von Cole-
   man Barks (San Francisco: HarperSan Francisco 2004), S. 16.

37 Thich Nhat Hanh, *Transformation and Healing. Sutra on the*
   *Four Establishments of Mindfulness*, Berkeley, Calif.: Parallax
   Press 2006, S. 73 (Dt.: *Umarme Deine Wut: Sutra der Vier Veran-*
   *kerungen der Achtsamkeit*, Bielefeld: Theseus 2006).

38 Chögyam Trungpa, *1973 Seminary Talks* (Halifax, Nova Scotia:
   Vajradhatu Publications 1974), S. 52.

39 Chögyam Trungpa, *1974 Seminary Talks* (Halifax, Nova Scotia:
   Vajradhatu Publications 1975), S. 13.

40 Chögyam Trungpa, *Heart of the Buddha*, 1991, S. 33.

41 Das Interview von Jean Strouse mit Toni Morrison erschien in der
   Ausgabe der *Newsweek* vom 30. März 1981.

42 Dzogchen Ponlop Rinpoche, »*Tiny, Slippery Spot Mind: The Four*
   *Foundations of Mindfulness in the Mahayana Tradition.*« In:
   *Buddhadharma* (Spring 2005), S. 25.

43 Die genaue Formulierung in *Das Buch vom meditativen Leben*
   lautet: »Um Furchtlosigkeit zu erfahren, muss man Furcht erleben.« Chögyam Trungpa, *Das Buch vom meditativen Leben*,
   1996, S. 49.

44 Trungpa Rinpoche, *Der Mythos Freiheit und der Weg der Medita-*
   *tion*, Berlin: Theseus 1989/2001, S. 74.

45 Dies ist eine Zeile aus dem Gedicht »Der Eiskrem-Kaiser« (im
   Org.: »*The Emperor of Ice Cream*«), zuerst 1922 veröffentlicht
   (Dt. in: Akzente 1985, S. 21). Dank an Susan B. Dexter, dass sie
   mich mit diesem Gedicht bekannt gemacht hat.

46 Chögyam Trungpa, *Heart of the Buddha*, 1991, S. 32.

47 Shunryu Suzuki, *Zen-Geist, Anfänger-Geist*, 2000, S. 35 u. 104.

48 Meist besser bekannt unter dem Namen Gampopa (Anm. d. Ü.)

49 Dakpo Rinpoche oder Gampopa (1079–1153), in: Herbert V. Guenther, *Tantric View of Life*, S. 34 (Dt.: *Tantra als Lebensanschauung*, Bern/München: Scherz 1974/1992).

50 Im Org. *practice of recolllection*; *recollection* wird meist in Bezug auf die Meditationspraxis mit »Sammlung« übersetzt; in diesem Zusammenhang steht jedoch mehr der Aspekt des Erinnerns im Vordergrund. (Anm. d. Ü.)

51 Traleg Kyabgon, *Mind at Ease: Self-Liberation Through Mahamudra Meditation*. Boston: Shambhala 2004, S. 150.

52 Dzogchen Ponlop Rinpoche, »*Tiny, Slippery Spot Mind: The Four Foundations of Mindfulness in the Mahayana Tradition.*« In: *Buddhadharma* (Spring 2005).

53 Chögyam Trungpa, *Heart of the Buddha*, 1991, S. 31.

54 Wangchuk Dorje, Karmapa IX (1556–1603), *The Transmission Pointing Out the Dharmakaya* (Halifax, Nova Scotia: Vajravairochana Translation Committee 1991), S. 26.

55 Shantideva ist ein Lehrer des indischen Mahayana-Buddhismus aus dem achten Jahrhundert. Er verfasste den klassischen Führer zum Pfad des Mitgefühls, das *Bodhicaryavatara*. Die entscheidende Wichtigkeit der Achtsamkeit auf den Geist wird im ersten Vers des fünften Kapitels betont. Auf Deutsch gibt es mehrere Fassungen, u.a. Shantideva, Anleitungen auf dem Weg zur Glückseligkeit: Bodhicaryavatara, Frankfurt a.M., O.W. Barth 2005.

56 Pema Chödrön, *Wisdom of No Escape*, Boston: Shambhala 2004, S. 18 ( Dt.: *Liebende Zuwendung – Freude im Herzen*. Bielefeld: Aurum 2006).

57 Tara Bennett-Goleman, *Emotional Alchemy: How the Mind Can Heal the Heart*. New York: Three Rivers Press 2002 (Dt.: *Emotionale Alchemie: Der Schlüssel zu Glück und innerem Frieden*. Frankfurt/Main: Fischer 2004).

58 Ken McLeod, *Wake Up to Your Life: Discovering the Buddhist Path of Attention*. New York: HarperCollins 2001.

59 Trungpa Rinpoche, *The Myth of Freedom and the Way of Meditation*, Boston: Shambhala 2002, S. 17 (Dt.: *Der Mythos Freiheit und der Weg der Meditation*, Berlin: Theseus 2001).

60 Sakyong Mipham, *Den Alltag erleuchten – die vier buddhistischen Königswege*, München: dtv 2007, S. 22.

61 Diese Verszeile stammt aus Wallace Stevens' Gedicht »*Gubbinal*«. Deutsch in: Akzente, 2/1997.

62 Sakyong Mipham, *Wie der weite Raum*, 2003, S. 13 f.

63 Chögyam Trungpa, *Das Buch vom meditativen Leben*, 1996, S. 114.

64 Das ist eine direkte Übersetzung von technischen Begriffen aus der tibetisch-buddhistischen Überlieferung. Im Glossar von *The Rain of Wisdom: The Essence of the Ocean of True Meaning* (1999, S. 349) erklären die Nalanda-Übersetzer dieses Paar wie folgt: »Die beiden Prozesse, die das Ich des Selbst und das Ich der Dharmas ausmachen. Auf Objekte fixiert man sich (Tib. *gzung wa'i yul*), als beständig und unabhängig existierend, und der Geist greift dann nach ihnen (Tib. *dzin pa'i sems*).« Diese Prozesse kann man zu Acharya Pema Chödröns Besprechung von *Shenpa* in dem Artikel *How We Get Hooked and How We Get Unhooked* (Dt.: Wie wir anbeißen und wie wir vom Haken kommen) in der *Shambhala Sun* von März 2003 in Beziehung setzen.

65 Shunryu Suzuki, *Zen-Geist, Anfänger-Geist*, 2000, S. 54 f.

66 Chögyam Trungpa, *Das Buch vom meditativen Leben*, 1996, S. 114.

67 Chögyam Trungpa, *Das Buch vom meditativen Leben*, 1996, S. 115.

68 Ebenda.

69 Das ist die zweite Zeile des späten Gedichts »*The World is Too Much With Us*« (1807) des Cittamatrins* William Wordsworth: »*The world is too much with us, late and soon,/Getting and spending, we lay waste our powers.*« (Dt.: Zu sehr tragen wir die Welt mit uns herum, von früh bis spät,/ bekommen und ausgeben, so verschleißen wir unsere ganzen Kräfte.)

70 Das Konzept der Verhaltensabhängigkeiten (im Englischen »*soft addiction*«, das heißt, »sanfte Sucht«; Anm. d. Ü.) ist ein von Judith Wright geprägter Begriff. Er ist zum Beispiel besprochen in Judith Wrights *The Soft Addiction Solution: Break Free of the Seemingly Harmless Habits that Keep You from the Life You Want* (New York: Tarcher 2006).

71 Chögyam Trungpa, *Das Buch vom meditativen Leben*, 1996, S. 50.

72 In *Der diamantene Weg des Herzens – Teil 1: Essentielle Verwirklichung* von A. H. Almaas (Freiamt: Arbor-Verlag 1998) handelt ein ganzes Kapitel von der »Theorie der Löcher«.

73 Alle Zitate in diesem Abschnitt sind aus: Trungpa Rinpoche, *Spirituellen Materialismus durchschneiden*, 1999, S. 14–20.

74 Chögyam Trungpa, *Das Buch vom meditativen Leben*, 1996, S. 61.

75 Dieser psychoanalytische Begriff wurde von Donald Winnicott und Ronald Laing entwickelt. Siehe Kapitel 6 von Laings *Das geteilte Selbst* (Köln: Kiepenheuer und Witsch 1994).

76 Trungpa Rinpoche, *Spirituellen Materialismus durchschneiden*, 1999, S. 16.

77 Shunryu Suzuki, *Zen-Geist, Anfänger-Geist*, 2000, S. 56.

78 Zitiert auf dem Umschlagrücken von *To Shine One Corner of the World: Moments with Suzuki Roshi*, herausgegeben von David Chadwick (New York: Broadway Books 2001 (Dt.: *Erleuchtende Augenblicke mit dem großen Zen-Meister Shunryu Suzuki*, Frankfurt/Main: Barth 2004). Dieses Buch wurde 2007 von Shambhala Publications mit dem Titel *Zen Is Right Here* wieder aufgelegt.

79 Traleg Kyabgon, *The Practice of Lojong: Cultivating Compassion Through Training the Mind*. Boston: Shambhala 2007.

80 Das Glossar der Nalanda-Übersetzungsgruppe definiert *Upaya* als einen Ausdruck von Mitgefühl. »*Upaya* hat im Allgemeinen die Bedeutung, dass erleuchtete Wesen auf geschickte Weise den Dharma lehren, indem sie die verschiedenen Bedürfnisse, Fähigkeiten und Schwächen ihrer Schüler berücksichtigen.« Siehe *The Rain of Wisdom: The Essence of the Ocean of True Meaning*, 1999, S. 372.

81 Auch die vier göttlichen Verweilzustände oder die erhabenen Unermesslichen genannt; auf Skrt.: *Brahma-Vihara* (Anm. d. Ü.)

82 Sakyong Mipham, *Wie der weite Raum*, 2003, S. 19.

83 Mehr darüber in Trungpa Rinpoche mit Rigdzin Shikpo (Michael Hookham), »*The Way of Maha Ati*«, in: Band 1 von *The Collected Works of Chögyam Trungpa*, 2004, S. 461–465.

84  Barbara Meier, *The Life You Ordered Has Arrived* (Berkeley: Parallax Press 1988)

85  Chögyam Trungpa, *Das Buch vom meditativen Leben*, 1996, S. 102.

86  Allein kegeln – Der Zusammenbruch und die Wiederbelebung der amerikanischen Gemeinwesens; dieses Buch ist bisher nicht ins Deutsche übersetzt (Anm. d. Ü.)

87  Robert Putnam, *Bowling Alone: The Collapse and Revival of American Community*, New York: Simon & Schuster 2001, S. 27.

88  Ebenda, S. 187 f.

89  Ebenda, S. 272 f.

90  Ebenda, S. 260 f.

91  Sakyong Mipham, *Wie der weite Raum*, 2003, S. 13.

92  Im Org.: PTA; Abkürzung für *Parent-Teacher-Association*; es gibt im Deutschen keine vergleichbare Vereinigung (Anm. d. Ü.).

Wir danken für die Abdruckrechte aus:
Chögyam Trungpa, Aktive Meditation
© 2006 Windpferd Verlag, Oberstdorf

Chögyam Trungpa, Das Buch vom meditativen Leben
© 2010 Droemersche Verlagsanstalt Th. Knaur Nachf. GmbH & Co. KG, München

*Dank*

Meinen Lehrern, Vidyadhara Trungpa Rinpoche und Sakyong Mipham Rinpoche, danke ich dafür, dass sie mir das Tor zum Schatz der mündlichen Unterweisungen geöffnet haben. Mögen die Dharma-Lehren der Praxislinie blühen und gedeihen.

Ich danke meinen Acharya*-Kollegen – Schwestern und Brüder auf dem Shambhala-Weg – für die herausfordernde Kritik und die liebevolle Ermutigung. Möge unsere Loyalität zur Vision wie die Sonne scheinen, damit die Familie der grundlegenden Gutheit eine erleuchtete Gesellschaft errichtet.

Ich bedanke mich bei meiner Gefährtin Arawana Hayashi für die Inspiration. Aus ganzem Herzen stimme ich mit C. Otto Scharmer (und vielen anderen) überein, dass sie als Künstlerin und Lehrerin ein strahlendes Licht auf dem Weg zu verkörperter Präsenz ist.

Emily Bower von Shambhala Publications hat durch viel hilfreiche Anregungen und außerordentliche Geduld diesem Buch zur Geburt verholfen. Frühe Fassungen wurden von Judith L. Lief und Holland D. Hammond gelesen. Zu diesem Glück hat mir Emily Bower verholfen, da sie Freunde hat, die nicht nur großzügig sind, sondern auch noch professionelle Redakteure. (Judy Lief, Autorin von *Making Friends with Death*, hat einige Bücher für ihren Lehrer Chögyam Trungpa redigiert. Holly Hammond ist eine ehemalige Redakteurin von *Vajradhatu Sun* und *Yoga Journal*.) Auch wenn ich erneut

234                                    Vollkommen wach

die Bedeutung der Formulierung »schonungsloses Mitgefühl«
schätzen lernte, werde ich diesen Leserinnen immer dankbar
sein.

Ich bin auch Tulku Thondup Rinpoche, Traleg Kyabgon
Rinpoche, Jack Kornfield und John Welwood dankbar, dass
sie so freundlich waren, frühe Fassungen zu lesen.

Dieses Buch war eine langwierige Angelegenheit, und je
länger es brauchte, desto mehr Menschen bin ich zu Dank verpflichtet. Die ersten Klausuren zu natürlicher Wachheit leitete
ich in der Zeit, als ich als Acharya im Meditationszentrum
Karmê-Chöling im Northeast Kingdom von Vermont lebte.
Dem folgten einige einmonatige Gruppenmeditationsklausuren im Shambhala Mountain Center in Nord-Colorado, die
auf den gleichen Prinzipien basierten. Ich bedanke mich bei
den Organisatoren, den Durchführenden und Teilnehmern all
dieser Übungsprogramme.

Ich danke meiner Dharma-Schwester, der Soto-Zen-Prieste-
rin Hilda Ryûmon Gutiérrez Baldoquín, für ihre unerschütter-
liche Solidarität bei der Förderung des befreienden Potenzials
des Dharmas. Eine Verbeugung geht an Acharya Pema Chödrön, die die Zusammenarbeit mit Hilda anregte.

Carolyn Rose Gimian bin ich für ihre Hingabe und Loya-
lität dankbar, die die Veröffentlichung von *The Collected
Works of Chögyam Trungpa* ermöglichten, ohne die ich (wie
Sherab Kohn es ausgedrückt hat) taub, stumm und blind wäre.
Ermutigt und unterstützt wurde ich von Judith Simmer-
Brown, William (Norbu) McKeever, Deborah Luepnitz, Adam
S. Lobel, John Rockwell Jr., William und Pamela Bothwell,
Polly Young-Eisendrath, T.V. H. und Margery Mayer, Mary S.
Lang (für das Foto), Chris Alicino (von www.ChristineAlici-
no.com), Barbara und Michael Smith, Ayla Teitelbaum und
Kobun Kaluza, Vater Alan Hartway (Kollege und Lehrstuhl-
inhaber am Department of Interdisciplinairy Studies an der

Naropa University), Christopher Pleim, Larry Mermelstein und Scott Wellenbach von der Nalanda-Übersetzungsgruppe, Thomas B. Coburn, Samuel Bercholz, Ethan Nichtern vom Interdependence Project, Juliet Wagner, Sensei Fleet Maull, Lin Waters, Daniel Hessey, John Weber vom Department of Religious Studies der Naropa University, meinen Dharma-Brüdern Cortez Rainey und Justin Miles, Noel Hayashi und Victor Gotesman vom Center for Creative Resources, Hazel Bercholz (für ihre künstlerische Eleganz), Emily Hilbrun Sell, Ben Gleason, Marcia Cohen Fields, Peter Turner, Melvin McLeod, Jeff Waltcher, Brian Spielmann, Adana und Jonathan Barbieri, Eamon Killoran, Jesse Miller, Derek Kolleeny, Susan Dreier und Ellias Lonsdale.

Ich danke allen von Samadhi Cushions of Barnet in Vermont für ihre Großzügigkeit. Ich hatte das Glück, mich der Lehrtätigkeit der Shambhala-Gefängnisgemeinschaft anschließen zu können, die von William Karelis angeführt wird, und dank einer Einladung von Deborah Marshall mit den Häftlingen der Donaldson Justizvollzugsanstalt zu meditieren. Ich bedanke mich bei den Meditierenden und Mitarbeitern des New Yorker Insight Meditation Center, des San Francisco Zen Center, des Spirit Rock Meditation Center, der Shambhala-Zentren von Berkeley, San Francisco, Los Angeles, Seattle, Bellingham, Portland (Oregon), Boston, New York, Montreal, Ottawa, der Kootenays (British Columbia, Kanada), von Vancouver, Burlington (Vermont), Pioneer Valley (Massachusetts), Saint Johnsbury (Vermont), Fort Collins und Boulder (Colorado), Marpa House (Boulder), Austin (Texas) und Birmingham (Alabama) und Sky Lake Lodge.

Mögen alle Wesen in die natürliche Wachheit befreit werden.

# Glossar buddhistischer Fachbegriffe

**Acharya** (Skrt.) — Titel eines spirituellen Lehrers, zum Lehren autorisierte Person in der Shambhala-Tradition

**Buddhadharma** (Skrt.) — die Lehren des Buddha

**Dharma** (Skrt.) — kosmisches, universales Gesetz; Lehre des Buddha

**Cittamatrin** (Skrt.) — Anhänger der »Nur-Geist«-Schule, nach deren Auffassung alles Wahrnehmbare »nur Geist« (*Cittamatra*) ist.

**Karmapa** (Skrt.-tibet.) — wörtl. etwa »Mann der Buddha-Aktivität«; höchste Autorität der Karma-Kagyü-Schule des tibetischen Buddhismus

**Kensho** (jap.) — wörtl. »Wesensschau«; Erleuchtungserfahrung

**Mahamudra** (Skrt.) — wörtl. »Großes Siegel«; eine Tradition tiefgreifender

Meditationsübungen, die auf der direkten Einsicht in die wahre Natur basieren

**Mahayana** (Skrt.)          wörtl. »Großes Fahrzeug«; eine der beiden großen Schulrichtungen des Buddhismus

**Samsara** (Skrt.)          wörtl. »Daseinskreislauf«; Kreislauf der Wiedergeburten

**Satori** (jap.)          Erfahrung des Erwachens

**Sangha** (Skrt.)          wörtl. »Menge, Schar«; die buddhistische Gemeinschaft

**Shakyamuni** (Skrt.)          wörtl. »der Weise aus dem Geschlecht der Shakyas«; Beiname des historischen Buddha, der dem Stamm der Shakyas angehörte

**Sutra** (Skrt.)          wörtl. »Leitfaden«; Lehrrede des Buddha

## Über den Autor

© Brian Spielmann

Der Dozent und Meditationslehrer Gaylon Ferguson, Ph. D., ist ein erfahrener Lehrer (Acharya) in der von Chögyam Trungpa Rinpoche gegründeten Shambhala-Tradition des tibetischen Buddhismus. Bereits seit über 30 Jahren leitet Gaylon Ferguson Meditationskurse und lehrt u. a. Religionswissenschaft an der Naropa University in Boulder, Colorado.

Weitere Informationen zum Autor und zur Shambhala-Tradition von Chögyam Trungpa finden Sie unter www.shambhala-europe.org.

*Kontaktadresse*
Shambhala Europe   Tel.: 0221/ 310 24 00
Kartäuserwall 20    Fax: 0221/ 310 24 50
50678 Köln          E-Mail: office@shambhala-europe.org